比較史的にみた近世日本

「東アジア化」をめぐって

趙 景達・須田 努 編

東京堂出版

はしがき

須田　努

かつて、日本近世史研究は他の研究領域から隔離された、まさに〝鎖国〟的状況にあり、〝無菌〟状態でいられた。しかし一九八〇年代「戦後歴史学」というディシィプリンの末期において、日本近世とはいかなる時代であったのか、という問いかけが日本中世史研究から投げかけられた。これは、七〇年代に盛んになった幕藩制国家論の展開のなかで、織豊政権の画期性を強調する議論が、中世と近世との断絶をもたらしたことに対する批判の意味を有していた。一九八〇年代以降、中世と近世とを架橋する研究が進んだが、これも〝日本〟という一国史内で完結するものであった。

一九五〇年代に形成され、八〇年代末期に終焉を迎えた「戦後歴史学」は、ヨーロッパ史を基準とした発展段階論をグランド・セオリーとするマルクス主義歴史学を中核に置いていた。発展段階論に依拠することによって日本史は、〝普遍性〟をもったわけであるが、その〝普遍〟のめざした先はヨーロッパであった。そもそもヨーロッパ偏重・アジア軽視の風潮は、丸山眞男や桑原武夫、梅棹忠夫各氏を典型とする戦後日本の知識人全体の問題でもあった

（須田二〇〇八）。

一九六〇年代、駐日アメリカ大使ライシャワーらによる「近代化」論が形成され、これに「戦後歴史学」は抵抗した。例えば橡川一朗氏は、アジア・アフリカへの視座の必要性を強調したが、批判の論点は発展段階論・世界史の基本法則を遵守すべき、というものであった（橡川一九六六）。

一九七〇年代、マルクス主義歴史学が低迷する一方、社会史の影響が強まり、「戦後歴史学」もこれを意識しはじめた。しかし、社会史もヨーロッパ＝フランス・アナール学派への傾斜であった。

一九八〇年代、水林彪氏によって国制史研究が試みられた。水林は日本近世を封建制が再建された時代とした（水林一九八七）。この論理も、ヨーロッパ型の歴史認識を日本に適応させたに過ぎなかった。

このように「戦後歴史学」がヨーロッパ偏重であり、日本近世史研究も同じ傾向をもっていたことは否定できない。そのなかで、深谷克己氏は、東アジアへの視座を唱え続けた先駆的な日本近世史研究者であった。一九八八年に刊行された『大系日本の歴史９　士農工商の世』（小学館）の中で、深谷氏は慶長七年（一六〇二）の百姓殺害停止令を取り上げ、「百姓を国家の民として統治しようとする」中国や朝鮮などの「儒教文明圏の土台の上に」近世の日本社会があった、と述べていた。深谷氏は通史叙述のなかでも、近世社会を東アジアの文脈で捉えようとしていたのである。

一九九〇年代、朝尾直弘氏は「目標であったヨーロッパ国民国家とその文明が、私たちにとっては、歴史的に相対化され、客観的に分析され、批判される対象となっている」とし「日本の『近世』が東アジアにおける中国古典文明の再生の波動のなかで、展開契機をつかんだのは事実であ」る、と論じた（朝尾一九九一）。朝尾氏は、ヨーロッパ型の歴史認識＝封建制度・絶対主義というタームを捨てていた。

「戦後歴史学」の終焉、マルクス主義歴史学のグランド・セオリーの崩壊とともに、〝鎖国〟的状況であった日本近世史研究にも徐々に変化があらわれていた。そして二〇〇六年、宮嶋博史氏によって朝鮮史研究の立場から東アジアの「近世化」という問題設定と、日本近世史研究に対して、「脱亜的」であるとの批判が提起された（宮嶋二〇〇六）。――これは、本文に再録してあるので読んでいただきたい――。宮嶋氏の日本近世史および、日本近世史研究者に対する批判（以下、「宮嶋発言」）は日本近世史研究の根幹に関わるものであった。しかし、吉田伸之氏が宮嶋発言をきわめて重要な問題であると述べた（吉田二〇〇七）ことを唯一例外に、日本近世史研究からの学問的応答はまったくなかった。

宮嶋発言に対する最初のオフィシャルな反論は、日本中世史研究者の稲葉継陽氏から起こった。宮嶋発言は、一九九〇年代以降の近世史研究の成果を踏まえていない、というのが批判の中心であった（稲葉二〇〇九）。当時、「異邦人研究会」（基盤研究B「近世起源の在日異邦人（朝鮮人）に関する研究」研究代表者：趙景達）という日本近世・近代史研究者と朝鮮近代史研究者との共同研究グループが、鹿児島県をフィールドとして活動していたが、そのメンバーは、東アジアへの視座を持つ深谷氏を中核として、宮嶋発言に応答すべきとの見解をもっていた――深谷氏は二〇一〇年、早稲田大学の最終講義「江戸時代という経験」で反論を行った――。しかし、双方向の議論としてオープンにする機会がつかめめず、四年が経過してしまった。

その間に、中国史の岸本美緒氏から宮嶋発言に対する批判の声が上がった。宮嶋氏が提起した「近世化」とは、東アジアにおいて近代をいかに認識するか、という問いを含んだものであるが――宮嶋氏は「儒教的近代」という概念を唱えるにいたっている――、岸本氏はこの「儒教的近代」という理解に対して批判を展開している（岸本二〇一一）。

二〇一〇年春、先に述べた「異邦人研究会」のメンバーで、東アジアとの関係性（比較史的観点）から日本近世のあり方を考察するシンポを企画し、さらに一国史にとどまらず東アジアに視点を定めた研究会＝「一九世紀研究会」を結成しようとの意識が高まった。

先述したように「戦後歴史学」のなかで、日本近世史研究がヨーロッパ偏重で「脱亜的」であったことは事実である。しかし、深谷・朝尾両氏に見るように現在の日本近世史研究が「脱亜的」傾向からの脱却を企図していることも重要である。問題は「脱亜的」傾向からの脱却という意識を共有する学問・研究土壌が今まで普遍化できていないことにある。

久留島浩・趙景達・須田努はこの企画意図をもち、大阪の藪田貫氏を訪ね女性史の観点からの報告を引き受けていただき、井上勝生氏には幕末維新期の問題を、若尾政希氏には政治文化の観点からの報告をお願いした。そして山田賢氏には中国史の立場からのコメントを依頼した。本書には、これらの他に企画側の久留島（武士論、ただし三野行徳氏と共著）、趙（朝鮮民衆史からのコメント）と、討論司会を行った須田の論文（社会文化論）も入っている。

シンポジウム「比較史的にみた近世日本」（二〇一〇年一一月一七日、於明治大学）は、「脱亜的」傾向からの脱却の意識を共有するための土壌を作り、近世日本の様態を東アジアのなかに位置づけようとの企画であった。このような発想での企画はおそらく、日本史研究の領域ではでは初めてであろう。

このシンポジウムでは「比較史的」と掲げた。そのためには一定の座標軸を必要とした。宮嶋氏は「近世化」の特質を小農社会の形成と国家・社会の朱子学受容に求めたが、今回われわれは、これを意識しつつも、日本近世史・朝鮮近代史・中国近代史を中心に、先述したように政治文化・地域社会・女性・民衆運動といったやや幅広い座標軸を設けてみた。総合討論は、熱の入ったものになった。

「脱亜的」傾向からの脱却の土壌づくりを企図したシンポジウムと本書とは「一九世紀研究会」という研究組織の旗揚げでもあることを最後に付言しておきたい。

【参考文献】

朝尾直弘「『近世』とはなにか」（朝尾直弘編『日本の近世1』）中央公論社、一九九一年。

稲葉継陽『日本近世社会形成史論』校倉書房、二〇〇九年。

岸本美緒「東アジア史の『パラダム転換』をめぐって」（国立歴史民俗博物館編『「韓国併合」100年を問う』）岩波書店、二〇一一年。

須田　努『イコンの崩壊まで』青木書店、二〇〇八年。

橡川一朗「世界史像の再検討のための試論」（『歴史学研究』三〇九）一九六六年。

深谷克己『大系日本の歴史九　士農工商の世』小学館、一九八八年。

宮嶋博史「東アジア世界における日本の『近世化』」（『歴史学研究』八二一）二〇〇六年。

水林　彪『封建制の再編と日本社会の確立』山川出版社、一九八七年。

吉田伸之「近世一総説」『史学雑誌　二〇〇六年の歴史学界─回顧と展望─』。

目次

第一部　問題の起源

深谷克己編『東アジアの政治文化と近代』有志舎、二〇〇九年より再録

東アジアにおける近代移行期の君主・神観念
―救済と平等への待望シンボルについて―

深谷克己

問題の設定

本稿の関心は、主要には以下の二点である。

一つは、明治国家を新しく立ち上げるに当たって、なぜ据え換えられた新たな「君主」による「天地神明」への誓約が必要だったのかという問いである。ここでの君主は政治権力者としての存在であり、近世君主としての将軍が近代君主としての天皇に据え換えられたことを指している(1)。「天地神明」への誓約とは、いわゆる五箇条の誓文(『法令全書』)のことである。「天地神明」への「誓文」とは、

……朕躬ヲ以テ衆ニ先シ、天地神明ニ誓ヒ、大ニ斯国是ヲ定メ、万民保全ノ道ヲ立ントス。衆亦此旨趣ニ基キ協

心努力セヨ。

という五箇条の末尾に記されている、「誓詞」一般から言うと「神文」に当たる部分である。自明のようではあるが、「天地神明」とは何か、どういう神々であるのかを、日本近世史の側からあらためて問いたいのである。一般に、日本の中近世史においては誓詞が事あるごとに徴され、前文に起請文、末尾に神文が記されたが、それとの異同も関心の対象になる。

もう一つは、そうした「天地神明」への誓約と、誓約された五箇条の内容である「万機公論」（五箇条の一）、「知識ヲ世界」「皇基ヲ振興」（五箇条の五）というような「近代国家」の統治内容とはどういう位相関係にあるのかという問いをあらためて立てることである。伝統的な政治文化の上に、それらがどのように配置されているのかという関心である。また、五箇条の誓文における「世界」とははたしてどういう世界であるのかもあらためて考えなければならない。誓文末尾の「協心努力」を求められた「衆」、「万民保全」の約束も、近世史の側から、つまり歴史的推移としてはどのように説明できることなのか、これらも関心をかき立てられる事柄である。

本論はこのような関心、問題意識から出発するが、一つめの問いへの解答に主眼をおきたい。二つめの問いに答えるためには、より多角的な切り口から、用心深い準備のうえで接近しなければならない。ただし、別々の事柄ではなく、等分の関心事であるということはことわっておきたい。

I　政治文化に随伴する超越観念

1　東アジアの政治文化

この問題を、日本史だけにかかわる特質論のかたちで取りあげることもできる。天皇存在にかかわる諸問題は、最も日本的な特質論として議論されてきている。しかし、本論では、むしろ日本を超える広角広域の場に先ほどの問いをおいてみたい。この問題は、近代移行期と東アジアの政治文化にかかわっており、日本的である要素もそれとの関係において発現しているものと思われる。

東アジア世界の「近代移行期」という時期範囲を正面から論じようとすると、たちまちいくつものむずかしい論点にぶつかるであろう。しかし、ここでは時代区分論に深入りすることは避けたい。「近代移行期」として、おおまかに一八世紀後半から二〇世紀を迎えるに至る、いささか曖昧さがつきまとうが、長い範囲を想定しておきたい。それは、いわゆる「ウエスタン・インパクト」をやや長めに取り上げた時期範囲である。ウエスタン・インパクトの語句は簡潔で象徴的だが、西洋に日本が影響されたことのすべてを指すものではない。ヨーロッパ一般と交渉を持ったというだけなら、東インド会社的なヨーロッパと接触したのは一六世紀までさかのぼる。いわゆる大航海時代にも、中南米社会はそのヨーロッパのインパクトによって壊滅的な変容圧力を受けた。しかしその同じ圧力に対して、当時のアジア、とくに東アジアは反発力ないしは抵抗力を持っていた。日本は、変容圧力は受けなかったが、近世の成立期からヨーロッパ文化を一定度受容し、しだいにその質量を大きくしていった。ただし、文物は吸収したが、幕藩体制を推進する政治文化の面では影響を受けなかった。

そうした段階の世界の主役であったオランダの凋落と符節を合わせて、東インド会社的国際関係とは異質な段階のウエスタン・インパクトを、東アジアは受け、しだいに意識化し警戒を強めていった。日本ではロシアを先鞭として「列強」が姿を現し始めたが、それが第一次的なヨーロッパ来航から二世紀ほど後の一八世紀後半であり、この意味で近代移行期の始期とすることができる。

ウエスタン・インパクトを東アジアの近代移行の画期と認識することはあやまっていないと思われるが、しかし、日本近世の政治文化がウエスタン・インパクトによって一方的に西欧化へむかって変質したと認識しているのではない。むしろその逆であり、新たな東アジア・日本化への飛躍が行われたと見てもよい。そうした万国対峙型東アジア世界の秩序への変貌が、主体的な自己変革の結果あるいは成果としても目に見えるようになってくる時期が、近代移行期の末端である。そのことを、産業革命を経た日本だけでなく、独自の体制・社会・運動の形で対応した中国・朝鮮もふくめて考えると、ほぼ二〇世紀に至る頃までを近代移行期とするのが妥当であろう。

このような意味での東アジア近代移行期に至るまでの、あるいは、近代移行期下の旧体制の中国・朝鮮・日本などの地域社会は、大きく見れば次のような政治文化を共有していたと考えられる。ここで言う「共有」とは、自覚的意識的にというより、客観的歴史的に見て共有関係にあったという意味である。すなわち、東アジア諸王朝間の関係構造としては身分制的あるいは上下・敵礼を意識しあう華夷の無事（非戦）関係。支配の論理、したがって社会に共有される正当性の政治価値としては均産を軸とする安民統治。神あるいは救済観念としては儒仏道教および地域的に尊崇される普遍的あるいは土俗的な諸天諸仏諸神の超越観念を不可欠と考える政治文化である。

このことを別の観点から言い直すと、東アジアの政治体制は、中国・朝鮮・日本・琉球・越南など、各地域社会の信仰習俗に根を持つ固有の神観念・救済（天罰）観念と結合した政治習俗—例えば近世日本における、上下役務へ就任する際の誓詞提出慣行など―に支えられた政治文化によって持続力を保ってきた。

2　君主という統治の観念装置

君主は、一般論としては世襲的に国家（王朝）を代表し統帥する唯一の最高権力者を指す語句である。しかし、現実の歴史においては、個々の社会や国家の位置、性質によって多義的あるいは広義の特徴をおびて現れる。かりに唯一の人格であったとしても、君主がそれぞれの国家で帯びる特徴、つまり力能は多様である。東アジアは中国、日本、朝鮮という代表的な勢力圏が、継起的に積み重なる王朝国家の歴史を持ち、その点での相似性が、さらに広い東アジアの共通性を示している。しかし、これを国家史の形態として眺めると、日本史が異例の様相をもつ地域圏として浮かび上がる。

対外関係を念頭におけば国家を代表するのが唯一の人格であることが最もわかりやすい形であるが、日本近世の天皇と将軍の関係のように、たちまちむつかしい問題にぶつかる。どちらが君主かという論議で深まる論点もあるが、行き詰まることの方が大きい。したがって、君主を唯一の中央的存在とする思いこみからひとまず離れて、天子から非在地領主までの上下各級にわたって君主が重層的に存在することも想定してみる必要がある。近世日本では、天皇も将軍も大名も「君主」として存在し。機能・部位は異なるが、全体として重層的な「君主制」国家を構成していたと考えることができる。どのように君主が存在するかは社会によって異なり、唯一君主の社会から重層君主の社会まで多様であろう。

君主の構成が多様であっても、それは純粋に聖俗と分離されるものではなく、頂上に近い君主ほど、神観念と一体化するかなんらかの超越性と一体化されている。生身の本人は人間でも先祖が神格化されていたり、本人も死後に神格化されたり、そのことが予定されていたりする。君主は、そのように神格化されるか、あるいは神明性・超越性を賦与されることによって威力を増し、そのようにすることによって政治支配の永続が展望できたのである。

したがって君主観念は、君主の死後像あるいは後人による神話化という作為も考えれば、生身の強者、偉人像を提示するだけでは不足なのである。社会の共有する観念と結びついている神観念と一体化ないしは混合したものが、君主の全体像をなしている。このような君主像は、統治の観念装置と呼んでもよい。それゆえ旧体制の沈下、言いかえれば新体制の浮上の過程も、この領域での変動がともなわざるをえないであろう。これについては、私も関説したことがある(2)。本稿では、近世君主の頂点的なところでの君主と超越観念のかかわりを、その推移をとらえる視角から論じてみたい。

Ⅱ　移行期正統王朝・民衆世界の君主・神観念

清朝・朝鮮朝・徳川公儀に共通する政治意識――それは知的認識から実務実践的な判断に至る、また学統としていくつもの分流をつくっている幅の広いものであるが――はおおよそ次のようなものであると理解したい。古代中国を古典的始源にして、文明圏的に東アジアの広域に普及した、支配イデオロギーとしての「儒教核」政治文化は、超越者と生身の最高権力者を組み合わせた君主観念をともなっていた。

ここで「儒教核」とすることについてことわっておかなければならない。東アジア法文明圏の政治文化を「儒教」政治文化、儒教イデオロギーとすると、たちまち反論が続出するであろう。とくに日本社会の儒教受容について、正確には受容できていないとする疑問が出されるであろう。しかし、イスラム圏、キリスト教圏をも同時に広く見た法文明圏を議論すれば、日本社会の法文明が東アジア世界に属するものであることは疑うことができない。しかし、個性差は大きい。その個性差を考慮して「儒教核」とするのである。

「儒教核」の世界観を支配イデオロギーと呼べば、その核心は二つほどあると理解できる。一つは、最頂上の君主に関してであるが、宇宙を主宰する至上神の天から命令を受けて、天の長子として、天を代表して土地と人民を支配する。支配とは、天から委託された義務を賢人の助けをかり、秩序安寧（安民）と内外平和（無事）を維持することである。これを仁政あるいは徳治という。たしかに日本近世では、最頂上の君主としなければならないが、それでも天皇ではなく将軍であり、また安民と無事を付託されるのは、将軍だけでなく大名も同じである。

二つは、仁徳ある天子であれば万民は天子を父母として服し、不徳の天子に対しては天帝の命に従って天子を放伐し、革命するという考え方である。ただし、放伐・革命論については、現実の中国・朝鮮・日本などの国家・社会では、知識あるいは理念としては共通しているとみてよいが、それを許容するかどうかには大きなちがいがあった。言及する程度であるが、放伐・革命あるいは異端の現れ方について、それぞれの国家・社会の特徴をあげておきたい。

①中国　ここでは民衆社会・民衆運動での異端的君主・神観念の現れ方がどのようであったということから、中国における神・君主観念の特徴をみておきたい。その一例として、太平天国運動をとりあげよう。

一八五一年から六四年にかけて、中国に民衆的政権をつくった「太平天国」（国号）では、その君主と神明の関係は、次のように措定された(3)。太平天国運動を支えた拝上帝教は、国家の救済と身体の救済とを同時に求めた。これは、当時の中国のすべての民間信仰に共通の、現世利益信仰の救済観念と同じであった。拝上帝教における上帝は、エホバ（旧約聖書における至高神）に等置される人格神であり、かつ唯一神であった。

この教団から見れば、現存の清朝皇帝は、儒仏道の偽神・偶像を祀る妖魔であった。拝上帝教の信者は、その信念に支えられて、各地の神廟神像を破壊する運動を展開した。彼らの信仰によれば、人間は、上帝が肉体と生命を賦与した大家族であり、土地は、貧民にも平等に分配されるべきものであった。そして信仰する者は、地上に天国をつくることを目ざすべきであり、そのためにも禁欲的な日々の戒律が守られなければならないという。

ここに現れているのは、明らかな平等思想である。ただ注意すべきは、平等思想はあくまでも上帝の前においてのものである。だから、人間社会の中の君主という超絶的な存在も否定されない。太平天国運動の指導者洪秀全は、「天王」となっている。「太平天国」というユートピア国家の呼称に示されているように、平等思想だけでなく、もう一つ平和思想がある。ただし、太平天国運動には、「滅満興漢」というスローガンもあって、民族主義的な抵抗思想が表出されていることにも留意しなければならない。

②朝鮮　朝鮮での民衆社会・民衆運動での異端的君主・神観念の現れ方を、一九世紀末になるが、朝鮮の近代移行期としてよい甲午東学農民戦争で見てみよう。

一八九四年に朝鮮半島南部一帯をおおった農民反乱である甲午農民戦争には、そのイデオロギー的基盤となった「東学」という民衆宗教と不可分のかたちで、特徴的な君主と神明への観念が現れた(4)。この反乱では、東学一般ではなく、全琫準ら南接派の異端東学が、初めて民衆を変革主体（真人）視する論理を提供した。これは朝鮮社会に古くから浸透していた千年王国思想とされる『鄭鑑録』的なユートピア論とは異質なものであった(5)。全琫準らは、天＝上帝観を堅持しつつ、汎神論的天観をも認めて、すべての人は天主でもあるという天観へ信仰を純化させた。

その主体意識は「士」意識と同じであり、義士あるいは真の士を志向した。民本主義的勤王意識と呼ぶこともできる。この民衆運動では、身分制廃棄の平等平均主義も現れた。ここには、一君万民論に立つ儒教的ユートピア政治思想が顕著に認められる。

③日本　「近世民間社会」と呼ぶのが最もふさわしい日本近世の民衆社会・民衆運動での異端的君主・神観念についてのより詳しい言及は次章以下で行いたい。ここではごく大まかに、近代移行期の日本の民衆運動の個性的な現れである世直し・新政反対一揆において、どのような君主観・神観念が見られたかについて触れておきたい(6)。徳川氏将軍を中核にした日本の公儀権力においては、東アジアに通底する政治思想と、その分子的偏差、言いかえれば近世日本的な個性との関係は、次のようなものであったと考えられる。

日本近世の「儒教核」政治文化がともなっている君主観念は、大名の「預治」観念の中に現れている。初期の名君を代表する岡山藩主池田光政の政治論には、典型的な「預治」論が見られる。すなわち、「天」から「上様」(将軍)が「百姓」を「預かる」、その「上様」から「大名」がそれぞれの領分毎に「百姓」を「預かる」という論理である。「預かる」とは、「安民」と「無事」の保証ということである。

伊勢国津藩第二代藩主藤堂高次、第三代藩主高久らが藩政の過程で法文として押し出した「公儀百姓」「公儀田畑」論も、百姓・田畑が大名所有でなく「公儀」のものとする点で「預かる」立場を明確にしており、論理は同じである。将軍から百姓を預かった大名を補佐するのは、「家老」である。「家中」(藩士)は「家老」の指示で執務する。そうして、家老の補佐と家中の執務をあわせたものが「奉公」である。武士の近世的奉公は、忠義を目指すことは戦国時代と変わらないが、近世的な忠義観は、「乱世の忠」(武功)とは異質な「無事の忠」(勤績)に主眼があることである。大名と百姓の間には仁政(御救)・年貢上納の相互の責務についての合意が成立する。それが合意になるに当たっては、各地で表面化する、過重で恣意的な年貢諸役に対する百姓らの訴訟・逃散などの反対意思や抵抗行動を経て、「百姓成立」(相続、立行)という共通の目標に煮詰められる必要があった。両者は利害を異にしながらこの一点で同一の目標を見いだした。この合意を踏まえた近世政治文化においては、名君、あるいは補佐役もふくめて明君賢宰の比重がたいへん大きかった。

しかし、近世日本の個性的な現れが「儒教核」政治文化の核心と衝突する点も見られた。それは、「放伐革命」論の否定である。儒者としての林羅山は放伐思想を肯定したが、垂加神道の儒者山崎闇斎がそれを否定した。その否定が、社会的には長く続いた。しかし日本でも、一八世紀後半になると、明和事件で処刑された山県大弐は『柳子新論』において、臣・民共同の放伐を肯定した。(7) ただ、放伐論が社会的に当然視されることはなく、「復古」を標榜した明治維新は、「放伐」論に主導されたのではなかった。

ところで、近世日本の国家・社会を根本的に理解しようとすれば、幕藩関係だけでなく、天皇・朝廷の位置を説明する必要がでてくる。これについては本論では詳論せず、神明性に比重のある公儀の権威という理解を私見としておきたい。(8) 近世天皇は、神と人を架橋し、また日本史における「時間の体現者」(9) としての機能を果たした。また、公家をふくめた朝廷機構を土台にした、官位発給・文化保持の役割を担う、公儀の「金冠」的存在であった。「金冠」的というのは、領知・外交・司法などを運営する権力ではなく、元号・官位・朝廷儀礼などにかかわる権威としての存在であったという意味である。近世朝廷は、初期の朝幕確執事件から連想されるような、幕藩体制から排斥される存在ではなく、公武和融を体制的に表現する権威として持続した。現実の朝廷内部には、武家公儀に対して和融と自立の二つの潮流があり、朝廷運営において往々反目しあった。和融潮流は、初頭において確執のイメージを提供している後水尾天皇（上皇）と近衛家による運営系列であった。

だがこの流れが、そのまま幕末へ向けて朝廷を主導するのではない。天明七年（一八八三）の飢饉年に起こった京市民の御所千度参りの圧力が、禁裏の光格天皇の京都所司代に対する救恤要請となった。これは朝廷内の自立の潮流、政治的欲求の表面化であった。これと並行するように起こっていた宝暦・明和事件を経て、東アジア法文明の放伐論とは言えないが、王権（天皇王権）の正統性論が浮上してきた。放伐の形よりは復古の欲求として、徳川将軍への大政委任を問う空気である。光格天皇がそのことを望んだのではない。だが、光格天皇が朝廷の祭儀・行事の古式による復活を希望し、朝幕和融ではない朝廷の権威を引き上げ復活させようとしたことは研究史の中で指摘されている。これは、朝廷運営の勢力図から見ると、霊元天皇から続く流れであり、この潮流が強さをましていくのが幕末への推移であった。そうした事象は、公武和融の権威シンボルとして近世国家の内部に定置された「近世天皇」が、文化よりも政治へ傾斜し、公儀権威からしだいに国政を委任してきた主体へ傾斜していくことにほかならず、この意味で「近世天皇像」の解体過程の始まりにほかならなかった。

Ⅲ　東照大権現と天照大神と世直し大明神

1　神君・東照大権現への信頼・恩頼

幕藩体制の解体過程は、別の言い方をすれば、民間社会において公儀不信・公儀離れが急速に進行していく社会状況である。近世公儀は、将軍という人格的存在が中枢に埋め込まれて初めて近世の公儀権力が完成する。厳密には、公儀は徳川将軍家あるいは人格としての徳川氏将軍と同義ではないが、君主制の体制であるかぎり将軍の意向は公的な意思と同義であった。この意味で、社会の公儀離れは、徳川氏将軍への不信と強い相関関係にあった。

だが、近世を通じて、徳川氏将軍の始祖の位置にある家康への信頼はゆるがなかったように思われる。ゆるがなかったのは、生身の徳川家康ではない。神君、東照大権現への恩頼感が持続した、と言うのが適切である。東照大権現は徳川家康の神格化であるが、かならずしも神道系の神格に一元化されたのではない。東照大権現は、それ自体で完結する神格ではない。東照大権現の本地仏は仏教の薬師如来であり、神仏習合の神格である。また細かく言えば、「神君」の語は、中国では儒教の聖人、道家の神を指す用語である。家康は、徳川家の菩提所増上寺では、「安国殿」に「安国院殿徳蓮社崇誉道和大居士」の法号で葬られている。神君家康は、神仏両世界にまたがっているのである。神君家康と称すれば日本固有の神格のように聞こえるが、東アジアの広がりを持つ政治文化の特性を帯びた超越観念である。そうした神格としての家康の威力は、公儀の信頼感が低落した幕末に至るまでも根強かった。そうした事例を挙げてみよう。

①大塩平八郎檄文

天保八年（一八三七）、大坂船場の豪商を武力攻撃するに先だって、大塩平八郎は檄文を配っている。[10] その末尾は、

…奉天命致天罰候　摂河泉播村々庄屋年寄小前百姓共え

というもので、呼びかけの対象には、庄屋・年寄だけでなく、小前百姓共をも宛名に入れている。したがって呼びかけの内容は、想定している村々の小前百姓が日常の知識や言葉で受けとめることのできるもの、逆に言えば小前百姓の常識の範囲あるいは常識の線上にある知識ということになろう。「天命」「天罰」という超越者の概念も、そうした常識の一つである。ほかにも、呼びかけには、多くの和漢の人名・神名が現れる。

東照神君も、鰥寡孤独におゐて尤憐を加へ候は仁政の基と被仰候。然る処…人民は徳川家御支配の者に無相違処…（略）

天子は、足利家以来別て御隠居御同様…中興神武帝御政道の通り、寛仁大度の取扱ひ致し…、堯・舜・天照皇太神の時代には復し難けれ共…（略）

湯王・武王の勢位もなく孔子・孟子の道徳…葛伯と云大名、其農人弁当を持参る小児を殺し候…紂王長夜の酒盛…漢土劉裕…朱全忠の謀反に類し候…湯武…漢高祖…明大祖、民を弔し天罰を取行ひ候誠心…

平将門、明智光秀、

大塩平八郎は、頼山陽から「小陽明」と評されるような儒学者だったから、中国古典に収載されている故事に明るいのは当然である。大塩の呼びかけには、東アジアの仁政故事、朝幕和融の願望、現実の秕政糾弾がふんだんに盛り込まれている。

②陸奥国百姓菅野八郎の著述

陸奥国金原田村百姓菅野八郎（一八一〇～一八八八）は、少年の頃から儒学を学び、安政の大獄に巻き込まれて八丈島に流刑となった。そして、その地で烏伝神道を、流刑死することになる梅辻規清に学んだ。八郎は、慶応二年（一八六六）のこの地域の世直し一揆として知られる信達一揆を指導した人物と見なされた。そのため「世直し大明神」と呼ばれたが、八郎の教養は陽明学であり、地元で孝を標榜した誠心講の教化運動を起こした。菅野八郎は、個性的な著述をいくつも残しているが、それらの中で、「神君之霊夢」「東照太神君」「東照君」など、神格家康への信頼を表白している。前後の文脈からすると、それらはすべて赤心露わというもので、形ばかりのものとは思えない。

八郎は、

唐土は日本の師国にして敬ふべき国也。然るに逆賊のアメリカ人をさして唐人とは何事なるぞや。（『あめの夜の夢咄し』）

と、必ずしも、この時期の国学者のような中国嫌忌感情を表明していない[11]。中国は日本の「師国」であることを認めているのである。それに比して、「逆賊のアメリカ人」と反列強の感情を露わにしている。「天道様」「孝行山の嶺へ登るに図の如く神儒仏の大道あり。」「日本古来の神儒仏」「魔法切支丹の邪法」（『八郎十カ条』）などという記述を見ると、「日本古来」は、八郎にとっては神道だけではなく、「神儒仏」として定着したアジア的な世界観・神観念なのである。「国学」と呼ばれる学統の神道唯一的な世界観と、儒仏という東アジア性のあるものを加えて日本固有と見る立場とは、大きなちがいである。

菅野八郎の場合、反アメリカ感情は明らかである。それに比して、親中国的である。反アメリカ感情も、その核にはキリシタン嫌悪があり、キリスト教と対置して神儒仏を一体視し、日本古来とするのである。八郎には、神君家康が「日本泰平」をもたらしたという確信があり、「外患」の危機感がこれまで以上に神君愛慕の感情を強めさせるという関係にある。八郎は、「世直し大明神」として周囲に尊敬されたとされるが、それは八郎の自己意識ではない。「御百姓意識」が、八郎の内部では大きな位置を占めている。しかし、それは居村・地域にのみ視野が及ぶ百姓の意識ではなく、「憂国」の比重が大きく肥大化した農民感情である。

2　天照大神への依願依頼

指摘したような家康神君観、すなわち泰平招来の恩頼感が幕末期の意識状況を覆い尽くすかといえば、そうとは言えない。というのは、天皇イメージにつながる天照大神への畏怖・依頼意識もさまざまなかたちで現れるからである。

①安政六年（一八五九）の信濃国伊那郡白河藩領南山強訴では、強訴の総代らが、天照皇大神宮・八幡大神・春日大明神の三旗を作成し、それをこの一揆の相手である白河藩との交渉の場に運ぼうとした。しかし、穏健な交渉を重視する村役人らは、「上を恐れぬ致し方」とこれを阻止している。(12)

②**ええじゃないか**　慶応三年（一八六七）八月から翌慶応四年四月まで続いたええじゃないか運動においては、神符類が多数降下した。この中に、伊勢神宮の御師が配布する御札・御祓がふくまれていた。そのほか秋葉神社の火防ぎ札、地域の寺社の御札などがあった。また諸神諸仏の御降りの中に弥勒仏もふくまれていた。全体を見れば伊勢神宮の御札が圧倒的に多かった。ただ、ええじゃないか運動では、伊勢参りという行動は、御蔭参りより少なかった。

③**大塩檄文における天照大（御）神**　先にその箇所を紹介しておいたが、大塩の呼びかけには、家康神君だけでなく、天照大神も持ちだされている。それは、檄文の対象になる村の小前百姓に至るまでの神観念が習合的なもので、天照大神を容易にふくむものであることを物語っている。呼びかけでは、「神武帝御政道」「尭舜・天照皇太神の時代」というように、アジアの聖王と並べた仁政主体として語られている。大塩は儒学者であり、こうした呼びかけを記す際にも、アジア的な視野の広さをもっていることが明瞭に示される。

④**国学的村役人層の神観念**　下総国香取郡松沢村名主宮負定雄は、平田神道を信じる村役人だったが、その著述『国益本論』（天保二年〈一八三一〉）を見ると、「松沢村の御民宮負佐平定雄」という自己意識のもとで、「御恩頼を蒙る神明」と儒教の「孔子」、仏教の「天竺」とを排他的に対置している。(13)「百済国より仏法」が入ってから、「国中疫病流行」という因果関係を記述して、仏教の伝来自体を禍事視する。「産霊（土）神」「天地神明」「大三輪神」「国神」などの「神の御心に叶はぬ事」から、禍事が起こったと論じるのである。

天下の万民に於ても、天照大御神の御民にあらぬ者とてはなきに、其御祖大御神の御心に乖きて、

と、当時の村役人層の頭痛の種の一つである堕胎慣行の根元をこのことに求める。ここから、「大神宮の御神勅」に沿うこと、獣肉を禁忌することの大切さを説くのである。

「人皇」としては、崇神天皇・欽明天皇・推古天皇・厩戸皇子・後白川院・後鳥羽院・後醍醐天皇・後水尾院など、生身の天皇・皇子を列挙する。

宮負は、眼前の危機状況と認識する「乱国」「日本貧耗世盛り」からの脱出を訴えるのであるが、それにもにもかかわらず、

かけまくも畏かれど、東照神御祖命《アズマテルカムミオヤノミコト》天の下を治め給ひしより、四海万民泰平を歌ふ世となりて、

と、「今天保二年に至るまで二百有余年の泰平は開闢以来例しなく、甚も目出たき御代」と現状肯定の言辞も用いている。そして、「今の御代こそ富貴万福の国」としているのは、危機に満ちた現状認識と矛盾したままである。「天下無敵の皇国となりて常世の戎の夷らも恐れかしこみかしこみて、やがて皇国の奴となり」と、対外危機の結末も楽観している。あるいはそれは危機感の強さを反映した願望かもしれない。

ここに現れているのは、あきらかに排他イデオロギーによる日本復興論だが、同時に東照大権現への尊崇意識が強く、現状認識・歴史認識ともに矛盾をふくんでいる。このことをどのように解釈すべきであろうか。私は、神格化された家康が天照大神の神統系列になお対抗力を発揮しているありようであると理解したい。

⑤平田国学・後期水戸学　平田国学は強い現実の対外危機感、とくにロシアへの危機感をバネにして有識者層の一部で発展し、村社会への危機感をバネにして広範な村役人層に受容された。後期水戸学は、「尊王攘夷」「国体」などの概念を提起し普及させた。しかし、儒学と国学・神道の融合という点では、東アジア政治文化の一環と言えよ

う。

⑥神国論の変容　幕末の国学者和泉真国は、「吾神国…伏義・神農・黄帝・尭・舜…孔子の数聖人の子孫ども、悉皆、編頭・胡服の徒となりさがりてやみたり。」（『明道書』文化元年〈一八〇四〉）と、聖人を生み出した中国が女真族の支配下に置かれていることを挙げて批判している[14]。

この神国論は、私見では、秀吉や家康時代の神国論とは異質なものである。秀吉・家康時代の神国論は、キリシタン排除を目標とする、いわば儒仏論的排耶神国論であった。それに対して一九世紀では、公儀不信・社会不安・欧米対抗感を動機とし、国学展開によって、排儒排仏論的神国論へと変容したのである。神国論はいつも不変のものではない。その変容こそが検討されるべきである。

ただし、こうした過激な国学が日本の全ての思想状況となったとは思われない。そもそも「国学」は学者による学問的深浅はあれ、その精神的基盤は激派のものであり、社会の上下多数者が受け入れていたものは寛容な「和学」と呼ぶべき伝統・在来文化の認識であろう。つまり、儒仏道に柔軟な和学の教養が上下の知識を覆ったのである。この意味では、日本学・日本愛意識を儒仏道などのアジア学に加味した和学が裾野を広く築き上げた状況の中で過激主義というべき国学、中でも社会実践へ傾斜した国学運動が急速に活力を発揮するのが幕末の精神状況であった。

3　特定人格・地名と結びついた世直し大明神

「世直し」「世直り」が元来、呪文文言であることは知られているが、ここでは、それが神観念に当たる場合のみ取り上げる。

①天明四年（一七八四）、五〇〇石の旗本佐野善左衛門政言は、江戸城で若年寄田沼意知に対して刃傷事件を起こ

し切腹を命じられたが、墓地に、「世直し大明神」と書いた神号幟が数十本立てられ、香華が絶えなかったという。これは田沼専横批判の民間感情の高まりの中で、江戸市民の中に佐野政言を救済神に等しい存在と見る者がいたことを示している。

②寛政八年（一七九六）の津藩一揆で、三人の指導者の刑死後の世評までも書き込んでいる一揆録『岩立茨』は、

右三人を世直し大明神と称し、人皆是ををしむ。

と記している[15]。この一揆録は、「文化文政に移り米価四十俵替ニ至る」という後記があるので、一九世紀に入ってのものとも考えられる。近世は、神観念の歴史としては「人神」（死者の神格化）段階だという指摘もあり、そうした神観念にもとづいて義民の神格化が現われた。

③寛政改革の際に、その主導者の松平定信を「文武両道源世直」と呼んだことがあるという。これは、幕臣佐野政言と同様、田沼政治の世情を反映したものと考えられる。

④文化八年（一八一一）に豊後豊前で大規模な強訴が起こった。その一揆の要求が通った後に、岡藩領で、「無直《ママ》大明神総氏子在中町中」の高札が「山手・河原」に立てられた（『志美濃屋登梨』伝聞記録）。ただし、この一揆の記録としてよく知られている『党民流説』（洋学志向の儒者の著）では、「四原大明神」とあり、「世直」の文言が欠けている。

⑤天保一〇年（一八三九）、甲斐国で「江川世直大明神」という紙幟が立ったという。これは天保飢饉の救済策に対してである。

⑥慶応二年（一八六六）の信達一揆では、先に記したように、百姓菅野八郎が「世直し八老大明神」と呼ばれ、頭取と目された。なお一揆記録に、「ミロクの世」到来という記述が見られる。

⑦慶応四年（一八六八）の上州世直し一揆において、頭取の大光院修験観寿は、自分自身を「世直し大明神」と宣言したという。[16]

4　特定人格と結びついていない世直し大明神

これまで挙げたのは、特定の人格と結びついている世直し大明神である。だが、そうした世直し神観念は百姓とも結びついているが領主とも結びついている。そこで、君主観念と非結合の、救済平等待望シンボルの神観念としての世直し大明神を探りたい。ただし、「明神」という神観念はそれ自体に民衆性・非権力性・異端性は備わっていない。「明神」は元来は顕現している神、現神を意味し、天皇に用いられることが多かった。「神明」（神）と同義である。国神系で、仏教との習合に容易に妥協しない特徴がある。また「豊国大明神」（豊臣秀吉）で知られるように、天下人の神格呼称にも用いられる。吉田神道は「大明神」を「権現」の上位におこうと努めた。稲荷大明神、神田明神など民間信仰の神号としても浸透している。「稲荷明神下げ」事件など、異端信仰の世界においても知られている。[17]これは文政一〇年（一八二七）の大塩平八郎の「功績」とされる「京坂切支丹一件」に関する事象で、民間社会でも信心上の常識となっていた。明治新政府は、権現・明神とも否定し、すべてを「神社」で統一した。

①天保七年（一八三六）の三河加茂一揆では、神官渡辺政香の情報記録『鴨の騒立』によれば、以下の言説が現れる。[18]

一と神楽あげて……、世直し神々来て現（厳）罰を当て給ふ。観念せよ。世直の場処へ…現罰を当る。……世直しの神に向つてはヨモ働く事はなるまい。…現罰を与ん。……世間世直の祭だ。

②上州世直し一揆は先に見たが、その際に捕らえられていた「無宿の国」を解放し「世直し大明神」の幟を持た

せ。施金施米を交渉した。

須川宿問屋兼本陣に向けて、世直し大明神が天下って申し渡すことがある、もしこの命令に背く者があれば天罰が下るであろう、という「世直し大明神」の触書が投げ込まれた。「世直し大明神」の幟を背に黒布で覆面の男が「貧富のかきならし」を提案した。

③慶応四年（一八六八）四月の野州世直し一揆は、戊辰戦争と交差しながら展開した。そして。ほとんど「上下《ウエシタ》無《ナシ》」状況とでもいう世界を作り出した。(19)

世直し大明神の火札を張、火事も心元なし。（『村方我儘一件書記ス』実見記事）

世直し大明神ト記セル紙旗ヲ押立近傍ノ各村ヲ脅カシ、（藤沢家『家史稿本』実見記事）

覚

一　此度世直しニ付貸金と其外質物ニ至迄不残相返シ可申候。但シ此度之儀ニ付、違返等無之候処、右之趣致承知、此外村内穀物何程成共差上候、以上。

四月十三日

下津原村

西沢藤左衛門印

世直し大明神様

④付言的にここで太平天国と甲午農民戦争と世直し一揆の位相関係について触れておきたい。

東アジアの近代移行期における代表的な民衆運動として、規模・内容・時期ともにちがいがあるが、ひとまず大きな視野からは、中国の太平天国、朝鮮の甲午農民戦争、日本の世直し一揆の三つをあげることができよう。この三つの民衆運動をくらべてみると、日本の民衆運動について次のように言えるのではないか。

日本の世直し一揆では、中国社会・朝鮮社会のような体系性のある教学によって民衆蜂起が引き出されることはなかった。言いかえれば、世直し一揆が政治構想を持つことはなかった。宗教王国的な構想、すなわちユートピア論と言ってもよいが、そうした枠組に関する展望は日本の維新期には生まれなかった。

それは、一貫して有徳者が横行・横領する村町の空間における懲罰行動であった。それは自己意識としては、天罰・神罰の代行者であった。慶応四年（一八六八）の隠岐騒動は、幕末日本では珍しい「自治政府」を生み出したと見られている。ただし、それは隠岐という狭い空間に限定されたものであった。ただ、その内容は、神国・攘夷を鼓吹する国学主導であった。そして結果は、庄屋・島民で構成される正義党による隠岐占拠になった。動機は多分に反松江藩というものであったが、新政府も神国・攘夷の趣旨だからこれを認めるということにはならず、「土人の暴動」として鎮圧した。

5　民衆創唱宗教の君主・神観念

幕末の君主・神観念を考えようとすれば、一連の民衆創唱宗教の盛り上がりを視野にいれないわけにはいかない。民衆創唱宗教は、全国均等に生起したのではなく、世直し一揆が東国・東北で盛り上がったように、山陽・近畿の農村を基盤にして登場した。救済観念という観点から見ると、仏教の往生極楽・来世主義に比して、より神道的で現世利益性の強い、地上救済の観念がまさっていた。そして、君主観念をともなわない救済神観念の比重が高いところも特徴とすることができる。「陽気暮らし」という表現にうかがわれる、生活・生存にかかわる御利益待望であり、この生活・生存次元という点においてはじめて、東国・東北の世直し神の懲罰による生活保証の待望・要求と通底する。

①如来教　民衆創唱宗教としては、最も早く享和二年（一八〇二）に登場した。ここでの救済観念は、三界万霊救済というもので、神道系ではなく仏教系の浄土救済であった。

②黒住教　文化一一年（一八一四）の立教であるが、天保期に伸張した。文久二年（一八六二）に京に宗忠神社を設け、ここが尊王討幕運動の拠点となった。公卿から自作農上層、町人に至る広い階層に信者が広がった。天照大神と一体化する「天命直受」を標語とし、宇宙の最高神を「天照大神」とし、身分否定の平等主義を「神人不二」という言葉で表した。

③天理教　天保九年（一八三八）立教で、「親神《テンリンオウ》」「天輪王明神」の明神号は公家吉田家から公認された神号であった。民衆を「谷底」と言い表し、その救済《たすけ》を、とくに病気直しの形で実現しようとした。仏教・神道・心学習合の一神教と言える信仰である。世直し・平等・平和願望が基底を流れている。天理教は、弾圧・抵抗の公認運動の中で国家神道を容認していく。

④金光教　安政六年（一八五九）に開教する。金光大神・天地金乃神を信仰対象にするが、神観念の成立過程は、祟り神（金神）の救済神化であった。

⑤富士信仰　富士山への信仰も多くの人々をとらえた。この信仰は修験道化し、身禄入滅によっていっそう信者が増加し、弥勒仏再来への願望と結びつき、富士講活動を盛んにした。富士講は、江戸では八百八講と言われるほど広範な影響力を持った。しかし、やがてそこから不二道が分立し、実行教・扶桑教、丸山教などに分化していった。

⑥御嶽教　これは惟神《カンナガラ》八教と言われるもので、当該地域の人々の心をとらえた。

これらを概観すると、世直し大明神と同様に、窮極概念（天＝上帝）を相対化するより、「天地神明」（多神教的八百万神）の中に位置を占めようとする神観念であり、その意味で徹底した異端性は発揮しにくいものであった。

6　新政反対一揆時代の君主観念・神観念・神仏政治

幕末維新期には、過激な宗教政策が攘夷意識をともなって実行された。反対世直し一揆のごときものと言ってもよい。その代表的なものは神仏分離（判然令）と廃仏毀釈であり、キリシタン弾圧と仏教界の耶蘇教禁止建白である。靖国神社の前身となる招魂場・招魂社・護国神社もそれに入れてよい。

明治四年（一八七一）の護法騒動は、反キリシタンの形で新政反対を表明した運動である。神道による教化「天日拝」は、耶蘇の教えであるとの噂が広まった。明治六年には、教部省が耶蘇教法を広めていると流言が広まり、真宗再興、学校洋文廃止、耶蘇宗拒絶を目的としていわゆる護法一揆が起こった。

この頃、桂誉重（越後の大庄屋、鈴木重胤門下、平田国学系）は、明治五年（一八七二）に書いた『済生要略』で、生民済救を述べたが、その中で、天照大御神の神勅を言い、天子の天領・天民化を説いた。

他方、「上下無《ウエシタナシ》」「貧富揺き均らし」の空位状況（主観）での特定人格と結びついていない世直し大明神には、共和政観念への回路を想定することがゆるされよう。しかし、それは日本社会の広さで見れば、現れ方がきわめて狭域的で、かつ瞬間的である。いわゆる「豪農—半プロ」対抗（佐々木潤之介）、あるいは「有徳者—窮民」対峙（深谷克己）が、天照大御神対非人格世直し大明神という分裂を生みだすには至っているが、その分裂は局地的で経過的であり、世直し大明神は優位性を持続できる神観念に育つことができない。民衆創唱宗教の一部の神観念は、現実の政治権力・権威人格に結ばれなかったが、教祖への人格的恩頼観念は深い。宗派教団の存続・抵抗運動が、結果的には現実の政治体制――君主・神観念を伴っている――の容認になっていった。

総じて、形態・対象は種々でも、神前君前の平等――安民をふくむ――という目標は平和意識の高揚になる。日本近世的に個性化された様態ではあっても、東アジア規模の仁政徳治の政治文化環境が浸潤している社会であり。それを基盤にして変容したことは、より文明性の強いものに影響された変容を拒まない空気をも用意するが、その場合にも、読み替えのともなう外来摂取の繰り返しとなり、たんなる立場の入れ替えにはならない。「尊王攘夷」論の国家主義自体がもともと東アジア性を帯びたものである。国学でさえ完全にアジアと異質な文化となることはなかった。それが東アジアへの拡大・侵略の意欲・行動を示したとしても、東アジア性がなくなったことにはならない。

ただ、私見の見通しでは、近世末期の文化・教養意識を考えると、大きな社会的土壌を形成しているのは「国学」ではない。国学は、政治的に優勢であり、実践的で信仰的で、草莽の志士の行動を理論的に支えたが、社会的に浸潤しているのは「和学」とでも呼ぶべき日本学であった。それは、一七世紀元禄文化期以来の、公家・武士・庶民の本朝意識に根ざして広がっており、漢文によって中国の古籍・故事に通じ、和文によって日本の古典・故事・歌絵事に通じるという混合的な教養である。その一例として『喜遊笑覧』（文政一三年）の序文を挙げたい。それは漢文と和文の混合であり、いきなり「もろこしの潜夫論」「漢めかさむ」などという言説も現れるが、同時に詳細な日本研究とも言うべき研究書でもある。ここにある姿勢は、国学ではなく和学である。

7　共和政意識を育ぐくまない神前・君前の平等・平和という政治文化

幕末維新期の政治意識にかかわる領域は、すべてを共和制か君主制かに収斂するものではないが、これは近世の政治文化の到達という点からも無視すべきでない重要な論点の一つである。

小倉欣一の整理を借りると、共和制についての東アジアにおける推移は以下のようであった。「共和」という文言自体は、中国古代にすでに現れている。[20]司馬遷は『史記』において、周における王の追放後に、空位一四年間があった時、宰相らが統治したことを「共和」としている。その際、最初の紀年「共和元年」が設けられたという。紀元前八四一年のことである。

日本では、箕作省吾が『坤輿図識』という世界地誌を書いた時、フランス、ポーランドを「共和政治」と記した。福沢諭吉は、慶応二年（一八六六）に書いた『西洋事情』において、「政治に三様」あるとし、モナルキ・アリストカラシ・レポブリックに分けている。モナルキ、すなわち立君の政治に二様ありとして、ロシア・支那のような立君独裁と、ヨーロッパ諸国のような立君定律とに分けている。共和政治は、レポブリックを指すが、当面の福沢の関心は君主制の違いにある。

中江兆民は、明治九年（一八七四）に書いた『民約論巻之二』（ルソー「社会契約論」翻訳）で、共和政治は帝王位・大統領職のどちらでも可能と述べている。兆民は、共和は体制でなく政府のあり方だとする理解である。

おわりに――解答の試み

冒頭でみずから課した問題に対して、ここまでの検討を踏まえて解答を試みておきたい。

有識社会の歴史知識、民間社会の習俗や流行、近世後末期の創唱の神々への対抗、および適応の必要が、「天地神明」すなわち諸神への誓文による新体制の立ち上げを不可避とさせた。そして、〝脱旧体制《アンシャンレジーム》〟（換言すれば〝公儀離れ〟の人民を、「天照大神の御民」（天照大神を多数の国神が囲繞）観念の比較優位性を覆いにした、天皇臣民へ誘導する下拵えをした。

そして、誓約の中の「公論ニ決スヘシ」は、「皇基ヲ振興スヘシ」と組み合わされ、天皇政体を興隆させることと一体化されている。しかし、同時に〝旧体制《アンシャンレジーム》〟の仁政政治文化の内容でもあった「評定（評議・寄合・談合の政治）」を連想源にしながら、民主政治文化（「世界」＝万国公法世界）の惣代議決制への合い鍵を無意識のうちに内包している。

最後に本論の現在意識にかかわることを付言しておきたい。太平・平等・生存（成立＝民本）の志向――権原意識、正当性意識と言いかえてもよい――は、東アジア世界の治者・被治者双方の政治文化として浸潤――上下の約条的合意――していたと考える。方法としての社会（家族から天下に至る）救済・解放闘争様式も持っているが、それと表裏して仁政徳治（オカミ）への委託感が強く、個我（人権）起発の民主・自由の政治文化を育くまなかった。この意味で「臣民」性からの脱却は難事だが、それでも「将来市民社会」がありえるとすれば、土壌の否定ではなく、それを土台においた上昇――「自由」は勝手・我侭から。民主は「民は国の本」からの読み替え、そして取り込み、のように――回路しかないと思われるのである。

注

（1）近世君主は将軍だけではなく、天皇も将軍も大名も「君主」として存在し。機能・部位は異なるが、全体として重層的「君主制」国家を構成している。また別の角度から見れば、公武寺頂上の「三権門」によって近世国家の総体が構成されている。

(2) 深谷克己「近世日本における政治習俗と信仰習俗」『アジア地域文化エンハンシング研究センター報告集二〇〇四年度』二〇〇五年三月。
(3) 太平天国についての一般的史実については、小島晋治『洪秀全と太平天国』(岩波現代文庫、二〇〇一年)などによる。
(4) 趙景達『異端の民衆反乱』岩波書店、一九九八年。
(5) 『鄭鑑録』の千年王国思想を表す「後天開闢」思想が甲午東学農民反乱の思想的な支えを準備していくという見方もある。
(6) 史実については、『近代日本の統合と抵抗』一、二巻、日本評論社、一九八二年。『民衆運動史』全五巻、青木書店、一九九九～二〇〇〇年。『民衆運動の思想』『民衆運動』(岩波書店、収載史料・解説)などを参照している。
(7) 山田忠雄「近世における「放伐」思想の覚書―宝暦・明和事件の前提として―」『歴史評論』三二四号、一九七六年六月。
(8) こうした理解については、深谷克己『近世の国家・社会と天皇』校倉書房、一九九一年。
(9) 西暦のような数列表記がないため、「何々帝御代」と元号の組み合わせで年号や年間を表現することが全社会的に広がった。
(10) じつは住民に対しては「書付」であって「檄文」とは呼べないことについては、深谷克己「摂河泉播村々の歴史・政治意識―「大塩書付」の読み方―」(和泉書院、二〇一一年)。なお、典拠は深谷撮影の「檄文」(成正寺蔵)。
(11) 以下『日本思想体系五八　民衆運動の思想』(岩波書店)から引用。
(12) 深谷克己『八右衛門・兵助・伴助』(朝日新聞社、一九七八年)で紹介した「治部右衛門日記」の記述であり、当人はたんなる伝聞を記録する以上の当事者の立場である。
(13) (14) 以下『日本思想体系五一　国学運動の思想』(岩波書店)から引用。
(15) 『編年百姓一揆史料集成　第七巻』。
(16) 『百姓一揆事典』民衆社、二〇〇四年　中島明執筆項目「上州世直し一揆」。
(17) 大橋幸泰「民間信仰と『切支丹』の間」『大塩研究』五二号、二〇〇五年三月。
(19) 『栃木県史史料編近世七』。
(20) 小倉欽一「近世ヨーロッパの東と西―共和政の理念と現実―」小倉編同名論文集、山川出版社、二〇〇四年。

『歴史学研究』八二一、二〇〇六年より再録

東アジア世界における日本の「近世化」

――日本史研究批判

宮嶋博史

はじめに

「歴研」の編集委員会から今回の特集にあたっての依頼文と、特集の趣旨文が送られてきた。趣旨文の内容をみながら、歴研も大きく変わったものだとの思いを新たにした。この特集の狙いとして、「この時期（一六―一八世紀）の各地域における秩序形成の多様なあり方のなかに、何らかの共通の「近世性」を見て取ることが出来るのか、という問題関心を共有しつつ、国制、市場、風俗論など多様な視点から問題提起を」することが謳われている。しかし研究史的にみた特集の位置づけは述べられているが、なぜ今このような特集を組むのか、今日の日本と世界の状況の中で、日本の「近世化」を考えることがどういう意味を有するのかについて、趣旨文では何も触れられていないのである。

もちろん、明言はされていないものの、現在進行中のいわゆるグローバリゼーションを見据えつつ、その歴史的起点を近代の開始に求めるのではなく、時期的にさらにさかのぼって探求しようとする意図が根底には流れているのであろう、と想像することはできる。したがって今回の特集の今日的意義がまったく意識されていないといえば、いいすぎになるだろう。しかし、戦後体制の大きな危機、転換点をむかえつつ今日の状況について、まったく言及がないことは、私にはきわめて奇異に感じられた。

戦後体制の基礎にある平和という理念が危機にさらされていることが、今日のもっとも重大な問題であると考えられるが、昨今の動きをみていると、憲法が謳っている平和という理念を守るという決意はどこまで確固たるものであったのか、はなはだ心もとないといわざるをえないようである。戦後体制、あるいは戦後民主主義がなぜ現在、危機的状況にあるのかを考えるためには、さまざまな角度からの検討が必要であろうが、歴史研究の立場からは、戦後の出発にあたって平和という理念が掲げられ、圧倒的多数の国民がそれに共感したという経緯そのものに含まれていた、次のふたつの問題点をあらためて検討することが重要であろう。

憲法が謳っている平和の理念は、主として第二次世界大戦、あるいは十五年戦争に対する反省にもとづくものであり、明治維新以後の日本の近代史全体に対する反省にもとづくものではなかった。ましてや、さらにさかのぼって、「近世」日本のあり方を平和という観点から問うということは、意識さえされなかったように思われる。

その一例として、昨年公表された日韓両国間の歴史共同研究の研究結果をあげることができる。この共同研究は、教科書問題をきっかけとして発足したものであるが、日本の中世・近世を対象とした第2分科では、当然のことながら、豊臣秀吉の朝鮮侵略（韓国でいう壬辰倭乱）が大きなテーマとなった。会議録をみると、韓国側の研究者が、なぜこのような戦争を秀吉が起したのかを問うているのに対して、日本側の研究者はきちんと答えていない様子がよく現われている(1)。秀吉の個人的な問題、あるいは、戦国時代の統一過程自体が有していた必然的な結果である、貿易の利益を求めたのである等、これまでの見解が紹介されているが、日本における武士の登場と、武士による統一政権の成立という、より根本的な問題にまでさかのぼってこの戦争をとらえる議論はまったく行なわれていないのである。そして、こうした現象は、この共同研究に参加した日本側のメンバーの問題であるというよりは、日本における日本史研究全体の問題であると考えなければならない。平和という観点から日本の「近世化」という問題を考える今日的な意義のひとつは、この点にあるのではないか。

戦後の平和理念のもうひとつの問題は、上述の問題とも深く関連しているが、第二次世界大戦を連合国、とりわけ米英に対する「敗戦」ととらえることによって、アジアに対する侵略戦争という側面、日本の侵略者としての側面に対する反省が決定的に弱かったことである。こうした問題点は、「明治」以来の「脱亜」的歴史意識に根ざすものであると考えられるが、日本の「近世化」を東アジア世界の中で検討することは、現在も根強い「脱亜」的「近世史」理解を批判することでもある。現在の日本政府が、ますます米国一辺倒の外交姿勢を強めているのをみるとき、「脱亜」の問題は、古くて新しい問題であるという思いがしてならない。

I　現在も続く「脱亜」的日本史理解と「近世史」研究

日本社会の歴史的展開を中国や朝鮮との異質性においてとらえるとともに、むしろヨーロッパとの類似性においてとらえるという、日本史理解における「脱亜」的傾向は、きわめて根強いものである。そしてこうした傾向を象徴的に示してきたのが、日本「封建制」論である。日本「封建制」論とは、日本の歴史の中にヨーロッパ的な意味での「封建制」の時代を設定し、「封建制」の有無をもって中国や朝鮮との異質性の表れとするとともに、「封建制」の時代が存在したために「近代化」が可能であった、とする歴史認識である。

このような日本「封建制」論について、筆者はすでに別の論稿において批判したことがある。[2]すなわち、日本「封建制」論は、日露戦争を前後する時期に登場した言説であり、最初からきわめてイデオロギー的な性格をもったものであったこと、日本史研究において「封建制」論の確立に決定的な役割を果たしたのは石母田正の『中世的世界の形成』であったが、そこで展開されている日本と中国の比較はきわめて問題の多いものであること、戦後になって石母田は中国認識の誤りについて自己批判するが、その自己批判は表面的なものであり、日本史の理解に対する自己批判ではなかったこと、などが拙稿の主な内容であった。

したがってここでは日本「封建制」論について、あらためて批判することはしないが、問題は、「封建制」論に典型的にみられるような、日本史理解における「脱亜」的傾向が、依然として続いていることである。ここでは、そのひとつの典型として、網野善彦の言説を取りあげたい。

周知のように、網野は一九八〇年代以降現在にいたるまで、もっとも大きな影響力を発揮してきた日本史研究者である。網野の研究は、自身もそこから出発したいわゆる戦後歴史学に対して誠実に批判するとともに、非農業民の問題、日本史における地域的偏差の問題、都市と流通の問題等々、従来の研究において看過されてきた事象について注目することによって、研究の新たな局面を開くものであった。さらに、天皇制の問題に一貫して取り組むとともに、天皇制の成立と不可分の関係にある「日本」という国号（王朝名）の成立を問題とし、大昔から「日本史」なるものが存在していたかのように記述されている歴史教科書を批判するなど、刮目すべき成果をあげてきた。

こうした網野の研究は、彼自身も何度となく言及しているように、戦後歴史学、とりわけその代表的な研究者であった石母田の研究を批判することを大きなモチーフとするものであったが、にもかかわらず、「脱亜」的日本史理解という面においては、石母田と基本的に同じ立場に立っていると判断される。網野の「脱亜」的日本史理解をよく示すものとして、川村湊との対談を記録した「列島と半島の社会史」(3)をあげることができる。

この記録は対談録ということもあって、網野の考えが率直に語られているが、その内容はきわめて問題の多いものである。網野と川村は日本列島と朝鮮半島の社会史をさまざまな面で比較している。たとえば、日本では室町期以降、僧侶が一般庶民の葬式に関与するようになるのに対して、韓国ではそうでないということを確認しながら、韓国の形態は日本の南北朝以前の形態に近いということが語られる(4)。同様に、朝鮮時代に存在した行商人である褓負商《ほふしょう》が王権と関係していたこと、あるいは現在の韓国の市（いち）において女性が商人として活躍していること(5)、朝鮮では伝統的にポルノグラフィーが存在しなかったこと(6)、などについて論じながら、やはり、日本の南北朝以前と類似していることが強調される。網野がここでしきりに日本の南北朝以前について言及しているのは、いうまでもなく、網野史学のもっとも核心的な主張である、南北朝を前後して、日本列島の社会が大転換を遂げるというモチーフと関連したものである。そして、このようなさまざまな比較を前提として、次のような結論が導き出される。

> おそらく、日本やヨーロッパのようにある時期に、社会構造の大転換、自然と社会との関わり方に大きな転換が起こった社会とそうでない社会との違いは、そのへんに非常にはっきりと出てくるのだと思うんです。多分、こうした社会の転換と関連してポルノグラフィーが発生し、日本の場合、それが浮世絵によって、「枕絵」という芸術にまでみがき上げられていくのだと思います(7)。（一九七頁）

つまり、日本列島においては南北朝を前後して、ヨーロッパと同じように社会構造の大転換が起こったのであるが、朝鮮半島（そしておそらく中国大陸）においてはそういう大転換は起こらなかったというわけである。

こうした網野の言説は、まず、事実認識において、きわめて杜撰なものである。なぜならば、ここで比較されている朝鮮半島の事象というもののほとんどは、一九世紀末とか現在の韓国でみられる事象であるが、それがきわめて古い時代から存在していたものであるのか否かは、まったく問題とされない。褓負商の話は一九世紀後半に関するものであり、市の話は現在の話であって、こうした事象があたかも古代以来続いているかのような、きわめて非歴史的なとらえ方が行なわれているのである。朝鮮時代の場市《チャンシ》（定期市）は圧倒的に男性の世界で、だからこそ酒幕（居酒屋）が不可欠だったのであり、市において女性が進出するようになるのは、解放以後のひじょうに新しい現象であると思われるのであるが、こうしたことはまったく無視されるのである。

さらに、まったくの事実誤認にもとづく話も多い。その代表的な例として、文字の普及に関する日本と朝鮮の比較論をあげることができる。網野は、ハングルが朝鮮時代に教育機関でまったく教えられなかったという事実認識にもとづいて、仮名が広く普及し、そのために文字を用いた支配が行なわれるようになった日本と比較しながら、「日本の南北朝に起こったような大変化を経験していない朝鮮、韓国の方が無文字社会のさまざまな異質性が広く残っているのかもしれませんね(8)」などと、「大胆な」発言をしているのである。これはひどい事実誤認であり、朝鮮時代の漢字学習書では、個々の漢字の意味と発音をハングルで表記するのが一般的であったことを想起すれば、ハングルが教えられなかったということはありえない。

網野にみられるこうした事実誤認、および歴史意識の弱さは、日本の事象について語る場合にはありえないことであろう。それが朝鮮、韓国に関する話になるとそうでなくなるのであり、しかもそこから日本との比較がきわめて安易に行われるのである。もっとも、こうした手法は、網野に限ったものでなく、別稿でも指摘しておいたように石田の場合にもみられるものであった。すなわち、『中世的世界の形成』において、日中比較の核心部分をなしているのは、中国における同族団体(宗族)の強固さという問題であるが、それが宋代以降に形成されはじめたきわめて新しい時代の産物であることが無視され、あたかも古代以来連綿と続いているものという、非歴史的な理解が前提されているのである。(9)

このように、網野の日朝比較はきわめて問題の多いものであり、南北朝以後の日本を特別視するだけでなく、日本をヨーロッパとの類似性においてとらえるというスタイルは、典型的な「脱亜」的日本史把握であるといわねばならない。しかし網野の場合、最初から「脱亜」的日本史理解が存在していたわけではない。網野の出世作というか、彼の研究において大きな転換点を示す作品として知られている『蒙古襲来』においては、次のように述べられているのである。

そして一三世紀後半の日本では、この両者(農業民と非農業民のこと――引用者)の世界それ自体のなかに大きな変化がおこってくとともに、両者によってなりたつ分業体系に、重大な転換があらわれてくる。これまで非農業民の遍歴、農業民の「浮浪性」を前提として成立していた体系は、その定着とともに、質的な転換をとげていくので、農村・漁村・山村、そして都市の分化が、ここにはじめて明瞭に姿をあらわしはじめるのである。

中世社会の変動が、この転換を背景としていたことはいうまでもない。しかしここにあらわれてきた動きは、室町期をこえて近世・近代にいたる日本の社会のありかたにつながるものであり、同じ中世社会でも、一三世紀前半以前とは質的に異なるものがあるといわなくてはならない。現在のわれわれの生活に密着した風俗・習慣等々が、直接的には室町期までさかのぼりうるといわれる理由はそこにあるが、それをもって、一三世紀前半以前の社会にあてはめて考えることは、誤りを生みだすのではないか。

そして、すこし大きくいえば、日本をふくむ東アジアの諸民族――すくなくとも日本と朝鮮では、この転換は農業的世界の優位の方向に進んでいたように思われる。日本に蒙古襲来として出現したモンゴル民族による東アジア支配は、その方向にかなり決定的な意味をもっていたのではあるまいか[10]。

私はここにみられる理解の方がはるかに魅力的であり、共感を覚えるが、晩年になるほど、網野は「脱亜」的な日本史理解に先祖帰りしていったのである。そして、こうした「脱亜」的日本史理解が、網野の著書のベストセラー化を可能にしたと思われる。網野自身にとっては不本意なことであろうが、彼の著書がベストセラーになりえたのは、天皇制や日本という国号の問題のゆえではなく、戦後史学に対する批判にもかかわらず、彼の提示する日本史像が、日本国民の自尊心を満足させる側面を強く有していたためであると考えられるからである。

網野の研究の一貫したモチーフは天皇制の問題であったが、南北朝を前後する日本社会の大転換という主張と、天皇制の持続という問題がどのように関連するのか、網野は結局、この問題に明確に答えていないように思われる。むしろ次節以下に述べるように網野の理解とはまったく逆に、天皇制存続の問題は、日本社会における大転換の不在というよりは、その不徹底の所産である、と私は考える。

ところで、以上みたように、日本史研究においては依然として、「脱亜」的日本史認識が圧倒的に優勢であり、歴史教科書においてもそれが如実に反映されているのであるが[11]、しかしごく少数ながら、こうした日本史認識に対する正面からの批判も、ようやく提起されはじめた。日本「封建制」論に対してもっとも明確に批判している研究者は、保立道久である。

私も、日本「中世史」研究者として、日本「中世」社会がヨーロッパ封建制に相似した側面をもっていることは事実だと思う。しかし、日本の歴史的な社会構成は、どの場合も封建制という用語で捉えることはできないだろう。何よりも、それはヨーロッパとの対比でなく、まずは東アジア社会の社会構成との相互影響と相互対比の中で捉えられなければならない。いわずもがなのことをいうようだが、それこそが日本前近代社会の総決算としての「日本近世（＝江戸時代）」を捉えるまっとうな道であり、世界史的「近世」の本質を捉えるための、日本の歴史家の独特の責務なのではないだろうか。そして、それはおそらく、江戸時代を「近世」と呼ぶこと（さらに鎌倉・室町時代を「中世」と呼ぶこと）自身が適当かどうかという問題の検討を含まざるをえないというのが、私の立場である。[12]

本稿は、この保立の指摘に万感の同意を示しつつ、日本「近世化」を東アジア世界の中で位置づけることを目的としている。その際に留意しておくべきことは、日本の「近世化」の問題は、つねに「近代化」の問題と不可分の関係にあるものとして理解されてきたということである。

先に論じた日本史研究における「脱亜」的理解は、日本の「近代化」の成功という現実（この現実も、韓国や台湾の「近代化」、中国の「改革・開放化」の前に色あせてしまったが）を大前提とするものであったが、それと裏腹の関係にあるのが、日本「近世」化の不在、あるいは「近世化」からの隔離とでもいうべきとらえ方である。[13] つまり、中国や朝鮮における「近世化」の影響を深刻には受けなかったという事実認識を前提にしながら、それを肯定的にとらえ、そうであったからこそ「近代化」にいちはやく成功することができたという歴史理解が、今もなお広く通用している。このような意味において、日本の「近世化」と「近代化」の問題はつねにセットとして理解されてきたということができるのである。

ここでは、先に紹介した保立の提言を受けとめながら、日本の「近世化」を理解するひとつの方法として、東アジア世界の「近世化」に関して、私なりの理解を示したうえで、それとの対比で、日本の「近世化」に対する新しい理解の方向を提示してみたい。まずは、中国の場合である。

Ⅱ　小農社会の成立と中国社会の「近世化」

中国史における「近世化」の問題は、周知のように、内藤湖南による宋代以降近世説の提唱以来のながい研究史を有している。そして現在は、多くの研究者が内藤の考えに同意しているものと判断される。しかし、内藤の宋代以降「近世」説は、ヨーロッパにおける「近世」＝ルネサンスを基準としたものであり、ヨーロッパ基準という意味では、根本的な再検討が必要である。少なくとも一八世紀末までの中国は、世界でもっとも進んだ文明を有していたのであり、そうした中国前近代の歴史をヨーロッパ基準でとらえるということは、まったく逆立ちした方法である。したがって、ここでは、中国の「近世化」の問題を、従来とはまったく異なった観点からとらえてみる。すなわち、小農社会の成立という観点から、中国「近世化」をとらえようとするのである。そして、小農社会論という観点から中国の「近世化」を理解すれば、それが単に中国においてのみみられたものではなく、多かれ少なかれ、東アジア規模で連動する動きであったこともみえてくる。換言すると、小農社会論は、東アジアの伝統社会を、その共通性においてとらえようとするところに、その最大の狙いをおくものである。(14)

中国における「近世化」を小農社会論の立場からとらえる際に、その核心的部分をなすのは、次に四点である。第一に、経済における集約的稲作農法の確立、第二に、政治における科挙制度の確立と、科挙官僚による集権的国家支配の確立、第三に、思想における儒教の革新運動と、その結果登場する朱子学の形成、および朱子学の国家理念としての地位確立、第四に、社会における宗法秩序の確立がそれであり、中国では、これら四つの互いに関連しつつも独立した動きが宋代にはじまり、明代になって完成する、というのが小農社会論の立場である。まず、思想面からみてみよう。

周知のように、朱子学は宋代に起こった儒学の革新運動としての宋学を集大成したものである。そして宋学とは、宋代に全面的な確立をみた科挙制度とともに登場してきた士大夫層の世界観であると同時に、彼らが政治的・社会的・文化的エリートとして存在しうる根拠を提示しようとするものであった。朱子学は、こうした課題にもっとも優れた解答を示した思想であったとみることができ、朱子学に対する批判として登場した陽明学も、士大夫の思想であるという面では、朱子学に対する全面的批判であったと捉えることはできない。

宋学および朱子学が士大夫層の思想であったから、その思想の特徴を理解するためには、士大夫という独特の支配エリートの存在様式と関連づけることが必要である。出身階層、身分を問わず、個人の能力を根拠として科挙試験に合格し、皇帝の補佐として官僚となって政治に参与することを理想と考える存在、その際、官僚としての能力の基準は儒教古典に対する知識を通じて試される道徳能力に置かれるべきであるという共通の了解、こうしてこそ「万世のために太平を開く」ことができるという並々ならぬ自覚、などなど、士大夫という階層は、世界史的にみて、かなり特殊な支配階層であったということができよう[15]。それではこうした特殊な階層がなぜ宋代に形成され、その体制が中国大陸においては一千年という長期間にわたって存続することができたのだろうか。その根拠を、朱子学理念にもとづく国家体制を盛る器としての小農社会の形成に求めようとするのが、小農社会論の立場である。

小農社会論の内容はある意味ではきわめて単純なものである。その骨格を成すものは、中国だけでなく、東アジア伝統社会のもっとも特徴的な面と思われる二つの点、すなわち土地支配の国家的集中と、農民小経営の世界最高水準の発達という二つの点にまず着目する。そしてこれら二つの特徴が、単に東アジア伝統社会の最大の特徴であっただけでなく、近代以降の東アジア社会をも強く規定したと見るのが、小農社会論の核心的内容である。東アジア伝統社会の二つの特徴のうち、より基底的であったと思われる農民小経営の問題については、以下のように理解することができる。

東アジアにおいてはきわめて古い時代から、乾燥地帯における畑作と、湿潤地帯における稲作が平行して行われてきた。周知のように中国大陸の黄河文明は、乾燥地帯における灌漑畑作を基盤としたものであり、稲作の占める比重は小さなものだった。こうした畑作と稲作の比重が逆転するようになるのは中国大陸では宋代以後のことであり、朝鮮半島・日本列島を含めた東アジア規模では一六世紀以後のことである。

東アジアにおけるこのような農業の画期的変化を生み出した要因は、それまで山間部の小平野部でのみ可能であった移植式の集約的稲作が、大河川の下流平野部においても可能となったことである。中国大陸においてこの変化は宋代に始まり、明代の一六世紀になって長江デルタ地域の治水が安定することによって確立した。朝鮮半島・日本列島においては一六—一八世紀に基本的に同様の変化が見られ、こうした集約稲作の画期的拡大が、当時としては世界に例を見ない高い土地生産性と高い人口密度を生み出す原動力となった。モンゴル帝国の成立とともに始まり、一六世紀に画期的拡大を遂げる世界市場形成の動きは、東アジア、とりわけ中国の富を求めて起動したのであり、その源泉は、集約的稲作の成立であった。

集約的稲作の発展は単に農業面での大きな変化であっただけでなく、東アジアの社会体制や国家体制にも決定的な影響を与えるものであった。たとえば人口の著増は、家族や親族制度の変化と深く結びつくものであったし、村落や都市のあり方、商業・貨幣経済の展開などとも関連していた。こうした社会全体の変化の中でとりわけ重要であったと思われるのは、官僚制に基づく集権的な国家体制の確立と、それを支える朱子学の国家理念としての定着、および両者を結びつける科挙制の確立といった一連の事態であり、さらにこうした国家体制の変化が土地支配の国家的集中を生み出したことである。

宋代における科挙制の確立は、科挙を通じて官僚となることを目指す新しいエリートである士大夫階層の勃興を促したが、前述したように、宋学はこうした士大夫層の思想として登場してくる。しかし宋代において国家の運営原理は、新法党と旧法党の対立に見られるように、中央集権の質においてなお流動的な状況にあり、朱子学が国家理念としての地位を占めたわけでもなかった。したがって宋代は新しい国家支配原理の模索期と見ることができる。そして宋・元の時代を経て、明代になってようやく朱子学が国家の基本理念として定着するようになった。中国においてこのように新しい国家体制とその運営原理の確立に長い時間を要したのは、その先進性のゆえであり、朝鮮や日本の政治組織が中国の例を学びながら国家体制を構想しえたのとは根本的に異なっている。それでは中国において長い模索期を経る中で、なぜ朱子学が国家運営の基本的理念として定着したのだろうか。それは朱子学こそ、小農社会にもっとも相応しい国家体制を支えうる理念と具体的な政策を提供するものであったからである。

先述した集約的稲作の発展は、農業経営的に見ると家族経営の発展を促すものであった。すなわち新しく獲得された農業生産力の担い手としては、雇用労働力や隷属的労働力を用いない家族労働力だけの経営がもっともふさわしいものであった。華北の農業においては、その気候的条件によって畜力の利用が不可欠であり、家族経営には適さないものであった。そのため役畜を所有する大経営とそれに補助的な労働力を提供する零細経営ないしは隷属的労働力の存在という二重構造が見られたのであるが、集約的稲作の発展はこうした二重構造を解消させ、家族経営の普遍化をもたらしたのである。

宋学、とりわけ朱子学はこうして擡頭してきた農民層をいかに支配しうるのかを強く意識したものであった。周知のように朱子学は、生来的な身分の差異を否定するものであり、「学ぶ」ことの差異によって社会を秩序付けようとするが、これは貴族的な体制を否定し、科挙に合格することによって、すなわち実力によって支配エリートとなった士大夫層にふさわしい思想であるとともに、経営主体として成長してきた「民」の存在を認め、それを統治することを自覚的に追及する中で成立した思想だったのである。

さらに集約的稲作の発展は、家族経営の発展をもたらしただけでなく、支配層の農業からの分離を促進した。中国江南の開発にあたっては士大夫層の役割が大きかったが、いったん開発が完了すると、彼らは農業生産から退いていった。なぜなら、集約的稲作においては家族経営こそもっとも高い生産力を実現するものであり、彼らは自ら農業に携わるよりは、地主として地代を得る道を選ぶ方が有利だったからである。そしてこれが科挙の準備に専念しうる条件をも提供したわけである。しかしこのように農業生産から遊離するようになった士大夫層は、同時に農村支配のための独自の基盤をも手放すことになった。士大夫たちは支配エリートではあるが、土地に対しては何らの特権も認められなくなり、土地支配は完全に国家に集中・独占されるという現象を生み出した。魚鱗図冊という土地帳簿が、こうした土地支配の国家的集中を象徴的に現している。すなわちそこでは業主＝土地所有者はすべて一律に把握されており、士大夫も一般農民層と変わりなく業主として登録されているのである。

儒教は本来、郡県制＝官僚制による国家体制よりは封建制による国家体制を理想とするものであったが、朱子学は官僚制による国家体制を目指した。そして官僚制にもとづく国家体制においてもっとも重要なのは、地方の土着的政治勢力をいかに抑えるのかということであるが、上のような支配エリートの存在様式は、官僚制的国家体制にきわめて適合的なものだったのである。以前の中国大陸の歴代王朝に見られない明、清代の安定性は、これによって担保されたと考えることができる。

Ⅲ　朱子学理念が主導した朝鮮社会の「近世化」

周知のように、一三九二年に成立した朝鮮王朝は、当初から朱子学を国家理念として掲げて建国された。そして以後、朱子学的理念は、国家体制、社会体制のすみずみまで浸透していくことになるが、このような朝鮮社会の全面的朱子学化について、日本社会の部分的儒教化、朱子学の体制教学としての未確立という事態と対比して理解されることが多かった。丸山真男の次の言葉が、そうした理解を代表するものといえよう。

私は朝鮮を洪水型といい、日本を雨漏り型というのです。洪水型は、高度な文明の圧力に壁を流されて同じ文化圏に入ってしまう。ところが、逆にミクロネシア群島になると、文化の中心部から「無縁」もしくはそれに近くなる。日本はポソポソ天井から雨漏りがして来るので、併呑もされず、無縁にもならないで、これに「自主的に」対応し、改造措置を講じる余裕をもつことになる。(16)

こうした理解は、一見するとなるほどと思わせるものであるが、しかしよく考えてみると、多くの問題点を含んでいる。たとえば、朝鮮が洪水型であるとした場合、新羅や高麗の時代には中国と同じ文化圏に入ってしまわず、むしろ、律令制の受容等の面では、大和国家と類似したものを多くもっていたのに対して、なぜ朝鮮王朝になって中国と同じ文化圏に入ることになるのか、十分に説明がつかないのである。それ以上に問題であるのは、中国の国家体制や社会体制を全面的に受容するということが、それほどたやすいことであるのかについては、まったく考慮されないことである。一九世紀における近代西欧文明の受容が容易でなかったのと同様に、当時最先進の文明であったと考えられる宋代以降の中国文明は、その意志さえあれば簡単に受容できるものであったのだろうか。丸山に代表される従来の理解では、こうした根本的な問題を度外視して、朝鮮社会の中国化が語られてきたのである。しかし実際には、朝鮮時代に入ってからの「中国化」過程は、決して、平坦な道ではなかった。

高麗から朝鮮への王朝交代をどのようにとらえるのかについては、これまでも多くの見解が提示されてきた。韓国の学界の通説的な理解は、高麗後期に成長してきた地方の中小地主が朱子学を受容するようになり、彼らが朝鮮王朝の建国を主導した、というものである。つまり、この王朝交代は、支配的な社会階層の変動を伴う画期的な意義を有するものであり、その変化を「近世化」という概念でとらえるのが、主流的な見解であるといえよう。しかし、こうした理解に対しては、韓国の内外で批判があり、特に米国の学界では、批判が強い。米国における批判的意見を代表する研究として、ジョン・ダンカンの著書をあげることができる。(17)ダンカンによれば、朝鮮の建国を主導した儒教官僚層の多くは、高麗時代にすでに中央政界で高い地位にあった一門の出身者であり、したがって、高麗から朝鮮への王朝交代は、支配層の大幅な変動を伴うものととらえることはできない、とするものである。換言すれば、高麗後期の支配層の自己革新として朝鮮の建国を主張するのがダンカンの見解であるということができる。

ダンカンの見解は、父系血縁組織が存在しなかった高麗社会（この点後述）に対して、その存在を前提にしながら有力家門の分析が行なわれているなど、なお実証的には不十分な面を残しているが、朝鮮建国を主導した儒教官僚層の多くが、決して新進の部類に属するものでなかったという点に関しては、その通りであると考えられる。したがって、高麗から朝鮮への王朝交代は、支配層内部における自己革新の動きがその基本であったととらえることが妥当であるが、こうした自己革新を生み出した要因は、ダンカンも指摘しているように、モンゴル世界帝国の崩壊とそれに連動した国内外の混乱であった。しかしこの自己革新において、決定的に重要な意味をもったのは、朱子学理念にもとづく国家を建設するという国家モデルの受容であり、そのモデルは明王朝において現に進行中のプログラムであった。この点に関して、マルチナ・ドイヒラーは次のように的確な指摘を行なっている。

朝鮮における新儒教の到来とともに、社会問題全般に対して行動するように促す抗いがたいイデオロギーが出現した。それは、人間と社会に対する政治的言説を、かつてなかったほどに鼓舞した。新儒教は、社会的・政治的革新に関する明確な教示を含んでおり、古代中国の聖人君子たちの模範的な世界の実現が可能であるとの希望を持たせるものであった。それだけでなく、新儒教の改革に向けての推進力は、その信奉者を行動主義者に変え、社会変革のプログラムに全面的に介入することを要求した。朝鮮初期の新儒教の信奉者たちは、行動への呼びかけに感染し、朝鮮社会を儒教化する改革プログラムを決定し、実践すべく努めるようになった。一一世紀の中国で王安石（一〇二一―一〇八六）の改革が失敗して以後、彼らのプログラムは東アジア世界でもっとも野心的で創造的な試みとなったのである。[18]

しかし、この野心に満ちたプログラムの進行は、当然のことながら、きわめて困難なものであった。なぜならば、高麗末期・朝鮮初期の朝鮮社会は、朱子学的理念に合致しない側面をあまりにも多く有していたからである。まず、国家体制の面でみると、貴族的な勢力が中央政界を牛耳っていたし、高麗初期から実施されていた科挙も、唐代の科挙と同様に、官僚登用制度としては部分的な意味をもつにすぎなかった。また、地方統治体制の面でも、郡県制に象徴されるように、中国の郡県制と異なって統一的な地方支配を行なうための制度ではなかったし、[19]地方社会の実力者であった吏族層の存在が、集権的な地方統治を妨げていた。

より深刻な問題は、社会体制のあり方であった。宗教的には仏教やシャーマニズムが支配的であったし、何よりも、家族・親族のあり方が、儒教、朱子学が前提する宗法主義とはあいいれないものであった。周知のように、儒教、とりわけ朱子学においては、国家体制が父系血縁原理にのっとった家族秩序の論理にもとづいて構想されているのであるが、当時の朝鮮社会では、父系血縁原理にもとづく家族、親族結合が支配的ではなかったのである。すなわち、家族の構成は父系血縁メンバーとその配偶者だけでなく、母方、妻方のメンバーを含むのが一般的であり、結婚後の居住形態も、父方居住、母方居住、妻方居住という三つの形態から任意に選択されたのである。[20]さらに、夫婦関係においても一夫一婦制は成立しておらず、貴族層においては複数の夫人の存在が一般的であり、父系血縁どうしの結婚もごくあたりまえに行なわれていた。

このような非朱子学的国家体制、社会体制に対する全面的な変革は、まずは、国家体制の変革から着手された。儒教教育の振興とそのための学校制度の整備、儒教経典の知識を問う科挙試験（文科）の比重の増大、などが建国初期から図られるとともに、中央官制の整備や言官の権限強化、地方勢力の抑圧策などがとられた。また仏教に対しては厳しい抑圧が加えられる一方、中央および地方の公的祭祀が儒教式に行われただけでなく、従来からの民間祭祀に対しても淫祀として弾圧が加えられた。しかしこうした政策はさまざまな軋轢を生み、紆余曲折を経る中で徐々に進展していったが、その最終的な結果は、周知の通り、中国の明清代以上に朱子学的な国家・社会体制に帰結したのである。それではなぜそうした事態が生じたのであろうか。朱子学理念に合致する小農社会が形成されたからそれが可能であったと捉えるのが、小農社会論の立場である。

朝鮮において朱子学の担い手として登場したのは、高麗末期の新進官僚層であった。彼らは朝鮮建国以後、中央および地方の支配勢力としての地位を固めていく中で、次第に特権階層化していく。すなわち両班層の成立という事態が進行したのである。この両班層の成立と、彼らの存在様式の特徴が、朱子学化のあり方を決定づけたと考えられる。

朝鮮王朝の建国を主導したグループはすでに建国以前に、科田法と呼ばれる田制改革を実施していたが、これは高麗末期に紊乱をきわめていた官僚層に対する収租権の分与を、国家が強力に統制しようとするものであった。建国以後もこの方針が踏襲されるとともに、官僚に対する科田支給だけでなく、政府機関や地方の土着勢力に対する収租権分与についても、縮小・統制する政策がとられた。いわゆる国用田制確立の方向であり、すべての土地に対する支配権を国家に一元化しようとする政策であった。この過程は収租権分与の特権を享受していた階層の強い反発を引き起こしたが、官僚の中にはこれを抑えて国用田制を推進する層も存在したのである。そして最終的には一六世紀中葉に収租権分与が完全に廃止されるに至った。したがって両班層は一方で特権化の道を歩むとともに、他方では土地に対する特権を喪失するという、自身の中に矛盾を抱えた存在であった。

　両班層の土地に対する特権が否定されるに至ったのは、官僚制的国家体制を目指す朱子学的理念にもとづくものであったが、しかし単に理念だけでこうした大変革が進んだとは考えられない。そこにはそうした政策を可能とする現実的な基盤があったと考えられるのであり、その基盤が集約的稲作の確立と、それに基づく両班層の農業経営からの撤退であった。両班という階層は、支配階層でありながらも土地に対する支配権、特権をなんら有さないという点で、中国の士大夫と同様の性格を帯びることになったわけであり、全面的な朱子学化はこうした両班のあり方によって可能となったと考えられる。

　ただし朝鮮時代の両班は、中国の士大夫に比べるとはるかに閉鎖的な性格を強く有しており、両班の地位は世襲的な身分としての側面をもっていた。科挙受験資格の身分的制約や、科挙合格者の少数家門への集中などの現象に、両班層の閉鎖的・身分的性格が典型的に現れている。こうしたことは朱子学の理念に合致しないものであるが、朝鮮王朝は科挙による支配エリートの流動性よりは安定性を重要視したと言えよう。と同時に、朱子学を学び、それによって科挙に合格することを自己の存在理由とする両班層が密度高く存在したことが、逆に朱子学理念を全社会的に普及させる上で決定的な意味をもったのである。

　朝鮮社会の朱子学化を考える際に、支配階層のあり方の問題とともに、もうひとつ重要な問題であったのは、先にも指摘しておいた家族、親族のあり方である。父系だけでなく、母系や妻方との関係が同時に重視された家族、親族関係は、一六、一七世紀に大きく変化し、父系結合が強化される方向へと進んでいく。それは、ひとつには、両班層が閉鎖的な身分的性格を強めていく過程と軌を一にする動きであったが、もうひとつには、集約的稲作の確立にともなって、小農民経営が一般化し、農民レベルでも、家族が経営単位として安定化するとともに、家系という観念が普及していったためでもあった。すなわち、農民小経営が確立していない段階においては、家族というものは一時的な同居集団としての性格を免れなかったのであるが、小農社会の確立にともなって、農民レベルでもはじめて家族が一時的なものでなく、先祖から受け継ぎ、子孫に継承していくべきものである、という観念が現実化したのである。

朱子学は前述したように、国家体制を宗法秩序にもとづいて構想するものである。そして、その点に朱子学を理念とする国家体制の強靭さと脆弱さの秘密があるということができる。なぜならば、家族というきわめて自然な関係にもとづいて、国家を形成するということは、強力な国家支配を擁護する側面を有していると同時に、現実には、家族を律する秩序と、国家を律する秩序は、あいいれない面をもたざるをえないからである。国家秩序の問題と、宗法秩序の関係については、中国においても大きな問題であるが、中国のそれに関しては壇上寛のすぐれた整理があり(21)、私も壇上の見解に賛成である。しかしなお、次の二点を付け加えておきたい。

ひとつは、国家秩序と宗法秩序の一致ということは壇上が指摘しているように理想論であり、現実には不可能なことであるが、にもかかわらず、この理想論は単なる理想論にとどまらず、現実の政治を動かす機能を果たしてきた側面も無視できない、という点である。皇帝や国王の専横、特権官僚や宦官の跋扈など、国家体制に大きな問題が生じた際に、それを革める「バネ」として、批判の根拠として、この理想論は、現実的な機能を果たしてきたのである。とりわけ朝鮮王朝においてはそうであった。朝鮮建国を主導した鄭道伝よりも、高麗を守ることを主張して暗殺された鄭夢周を学問的師と仰ぐ士林派が執権するという、見方によってはきわめて奇妙な事態も、朱子学的理想国家論を抜きにしては、理解しがたい現象であるといわざるをえない。朱子学的理想論は、このように、現実の国家を批判する機能まで果たすことがあったのである。

もうひとつは、国家秩序と宗法秩序の一致という理念は、宗法秩序の担い手が民衆レベルにまで拡散することによって、はじめて全社会化しうるのではないか、という点である。周知のように宗法秩序というものは、古代中国にあっては、王族と諸侯のみをその実践主体と想定するものであった。宋代以降は士大夫も宗法の実践主体と認識されるようになったのであるが、依然として、庶民は宗法秩序からは疎外された存在でありつづけたのである。中国では明代以降、宗族の形成が本格化するが、国家は一貫して宗族結合を認めなかったのであり、ようやく清代になってそれを公認するようになるのであるが[22]、これによって、朱子学的国家理念は、その社会的基盤をかつてなく拡大することが可能になったと考えられるのである。一方、朝鮮においては、宗族結合は当初から国家的規制を受けることなく、したがって、中国以上に朱子学的理念が社会全般に深く浸透するようになったとみることができるのである。

以上述べてきたように、朝鮮における「近世化」は、朱子学的国家モデルの実現というプログラムによって推進され、ながい時間を要しながら進行した。そこでは朱子学が現実を変革する動力としての役割を果したのであり、一八世紀になると、父系血縁結合の強化と長子の地位強化が進む中で、均分相続が支配的な中国以上に、宗法秩序が社会全般を支配するようになった。しかしこの過程は、全面的な中国化とは異なるものであった。両班という支配層のあり方がその違いを象徴しているが、両班たちは「国俗」、すなわち朝鮮独自の風俗の存在を理由に、その身分的特権の根拠としたのである。

Ⅳ　東アジア的同時代性の欠如した日本「近世化」

中国、朝鮮の「近世化」を以上のように理解するとき、日本の「近世化」はどのようにとらえることができるだろうか。一言でそれを表現すれば、東アジア規模での「近世化」という変動に日本は対応できなかったということ、つまり、日本の「近世化」は東アジア的同時性を欠いたものであった、ということになる。

日本において朱子学は、すでに鎌倉時代にその存在が知られていたが、朱子学理念にもとづく国家を建設しようとする動きは、後醍醐天皇の「建武新政」期を除いては存在しなかった。しかし他方で、小農社会のもっとも核心部分をなす集約的稲作の形成や、それにともなう支配層の土地からの分離という事態は日本においてもみられたのであり、それは日本の「近世化」をも大きく規定した。したがって、日本の「近世化」は、小農社会が形成されていくにもかかわらず、それに対応した国家支配体制が樹立されなかった過程として理解すべきである、というのが本稿の立場である。

なぜ日本においては、小農社会にもっとも適合的な朱子学的体制が形成されなかったのか。それは基本的には、朱子学の理念と相容れない存在である武士によって「近世化」が推進されたためである。豊臣政権や、それを継いだ徳川政権による支配の根拠は武威であり、武威による「平和」の実現＝天下惣無事であった。この「平和」の内実について、水林彪は次のように述べている。

以上のような豊臣権力による社会の「平和」化への道は、社会の平和化のありうべき二つの形態の一方のタイプを典型的な形で示すものであった。一般に、社会の平和化には、軍隊内的平和秩序の原理が軍国主義秩序の確立を媒介に全社会へと拡大してゆく上からの道と、暴力を排したところでのみ存在しうる市場経済が次第に発展していって、やがて市場的平和の原理が全社会をおおうにいたる下からの道との二つの道が存在する。そしてこの二つの道は、一六世紀の日本社会において、現に対抗的に存在していたものであった。前者は、戦国大名権力から織田・豊臣権力へと引き継がれていった道、後者は村落共同体間の自主的平和秩序の延長線上に形成される局地的市場圏が担っていた社会の平和化の道である。そして、この二つの道の対抗の歴史は、前者の道、すなわち、軍国主義国家の確立による社会の平和化が勝利するという形で終局を迎えようとしていたのである[23]。

水林の指摘は、日本「近世」の「平和」の質を的確にいいあてているが、ひとつ見過ごされているのは、「平和」化へのもうひとつ別の道、すなわち、中国や朝鮮の「近世化」と、そこにおける「平和」の実現であった。日本の「近世」が基本的に武威によって「平和」が担保される体制であったこと、そしてそのために、「法をもって理を破り、理をもって法を破らず[24]」とする法観念が支配したことを考えるならば、日本の「近世」を「封建制」の確立と見るか、「集権的封建制」の確立と理解し、それを肯定的にとらえるという立場は、根本的に再検討されるべきである。平和の問題が大きく浮上している現在、日本「近世」の負の遺産を自覚することがきわめて重要である、と私は確信する。

注

（1）日韓歴史共同研究委員会編『日韓歴史共同研究報告書』第2分科篇（日韓文化交流基金、二〇〇五年）、特に米谷均の報告「朝鮮侵略前夜の日本情勢」をめぐる討論部分参照。

（2）宮嶋博史「日本における〝国史〟の成立と韓国史認識」（宮嶋・金容徳編『近代交流史と相互認識Ⅰ』所収、慶應義塾大学出版会、二〇〇一年）、および同「日本史・朝鮮史研究における〝封建制〟論」（宮嶋・金容徳編『近代交流史と相互認識Ⅱ』所収、慶應義塾大学出版会、二〇〇五年）。

（3）これはもともと『列島と半島の社会史』として出版（作品社、一九八八年）されたものであるが、ここでは『歴史としての天皇制」』（作品社、二〇〇五年）に再録されているものによった。
（4）同上書一〇四―一〇五ページ。
（5）同一三六―一三八ページ。
（6）同一九五ページ。
（7）同一九七ページ。
（8）同一一九ページ。
（9）前掲拙稿「日本史・韓国史研究における〝封建制〟論」二九二―二九三ページ。
（10）小学館・日本の歴史第10巻『蒙古襲来』、一九七四年、四四三ページ。
（11）現在の日本と韓国の歴史教科書における「封建制」論の問題点に関しては、拙稿「高校の歴史教育における世界史認識と〝封建制〟論」（宮嶋・金容徳編『近代交流史と相互認識Ⅲ』所収、慶應義塾大学出版会、二〇〇六年）参照。
（12）保立道久『歴史学をみつめ直す――封建制概念の放棄』校倉書房、二〇〇四年、一八三ページ。
（13）もっとも、中国史研究者や朝鮮史研究者の間では明清時代や朝鮮時代を「近世」という概念でとらえるのが一般的であるが、日本史研究者の間では中国・朝鮮の「近世化」自体を認めない傾向、古代以来の体制が持続しているように理解する傾向があるようである。網野にもそうした傾向がみえる。
（14）東アジアの伝統社会を小農社会という概念でとらえるという立場、および小農社会の内容に関しては、すでに「東アジア小農社会論と思想史研究」（韓国実学研究会『韓国実学研究』5号、二〇〇三年）において簡単に論じたことがある。本稿でも紙数の関係上、小農社会論に関して全面的に論じる余裕はないが、詳細は『東アジア小農社会論』として近く公刊する予定である。
（15）宋学および朱子学の台頭と、その担い手としての士大夫層の独特のあり方に関しては、島田虔次『朱子学と陽明学』岩波新書、一九六七年、参照。
（16）丸山真男「原型・古層・執拗低音」（加藤周一・木下順二・丸山真男・武田清子『日本文化のかくれた形』岩波書店、一九八四年）一三四ページ。
（17）John B. Duncan *"The Origins of The Chosŏn Dynasty"* University of Washington Press, 2000.

（18）Martina Deuchler *"The Confucian Transformation of Korea: A Study of Society and Ideology"* Harvard University Press, 1992, pp.27.

（19）高麗の郡県制が均一な地方統治の体制ではなく、身分的な性格を帯びたものであったことについては、旗田巍『朝鮮中世社会史の研究』法政大学出版局、一九七二年、所収の諸論文参照。

（20）高麗時代から朝鮮初期にかけての居住形態を三辺的（trilateral）という概念でとらえる研究として、Mark A. Peterson "Korean Adoption and Inheritance" Cornell University, 1996（韓国語訳として金恵貞訳『儒教社会の創出――朝鮮中期入養制と相続制の変化』がある）参照。

（21）壇上寛「中国専制国家と儒教イデオロギー」

（22）井上徹『中国の宗族と国家の礼制――宗法主義の視点からの分析』研文出版、二〇〇〇年、参照。

（23）水林彪『封建制の再編と日本的社会の確立』山川出版社、一九八七年、一五四ページ。

（24）武家諸法度第三条にみえる文言、水林同上書一六三ページ、から再引用。

第二部　比較の視座

朝鮮史からみた「近世」日本
——社会的結合をめぐる比較——

宮嶋博史

はじめに

本書のもとになったシンポジウム「比較史的にみた近世日本—東アジアのなかの日本」は、「近世」日本[1]と同時期の朝鮮を比較史的に検討しようとする試みとして、おそらく初めてのものであったと思われる。もちろん個々にはさまざまな問題に関して日朝の伝統社会の比較が行なわれてこなかったわけではけっしてないが、多くの研究者が一堂に会して、多様な側面で比較を行なうという点で、従来とは質的に異なるレベルの試みであったということができよう。

このシンポのきっかけとなったのは、私が二〇〇六年一二月号の『歴史学研究』に発表した「東アジア世界における日本の「近世化」—日本史研究批判」（本書再録）であった。これは私にとって研究者冥利につきることで、蟷螂の斧よろしく日本史研究のあり方を批判してきた立場からすれば、やっと確かな手応えを実感することができた。しかしそれだけに責任も重くなったわけで、今までのように「言いっぱなし」では済まされなくなったとも感じている。

そこで本稿では、シンポジウム当日の報告にもとづいて、社会的結合という側面から徳川日本と朝鮮王朝時代の朝鮮を比較するだけでなく、それに先立って、そもそも私が日本史研究を批判するに至った経緯について、ごく簡単にではあるが述べることにする。読者の理解の一助になれば幸いである。

I　小農社会論の提起とそれ以後

私が東アジアという枠組で伝統社会を比較することに関心をもつようになったのは、土地台帳の研究を通じてであった。私の本来の研究分野は、日本が朝鮮を植民地として支配するようになってから実施された「朝鮮土地調査事業」であった。この「事業」は植民地支配のための基礎的政策として、朝鮮社会に大きな影響を与えたが、私の関心はその影響を具体的に明らかにすることであった。そしてそのためには、「事業」に先立つ時期の朝鮮の土地制度や農業のあり方を把握することが不可欠の作業であったので、朝鮮王朝時代（以下、朝鮮時代と呼ぶ）の土地台帳である量案《りょうあん》の研究を行うことになった。

この量案の研究を進める中で強く印象づけられたのが、量案と日本の検地帳とのきわめて濃厚な類似性であった。すなわち、両者ともに一筆ごとの土地を調査した結果を記録しているのであるが、各土地の地目や面積、等級、「所有者」など、同じ情報が記録されているだけでなく、等級と面積から算出される各土地の想定生産力が「石高」（日本）あるいは「結負《けっぷ》」（朝鮮）として記録されているのである。私が量案について、日本「近世」の検地帳を研究している山口大学の田中誠二氏に話したところ、氏は「尋常でない類似性」であり、「日本の検地帳の様式には量案の影響があったに違いない」とまで言われたが、それほどまでに類似性が目につくのである。この類似性をどのように理解すべきであるのか、私が東アジア小農社会論という枠で東アジア伝統社会をとらえるべきことを主張するようになった契機はここにあった。さらに同様の目で見てみると、朝鮮と日本だけでなく、明清時代の中国で作成されていた土地台帳である魚鱗図冊においてもやはり一筆の土地ごとに同じような情報が記録されているだけでなく、想定生産力としての「折畝《せっぽ》（または税畝）」が記録されているのである。(2)

それではこのような類似性はどうして生じたのであろうか。この問題を考える中で、土地支配が国家に集中されていることがその原因ではないかと思いいたった。つまり全国の土地を調査して、その一筆、一筆の土地を国家が直接把握したことが、石高、結負、折畝という統一的で抽象的な土地把握を生み出した原因ではないか、ということである。土地支配が国家に集中されたということは、支配階層が独自の領域的支配を行なわなかったということを意味するが、実際にも、朝鮮の両班や中国の士大夫は領域的支配の主体ではなかったし、日本「近世」の武士も、将軍や大名などの一部上層武士を除いて領域的支配の主体ではなく、また、大名の領域支配も将軍権力に大きく制約されたものであった。言いかえると、これら三国は土地貴族の不在という点で共通しており、それが石高、結負、折畝という形の土地把握を可能にしたということであるが、この土地貴族の不在という特徴を生み出した要因こそ、高度に集約化された稲作農法技術の形成と、それにともなう小農経営の確立にあるということ、これが私の東アジア小農社会論の核心的な内容であった。(3)

私がこのような小農社会論を提起したのは、一方で西欧の歴史発展段階を東アジアの歴史に適用しようとする傾向を批判するとともに、もう一方では日本「近世」史研究における脱亜的な傾向を批判するという、ふたつの狙いによるものであった。つまり、西欧基準によらない、東アジアに内在した歴史像を構築すると同時に、日本をその中に組み入れてとらえる枠組として小農社会論を提起したのであった。したがって小農社会論では、東アジア三国を共通性においてとらえることに主眼があったわけであるが、東アジアの異質性をどうとらえるかという面では十分な議論を行なうことができなかった。

東アジアの異質性という問題を強く意識するようになったのは、いわゆる歴史認識の問題と関連してであった。近代日本の朝鮮、中国、アジアに対する侵略・支配と関連して、歴史教科書や靖国神社の問題をめぐって軋轢が絶えない状況を目にするとき、日本の歴史を東アジアとの共通性という面だけでとらえることの一面性を反省するようになったのである。しかし日本の異質性を、かつてのように、日本だけが封建制を経験したというような形で、西欧基準で考えるのではなく、小農社会という共通の基盤の上での異質性として把握することが必要と考え、そこで注目するようになったのが朱子学モデルの受容をめぐる問題であった。

朱子学モデルというのは、小農社会を統治する理念としてもっともふさわしいイデオロギーとして朱子学をとらえた上で、朱子学を統治理念とする国家・社会体制全般を指す概念である。こうした朱子学モデルは、中国においては明代になって、朝鮮では朝鮮時代に、またヴェトナムでも一五世紀の黎朝になって、ほぼ同時代的に形成されてきたのに対して、日本だけがこうした動きに同調しなかった、あるいはできなかった、ここに日本の異質性の最大の特徴があるのではないか、このように考えるようになったのである。そして、朱子学モデルの非受容が日本の近代化を生み出したとして従来は肯定的にとらえられてきたこうした特徴を、逆に近代日本の侵略性を生み出す歴史的要因になったものとしてとらえ直すことによって、近代日本を批判する立場を確保することができた。

以上、これまでの私の研究の歩みをやや冗長に述べたが、現在は、上述のような立場から、東アジア社会の共通性と異質性を歴史学の観点から明らかにする作業を続けているところである。土地台帳、身分制、家族制度、官僚制などの問題について、その比較の一端をこれまで発表してきたが(4)、ここでは社会的結合の問題をテーマとして論じることにしたい。

Ⅱ　社会的結合を比較することの意味

ここで社会的結合の問題を取りあげることにしたのは、以下の理由による。まず何よりも、社会的結合の問題は、社会を比較する際にもっとも重要なものであると同時に、これまでこの問題に関して私自身、本格的に検討したことがなかったことである。社会的結合のあり方は、その社会の特徴を端的に示すだけでなく、今回のシンポジウムで他の論者によって報告された政治文化や女性の社会的地位の問題、あるいは文化の存在様式などの問題とも不可分の関係をもっているといえよう。

第二の理由は、近年の日本史研究において、社会的結合の問題が活発に論議されていることである。本書にも収録されている私の『歴研』論文に対して、日本史研究者の稲葉継陽が正面から批判を加えてくれたのであるが、その批判の核心は、私の日本史理解が八〇年代までの研究を対象としたもので、それ以後の研究の進展を正しく踏まえていない、という点にあった。そしてその進展の内容として指摘されたのが、日本「近世」社会が上からのヴェクトルだけでなく、「農の成熟」に象徴される下からのヴェクトル、すなわち社会的結合の成熟にも支えられて形成されたことを明らかにした、ということであった。稲葉の批判は私の不十分なところを鋭く衝いたものであったが、社会的結合の問題に関して、日本と西欧の類似性、日本と中国の異質性と強調するその比較の方法には疑問に思われるところが多いので、ここで朝鮮における社会的結合の問題を論じることによって、稲葉の批判に応えることにしたい。

社会的結合の問題を取りあげる第三の理由は、現在の日本における社会的結合の問題を考える上で、朝鮮や中国と比較することが意味をもつのではないかと考えるからである。周知のように現在の日本では「無縁社会」（亡くなった網野善彦が聞けば仰天することであろう）とか「孤族の国」という言葉で表わされるように、人間の原子化が極端に進んでいるが、なぜこうした現象が生じているのであろうか。この問題を考えるには、グローバリゼーションという現在の問題との関連だけでなく、歴史的に「近世」の成立期にまでさかのぼって考察することが必要であると私には思われるが、ここでその一端を検討してみたい。近年の「韓流」ブームに見られる韓国のテレビドラマに対する日本人の多大な関心の一つの原因は、日本と韓国における人間関係のあり方の違い、社会的結合のあり方の違いにあるのではないかとひそかに思っていることも、社会的結合の比較を行なう理由であることを告白しておく。

Ⅲ　家族・親族結合の比較

家族は社会的結合のもっとも基礎的な単位である。そこでまず、家族とそれが拡大した親族結合の問題について論じることにするが、これについてはきわめて興味深い日中比較論が中国史研究者の上田信によって提出されているので、[5]上田の主張を紹介しながら、上田が論じていない朝鮮の家族・親族結合の特徴に関する私見を述べる。

1　上田信の日・中・タイ比較論

上田は中国の家族・親族結合の特徴を把握するために、タイ、日本の家族・親族結合と中国のそれを比較するとともに、家族・親族結合に見られる特徴が社会的結合にも反映されるという立場から分析を行なっている。三つの社会の家族関係の特徴とそれを基盤とした社会的結合のあり方について、タイ＝動詞的家族関係とネットワーク構造、日本＝名詞的家族関係とネストボックス構造、中国＝形容詞的家族関係とチャネル構造ととらえるのが上田の主張の核心的部分である。以下やや詳細に上田の主張を紹介しておこう。

まず、タイ国の家族、親族制度の特徴は、動詞的関係ととらえることができる。動詞的関係というのは、何かをするという具体的な行為によって成立する人間関係である。たとえば父親が父親でありうるのは、子供に対して父親としての何らかの行為を行うから可能になるのであり、こうした具体的な行為が存在しないとその関係が持続されない関係、これが動詞的関係の特徴である。したがって家族も血縁関係にもとづいて形成される固定的なものではなくて、状況と必要によって随時離合集散を繰り返す組織であるに過ぎない。また家族がこのように流動的なものであるために、恒常的な親族組織も形成されない。

タイ国の場合、このような動詞的関係は単に家族、親族関係だけでなく、あらゆる人間関係の基礎にある関係である、と上田はいう。そしてこうした動詞的関係にもとづいて人間関係が形成される社会の構造をネットワーク型社会構造と名づけている。その構造を簡単に図示すると、図1の通りである。

ネットワーク型社会構造に関して注意しておくべきことは、図のA、B、Cなどの個々人が取り結ぶ人間関係が、それぞれに異なっていることである。すなわち、人間関係が動詞的関係によって結ばれる二者関係にもとづいているために、個人によって関係を結ぶ相手が重複しないのである。したがってこうした社会では人間関係が不安定であり、安定した社会組織は成立しない。

このような社会における有力者とは、一般の人よりも広範囲なネットワークを有している人間である。経済的、政治的、社会的な地位を利用して広範なネットワークを形成しうる人間が有力者として認定されるわけであるが、その地位はあくまでも個人的な資質にもとづいているために、その個人が死亡したり、力を失うと、人間関係自体がただちに解体されてしまうことになる。家族や親族と同様に、あらゆる社会的組織が一時的な性格を帯びるのも、ここに理由がある。

タイ国の動詞的関係と比較すると、日本の家族関係の特徴は、名詞的関係ととらえることができる。名詞的関係というのは、父親とか本家という地位自体が重要な意味を持ち、子供とか分家の人間との関係がその地位にもとづいて決定されるような関係である。個人の資質や個人間の具体的な関係、つまり動詞的な関係によってではなく、各人の地位によって人間関係が決定されることが、名詞的関係の特徴である。

周知のように、日本の家族制度では養子が頻繁に行われ、しかも中国や朝鮮と異なって、血縁関係にない人間も養子として迎えられたが、こうしたことが可能であったのも、父親とか息子という地位が重要であり、父親と息子の間に血縁関係があるかないかがあまり重要視されなかったからである。

上田によれば、日本のような名詞的関係によって家族が構成される社会の構造は、ネストボックス型の構造になるという。それを図示したのが、図2である。ネストボックス型の社会では、それぞれの「イエ」が一つのネストボックスとなり、社会全体はネストボックスの重積体として現れる。もっとも基礎的な社会単位である「イエ」は家長

（通常の場合父親）と家族員、また時には従属的な下人などによって構成され、「イエ」は家長の強い支配力によって統率される。「イエ」と「イエ」の関係は家長によって代表され、「ムラ」のような地域共同体は「イエ」の連合、具体的には家長たちの連合として存在する。そして家長たちが集まって「ムラ」の代表者を決定し、「ムラ」の代表者が全体を統率するのである。

したがってタイ国の動詞的関係に見られたように、個々人が取り結ぶ人間関係がそれぞれに異なっているという事態は、ここでは生じない。他の「イエ」や「ムラ」との関係はその代表者を通じてのみ結ばれるのであり、「イエ」や「ムラ」の構成員が独自に人間関係を結ぶということは、原則的にはできない。

このようにして構成された日本社会は、もっとも末端の「イエ」からもっとも上部の「国家」まで、ネストボックスの集積として存在することになる。それぞれの「イエ」は家名（これが日本の姓であり、中国や朝鮮と異なって家族構成員全員が同じ姓を名乗る）、家産（イエの財産は家長に地位に就くものによって単独で相続される）、家業（世襲的なイエの職業）を有するが、徳川時代の日本で身分制が典型的に発達した根本的な原因は、こうしたネストボックス型の社会構造であった。

上田によれば、中国の家族・親族結合のあり方は、タイ国とも、また日本とも異なっていたという。その特徴を上田は形容詞的関係と名づけているが、なぜ中国ではそのような関係が生じたのだろうか。

父系血縁観念が強い漢族は、父親から息子に受け継がれる「気」の流れを重視して、それにもとづいて家族・親族制度を発達させてきた。同じ父親から生まれた息子たちは父親の「気」を等しく受け継いだ存在であり、したがって基本的に対等な関係にあると観念される。日本のように家長の地位を受け継ぐ息子（通常は長男）が他の息子や娘よりも上位に立つということは、漢族ではないのである。それでは家族構成員の間の秩序はどうして形成されるのであ

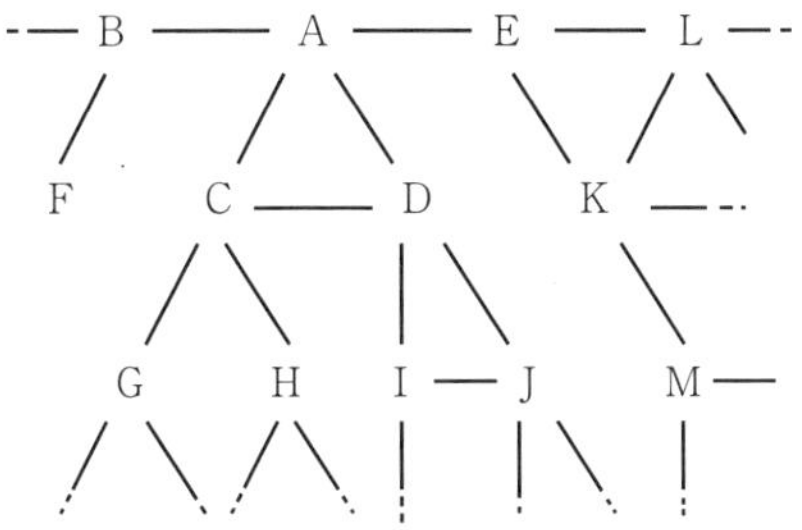

図 1．ネットワーク構造

AとB・C・D・Eとは相互関係にあるが、AとG・Hなどとのあいだには、何ら関係がない。

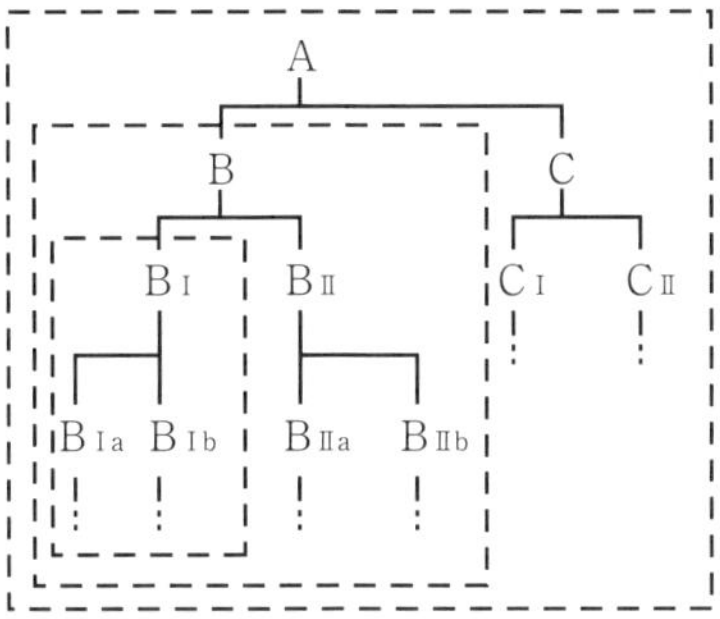

図 2．ネストボックス構造

Aが代表者（ミディエーター）となっている組織のなかで、BはB_{I}・B_{II}・B_{Ia}・B_{Ib}などを代表する者としてふるまうことが期待される。

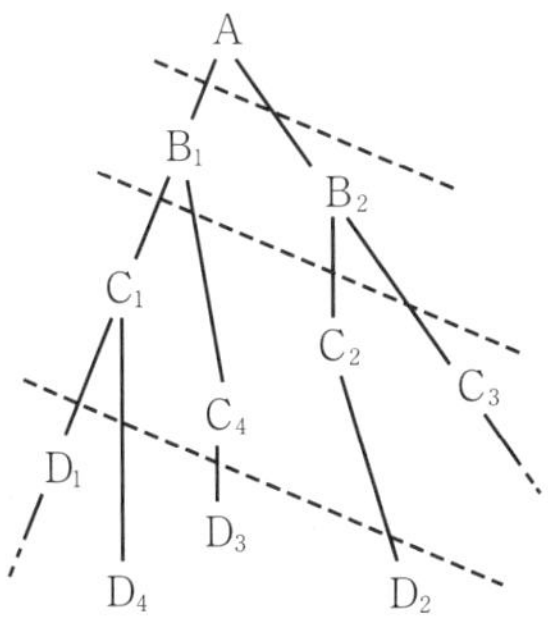

図 3．チャネル構造

AはB・C・Dよりも上位（尊＞卑）、C_1はC_2・C_3・C_4よりも上位（長＞幼）に立つ。

（出典）　上田信『伝統中国』講談社、1995年159頁

ろうか。世代と年齢の高低が秩序を生むというのが、上田の説明である。父親は息子たちよりも世代が一つ上で、祖先により近いから息子たちは父親に従わなければならず、また兄は弟よりも年齢が上であるから、弟たちは兄を敬わなければならない、つまり世代や年齢が高い、低いという形容詞的な関係によって、家族の秩序が形成されるわけである。

周知のように中国では、宋代以来、宗族という父系血縁集団が形成されてきた。この宗族における秩序も、家族と同様に、世代と年齢の高低によって内部秩序が作られる。世代ごとに、名前の一部に共通する輩行字を用い、しかも同じ輩行の者の間では出生順に番号をつけて名前をつける（たとえば烈という輩行字の場合、烈一、烈二、烈三というように命名する）というシステムが広く見られるのは、名前を知っただけで自己と相手の関係がすぐに把握でき、どちらが上位に立つのかが自動的に決定されるからである。

このように同じ父系血縁集団に属する者の間では世代と年齢の高低により秩序が形成されるとすると、血縁関係にない者の間ではどのようにして秩序が形成されるのであろうか。中国では「街坊《がいぼう》の輩《はい》」というものが存在する。これは同じ地域に住む住民の間で形成される秩序である。すなわち同一地域に住む複数の父系血縁集団が婚姻関係を繰り返して結ぶ場合、世代の秩序が乱れないように、同じ世代に属する人間同士が婚姻を行うようにするシステムであり、このような集団の間では、宗族内と同様に世代と年齢の高低によって秩序が形成されることになる。これが「街坊の輩」と呼ばれるものである。したがって漢族の社会では、父系血縁関係にない人の間でも、父系血縁集団になぞらえて秩序を形成しようとする原理が働いていたと考えることができる。

それでは形容詞的な家族・親族制度を有する漢族においては、どのような社会構造が形成されるのであろうか。上田は漢族の社会構造を、チャネル型と名づけているが、それを図示したのが図3である。テレビジョンではチャネルを切り替えると各放送局の系列に従って画面が切り替わり、視聴者はそこから自分の見たい番組を選択する。同様に漢族は、同じ父系血縁集団に属する人間と分ければ、相手と繋がる祖先まで遡って相手との関係を認知することができるわけである。そしてテレビジョンのネットワークが基幹局から末端の支局に至るまで階層的に組織されているのと同様に、祖先（これが基幹局にあたる）により近いところに位置する者が、上位に立つことになるわけである。

以上が上田信の見解であるが、これについて若干の補足的な説明を加えておくことが必要であろう。まず動詞的、名詞的、形容詞的という言葉でタイ国、日本、中国三国の家族・親族結合の特徴を把握し、しかもそのような家族・親族結合の特徴をそれぞれの社会構造のあり方と結びつけて理解している上田の所説はきわめて魅力的なものであり、相当な説得力をもっていると評価しうる。そしてもっとも基礎的な人間関係形成原理を動詞的関係ととらえれば、名詞的関係、形容詞的関係は、動詞的関係の一時性、不安定性を克服して、安定的な関係を形成するために生み出された二次的な関係であると位置づけることができるだろう。つまり、日本や中国の家族・親族制度は、安定した家族・親族秩序を形成するための二つのことなった類型であると理解することができるのである。

2　上田の見解に対する疑問

上田の所説で若干不明瞭であると思われるのは、中国の社会構造に関する部分である。上田は中国の社会構造をチャネル型ととらえているが、父系血縁関係にある場合や、繰り返し婚姻関係を結ぶ集団同士の関係はチャネル型というモデルでとらえることができるとしても、そのような関係にない者の間で秩序がいかに形成されるのかについて、上田は十分な説明を与えていないように思われる。

この問題を考える際にまず検討しておくべきことは、中国の家族・親族結合についての相反する二つの見解についてである。中国の家族は複合家族、あるいは合同家族と呼ばれる類型に属するというのが一般的な理解である。ここで複合家族とか合同家族というのは、子供たちが結婚した後も父母と同居し、したがって一つの家族の中に世代を異にする夫婦が存在するとともに、同一世代に属する複数の夫婦が存在する家族類型のことである。上田の理解もこのような一般的な理解にもとづいているものと思われるが、しかしこうした理解に対しては有力な批判が存在する。

すなわち中国の家族は一般的に理解されているように家長を中心に強い結束力を有する家父長制的なものではなく、結束力の弱い、比喩的にいえば同じアパートに住む住人程度の結束力しか有しないものであるという見解がそれである。この見解によれば、漢族の相続制度に普遍的な男子均分相続に見られるように兄弟間の平等性を重視する家族においては、家長の権限は強いものとなりえない。なぜなら家族の財産は将来、兄弟の間で均分に相続されるべきものであるから、家長といえどもそれを恣意的に処分することはできないからである。家長の生存中は同居している兄弟たちが家長の死後、個別の家族に分裂することが多く見られるのは、家族結合の弱さを端的に示すものである(6)。

このような見解に従うならば、中国の家族・親族結合に対する見方は、一般的な理解とは正反対のものになるが、私は後者の見解の方が正しいのではないかと考える。上田は中国家族・親族結合の特徴を形容詞的関係ととらえたが、あらためていうまでもなく、形容詞とは基本的に同じものの差異を表わすときに使われる言葉である。したがって中国において家族、親族において形容詞的な関係にもとづいて秩序が形成されるという上田の理解は、兄弟や宗族構成員間の平等性を前提にしたものと考えられるのである。

それでは家族、親族という組織もつねに分裂の可能性を強く有しているとすれば、血縁関係にない者の間で秩序はいかに形成されることができるのであろうか。周知のように、漢族は宗族という血縁組織だけでなく、多様な同郷、同業組織、あるいは秘密結社のような組織を形成してきたが、このような組織は何にもとづいて組織としての結束を実現することができるのであろうか。義兄弟の関係を結ぶことによって血縁関係にない者の間でも血縁関係に擬して結合をはかるというのが、もっとも一般的な方法であったと思われる。しかし血縁結合自体が弱いものであるからには、このような非血縁組織の結束力も当然に弱いものとならざるをえないはずである。同郷組織や同業組織が通常、強いリーダーシップを有する個人を中心に組織され、その有力者が存在しなくなると組織自体が解体することが多く見られるのは、形容詞的関係にもとづく結合の弱さを示すものであると理解されるのである。

形容詞的関係をこのように把握しうるとすれば、それは動詞的関係と共通する側面を多く有するものとみることができる。すなわち有力者を中心に組織が結成されたとしても、その組織は安定性、持続性の面で弱いものであり、つねに解体の可能性を秘めているものとならざるをえないわけである。先に名詞的関係と形容詞的関係について、動詞的関係の不安定性を克服するための二つの類型ととらえうることを指摘したが、形容詞的関係は動詞的関係に近いものであることが明らかになった。それでは名詞的関係は形容詞的関係よりも一段進んだ組織類型ととらえることが可能であろうか。

名詞的関係にもとづく組織は安定性、持続性という面でみると優れているといえるが、反面柔軟性に欠けるところがある。また組織と組織の関係が、各組織の代表者によってのみ可能であるため、いわゆる縦割りの組織になってしまい、横の繋がりが弱いという弱点を有することになる。逆に、形容詞的関係にもとづく組織は、安定性、持続性が弱いが、きわめて柔軟であり、融通性に富むといえる。漢族が宗族組織だけでなく、同郷、同業などの多様な組織を発達させて、できるだけ多数の人間と関係を結ぶ可能性を追求することが可能であるのも、その柔軟性によるものであるとみることができる。

さらに名詞的関係にもとづくネストボックス型の社会構造の問題点として、この構造が抑圧と排除の問題を本来的に抱えているのではないか、という点を指摘することができる。「イエ」の構成員は独自のネットワークをもたず、家長を通じてのみ「イエ」の外と結ばれるという構造においては、家長による保護と家長への隷属は不可分の関係におかれることになる。またこの構造においてネストボックスから排除された人たちは、社会の構成員としての資格をもたない存在とならざるをえない。実際にもこうした抑圧と排除の問題は日本社会の構造的問題として存在しつづけてきたとみることができるが、それに対して形容詞的関係にもとづくチャネル構造においては、人間関係が開放的であるため、特定の個人に対する隷属は生じにくい。そこでは人間関係が不安定であることと「自由」であることが結びついているのである。

したがって名詞的関係と形容詞的関係は、やはり組織を形成する際の二つの類型であり、組織の安定性と柔軟性という矛盾する課題のうち、どちらの面を重視するかによって決定される類型であるととらえるのが妥当であると考えられる。組織としては名詞的関係あるいは形容詞的関係だけで成立するよりは、両者を兼ね合わせた組織形態をとることが、もっとも合理的であるといえる。そして現実にも、名詞的関係にもとづく日本の場合は、他方で「イエ」と「イエ」の横の繋がりを可能にする「講的」結合が同時に存在した。年齢にもとづく「若者組」などの組織がその代表的な例であるが、それによって家長だけの関係にもとづく狭隘性を補完してきたのである。形容詞的関係が卓越する中国の場合も、たとえば郷紳の場合に見られるように、本来非世襲的な有力者としての地位を、宗族を形成して長期間維持しようとする努力が払われてきた。郷紳という地位は名詞的なものであり、郷紳が存在したことが、きわめて流動的な中国社会にある程度の安定性を生み出したのである。

最後に中国社会の形容詞的関係の問題と関連して述べておきたいことは、儒教、とりわけ朱子学と形容詞的社会関係との適合性の問題である。朱子学はすべての人間の生来的な平等性を前提としながら、人間社会の秩序がいかにして可能であるかを明らかにしようとする思想であった。その際、人間を差別化し、階層化する基準と見なされたのが、「理」の多寡、すなわち学ぶことによって多くの理を体得した者と、そうでない者との区別であった。興味深いことは、朱子学における秩序形成の原理も、やはり理の多寡という形容詞的関係にもとづいているということである。朱子学が長い期間、中国の支配的思想としての地位を保つことができたのも、その形容詞的原理にもとづく秩序形成の論理が、中国の家族・親族の結合原理と通底するものであったからであると考えられるのである。

3　朝鮮における家族・親族結合

以上検討してきたような日本と中国の家族・親族結合の特徴を前提とすると、朝鮮の家族・親族結合はどのように把握することができるであろうか。ここではこの問題を検討してみよう。従来朝鮮の家族・親族結合のあり方を他の社会のそれと比較する場合、中国との類似性、共通性が強調されてきた。父系血縁関係の重視、強固な父系血縁集団の存在、族譜の編纂など、中国と共通する面を容易に見出すことが可能だからである。しかし中国の家族・親族結合を形容詞的関係にもとづくものとする、上述の見解に従うならば、朝鮮の家族・親族結合について、従来とは異なる理解が可能であると考えられる。

周知のように、朝鮮の家族・親族制度は、一七世紀頃を画期として大きく変化した。すなわち、一六世紀までは双系的な親族観念が支配的であり、したがって結婚後の居住形態も母方居住が多く見られ、相続においても男女均分相続が行われていたことが明らかにされてきた。それが一七世紀あたりを境として、父系血縁関係が重視されるようになり、女子が相続から排除されるとともに、長男を優待する相続制度に変化し、父系血縁集団としての門中組織が広範に組織されるようになった、というのがこれまでの通説的な理解であるといえよう。ここで検討の対象とするのは、一七世紀以後の家族・親族制度であるが、その前に、一六世紀までの家族、親族制度に関して、若干の言及をしておきたい。

一六世紀までの家族・親族制度について、これまではそれを双系的なものととらえる見解が支配的であった。たしかに父系、母系の双方が等しく重視されたこと、また子孫に関しても内孫と外孫の区別をしなかったことなどからみて、双系的親族観念が支配的であったとみることも十分に可能である。しかし双系的という言葉は誤解を招きやすい言葉である。厳密に双系制を規定するとすれば、父系、母系両方の血縁集団が存在し、個人はそのどちらにも帰属するというのが、本来の双系制である。しかし一六世紀までの朝鮮においては父系であれ母系であれ、恒常的な親族集団が存在したとみることはできない。個人が状況に応じて父方、母方、妻方の三者の中から選択的に居住地を決定し、その集団の構成員になるのが一般的であったと考えられる。そういう意味では、米国の研究者マーク・ピーターソンが提起している三方選択的親族制度という概念が、現実をより正確に表現しているといえよう(7)。

このような一六世紀までの家族・親族制度は、上田のいうタイ国の動詞的関係にもとづく家族・親族制度と共通するものであるとみることができる。したがって家族や親族自体がきわめて流動的なものであり、一時性、不安定性を免れることができなかった。ジョン・ダンカンは、高麗と朝鮮両王朝の支配層の連続性を主張しながら、その例としていくつかの父系血縁集団が両王朝を通じて支配層として存続したことを指摘している。しかし高麗時代に父系親族組織が恒常的な組織として存在していたのか疑問であり、朝鮮時代の観点から高麗時代をとらえるという過ちを犯しているといわざるをえない(8)。したがって一七世紀を境とする家族・親族制度の変化は、双系制から父系制への変化ととらえるよりは、恒常的な家族・親族組織が存在しなかった状態から父系的家族・親族組織が成立する変化としてとらえるのが、正しいと考えられる。

次に一七世紀以後の家族・親族制度について検討しよう。一七世紀以後の朝鮮の家族・親族制度は先に指摘したように、一見すると中国のそれと多くの共通性をもっている。しかし両者の間には重大な相違点も存在した。もっとも重大な相違点は、中国では兄弟たちが基本的に平等な存在と見なされたのに対し、朝鮮では長男が次男以下の兄弟よりも優越した地位を有したことである。財産相続において、形式的には男子均分相続の形をとりながら、奉祀条《ほうしじょう》（祖先祭祀を行なうための経費に充当することを目的として設定された相続分）の名目で長男に多くの財産が与えられたこと、長男に息子がいないとき、次男にひとりの息子しかいなくても長男の家に出系（養子に出ること）しなければならなかったこと、などの現象が、長男の優越的な地位を象徴している。

家族制度において、長男の優越した地位が認められたのと同様に、親族制度においても宗孫の優越した地位が認められた。宗孫以外の系統から著名な人物が現われ、宗孫の家系と対抗的な関係になるといった事態が往々にして存在したが、しかしそういう場合でも対外的には宗孫があくまでも親族集団を代表したのである。したがって中国の宗族は頻繁に分裂を繰り返したのに対して、朝鮮の父系集団は宗孫という核を有していたために、集団としての恒常性を保つことが可能になったのである。朝鮮の父系血縁集団が中国よりもはるかに大規模であるのも、宗孫の優越した地位という特徴と不可分の関係にあると考えることができる。

もうひとつ中国との違いとして指摘しておきたいのは、婚姻関係がきわめて重視されたことである。このことは族譜に端的に表れているが、中国の族譜では婚姻関係に関する情報が粗略で、婚姻相手の女性がどういう一族の出身であるのかに概して無関心であったのに対して、朝鮮の族譜では婚姻した女性の父親名とその属する父系血縁集団名の記載が不可欠の情報であった。こうした違いが生じたのは、朝鮮では特に両班においては姻族も両班階層に属することが成員資格の認定において決定的に重要であったからである。そして両班という地位こそ、朝鮮における名詞的関係の重要性を象徴する存在であった。

このように朝鮮の家族・親族結合においては中国よりも名詞的関係が強いという特徴をもっているのであるが、しかし他方で、日本と比べるとその結合の流動的な側面が目につく。そのことを端的に示すのが、親族組織の流動性である。私は別稿で安東・権氏という韓国の代表的な父系血縁集団に関して、歴代の族譜を比較することを通じて、その範囲が持続的に拡大されてきて現在に至っていることを明らかにした。(9) このことは、父系血縁集団がけっして血縁にもとづく自然的な集団ではなく、意志的かつ選択的に形成されてきた歴史的構築物であることを物語っている。中国の宗族は先に指摘したようにその結合の力が弱く、つねに解体される可能性を帯びていたのであるが、朝鮮の場合はむしろその流動性が結合の範囲を拡大する方向に主として向かってきたといえよう。しかし両者ともに流動的な性格をもっている面においては共通しており、したがって親族結合の維持は意志的になされなければならないものであった。

以上のような朝鮮の家族・親族結合の特徴を、東アジア三国の比較という観点から位置付けてみると、上田信が指摘した日本の名詞的関係と中国の形容詞的関係の中間的な性格を有するものと理解される。すなわち男子の均分相続という形容詞的関係を一方で保持しながら、他方で長男の優越的地位の認定という名詞的関係が重視される独特の家族・親族結合であったとみられるのである。前述したように、名詞的関係、形容詞的関係はともにそれぞれの長所と短所をもつものであった。朝鮮の家族・親族結合は、形容詞的関係と名詞的関係という二つの組織形成原理を混合させることにより、それぞれの長所を生かそうとする戦略の結果、生み出されたものといえよう。

朝鮮の家族・親族結合を以上のようにとらえることができるとすれば、それを超えた社会的結合のあり方はどのようなものであろうか。次にこの問題を検討することにしたい。

Ⅳ　朝鮮における社会的結合の特徴

1　契という社会的結合

朝鮮時代の社会的結合に関して、その特徴をよく表わしていると思われる記録をまず紹介しておこう。

金持ちや勢力家以外の者のための法がほとんど存在しない国における自然発生的な協同精神が、朝鮮人のあいだでは、上は王族から下は最下層の奴婢にいたるまで、広くゆきわたっている。これについては、両班階級を引き裂いている多くの党派や中人階層、司法官の衙前、捕卒について述べたとき、すでに指摘しておいた。同様のことが、常民階級のあいだにもまた見出せる。部落ごとに小さな共同体を形成しており、すべての家が例外なく協力しなければならない共同基金もある。この金は、土地や利殖に投資され、その収益は附加税や結婚、葬儀といった公益事業や、それ以外の不測の時の費用をまかなうのに充てられる。宗廟やその他の偉人の祠堂守り、宮中の門番や警護人、あるいは召使いなどのあらゆる下人、各曹（各省）や文武・司法官庁の胥吏、ひと口にいって同じ種類の仕事や共通の利害を持った人びとはすべて、自分たちだけの厳密な意味で労働者の組合に似た協同組合あるいは団体を形成している。また、自分たちの職業や環境によって、そのような団体のどれにも属していない人も、必要な場合に援助や保護を得るために、多かれ少なかれ、かなりの金額を醵出して、そこに加入している。(10)

この文章はシャルル・ダレ（Charles Dallet）の『朝鮮教会史』の序論から引いたものである。『朝鮮教会史』は一八三六年に朝鮮に密かに入国してカトリックの伝道活動を行なっていたパリ外邦伝教会所属のフランス人宣教師たちの通信にもとづいてダレが執筆したもので、その序論は朝鮮の地理や歴史、制度、社会に関する諸事情をまとめたものである。長年朝鮮に潜入しながら宣教活動を繰り広げていた宣教師たちの見聞にもとづいているだけに、その史料的な価値が高いと評価されているものである。(11)

上に引用した部分で「共同体」とか「協同組合」「団体」などと表現されているものは、「契《けい》」と呼ばれる組織のことであり、さまざまな階層の人たちによって多様な契が組織されていることが強調されている。朝鮮における社会的結合において、この契と呼ばれる結合形態がきわめて重要な意味を有していると思われるので、ここでは契を中心に論じることにしたい。

契という名称をもった組織は高麗時代から登場するが、それが広範に結成されるようになるのは朝鮮時代後期になってからである。資料が比較的多く残っている朝鮮時代の契に即して見てみると、きわめて多様な性格をもつ契が存在していた。近年契に関する歴史的研究を精力的に行っている金弼東《キムピルドン》は、契を大きく七種類に分けている。(12)すなわち、社交契、族契、洞契、喪契、松契、学契、その他の契の七種類がそれである。族契とは父系血縁集団のメンバーによって組織される契、洞契とは地方行政単位である洞の住民によって組織される契、喪契は葬儀の費用に充てることを目的として組織される契、松契は山林資源の利用を目的として組織される契、学契は儒教教育を行なう郷校や書院、あるいは私塾の構成員によって組織される契である。社交契は上記五種類の契のように特定の目的をもって組織されるというよりも、それらの目的も兼ねながら構成員の親睦を主たる目的として組織される契で、それ自体が多様なものを含んでいる。最後のその他の契もきわめて多様であるが、金弼東は特定の税を負担するために組織される軍布契[13]などの契、商人たちによって組織される貢契や塵契[14]、仏教寺院と関連した仏糧契、さらに殖利を目的とした殖利契などをこれに含めて紹介している。

契に関してはこれまでも多くの研究が蓄積されてきたが、研究史的にみると、契を共同体とみるか、それとも結社とみるか、という相反する見解が対立してきた。共同体説を代表するのは金三守の古典的研究[15]であり、金弼東の研究が結社説の代表的なものである。金弼東は契を結社と理解すべきことの根拠として次のように主張している。すなわち、契の組織原理として個体性原理（成員資格があらかじめ決まっているのではなく、個人の自発性にもとづいて契が組織されること）、平等性原理（契の構成員は基本的に平等の資格を有すること）、合理性原理（契の目的が多くの場合特定されており、また規約を制定して運営されること）の三つの原理の存在を確認することができるが、こうした組織原理は共同体原理とあいいれないものである、というのである。私は金弼東の見解が基本的に正しいと考えるが、ただ共同体説が主張されてきた現実的な根拠にも留意する必要があると思われる。

契を共同体ととらえる際の根拠になったのは、族契や洞契のように血縁集団や地域住民によって組織される契が普遍的に存在していたことである。これらの契はその構成員資格が限定されており、一見すると共同体として把握しうるような性格を有していた。しかし金三守の古典的な研究の段階では、契規約を主たる資料として研究せざるをえなかったのに対して、契構成員の名簿や契の会計帳簿など、新たな資料が発掘、利用されるようになるにつれて、洞契や族契においてもその成員資格が生得的に（つまりある血縁集団や洞のメンバーであることを条件にして自動的に）決定されるのではなく、あくまでも自発的に成員となるものであることが明らかになってきた。したがって一見すると共同体であるかのようなこれらの契も、その組織原理は他の契と基本的に同様であり、結社としてとらえるべきであるというのが研究の現段階あるといえよう。むしろ契的な組織が先行して存在していた状況の中で、族契や洞契などの共同体的性格を多分に有する組織も、契として組織されることになったと理解するのが、もっとも合理的な解釈であると思われる。

契に関する以上のような研究史を振りかえるとき、想起すべきことは、先に紹介した上田信が提起した動詞的関係、名詞的関係、形容詞的関係という分類の問題である。なぜならば、共同体という組織は名詞的関係にもとづくもの、結社という組織は動詞的あるいは形容詞的関係にもとづくものと考えることができるからである。そうであるとすれば、朝鮮の家族・親族結合が日本と中国の中間形態として理解することができたのと同様に、契が基本的に結社でありながら、同時に共同体的な性格を帯びたものも存在するという両面的性格も、朝鮮における社会的結合のもつ中間的な位置をよく表わしているということになる。

ところでこれまでの契に関する研究は、金弼東のものも含めて、主に個別の契によって作成された資料にもとづいて行なわれてきたものであり、したがって地域社会における契の具体的な存在の様相は必ずしも明らかにされてこなかった。そうした中で、近年になって日記資料を利用して、ある個人がどのような契に加わっていたのか、あるいは特定地域において実際にどれほどの契が組織されていたのかを究明しようとする研究が現われた。そこで次に、こうした最新の研究で明らかにされた契の実態について、簡単に紹介しておこう。

ここで紹介するのは、慶尚北道の醴泉《イェチョン》郡のある両班一族の子孫の家に所蔵されていた日記資料にもとづいた李栄薫《イ・ヨンフン》の研究である。(16) 李の研究が依拠している資料は醴泉郡の渚谷（マッチル、現在の行政区画では醴泉郡龍門面大渚里）に代々居住してきた咸陽・朴氏一族によって四代にわたって書き継がれてきた一八三四年から一九四九年までの日記記録である。(17) この資料は同じ家門において百年を超えて記録された日記資料として他に例のない貴重なものであり、これを利用した共同研究の成果が安秉直・李栄薫編『渚谷の農民たち―韓国近世村落生活史』として刊行されている。私もこの共同研究に加わり、日記に記録されている死亡記事を通じて死亡の季節的分布とその時期的変化を追及した論文を執筆した(18)。

李の研究は、日記や他の資料を利用して渚谷の身分構成と地域秩序の問題を究明した論文であるが、地域秩序の問題と関連して、日記に現われる契についても分析されている。李によると日記には全部で一六〇余りの契に関する記述が見られるとのことであり、渚谷という小さな地域においてじつに多くの契が存在していたことが確認できる。李の契に関する分析の中で特に注目されるのは、次の二点である。

第一には、契が結成される地理的範囲の問題である。契の構成員が居住している地域を基準にして契の結成範囲をみると、渚谷という洞の内部に局限されているものも多くあるが、洞を超えて面とか郡、さらには郡を超えた地域をおおっているものも多数存在していたことが分かる。このことは、洞というものが洞民の日常生活においてさほどの求心力を有していなかったことを物語っており、こうした状況を李栄薫は「多層異心の連帯性」という印象的な言葉で表現している。「異心」というのは、各種契の構成員分布からその中心を求めると、契ごとに中心が移動するということ、言いかえると、渚谷に存在した契の中心地が必ずしも渚谷にあったわけではないということである。

第二に注目されるのは、多数の二人契の存在である。契研究の現段階を示すと思われる金弼東の研究でも、契構成員は最少三人から最大百人以上とされていたのであるが、李の研究によってはじめて二人契の広範な存在という事実が発掘されたわけである。これまでの研究では契構成員の名簿や会計記録、契規約などの資料が主に利用されてきたが、おそらく二人契の場合、そうした記録を作成することがなかったためにその存在が把握されなかったのではないかと考えられる。日記という資料上の特性によってはじめて二人契の存在が明らかになったのであるが、さらに興味深いのは、二人契の多様な性格である。李によると日記には五五もの二人契が見えるが、朴氏家の人物と二人契を結んでいる相手の人物にはきわめて多様な類型の人物が含まれていた。同じ朴氏一族の人間、洞内や近隣地域に居住する他の両班一族に属する人物など、近しい人物だけでなく、朴氏家に出入りしていたと思われる商人、渚谷が属する醴泉郡の郡衙に属する郷吏（地方の行政実務を担当した階層で、社会的には両班より下位の階層であった）さらには朴氏家が所有する土地を耕作する作人、下人などの隷属的人物など、社会階層や職業、朴氏家との関係などの面で実に雑多な人物たちと二人契が結ばれていたのである。

二人契という組織は、先の分類でいうと典型的な動詞的関係にもとづくものであると考えることができる。したがって契という組織は、上で述べたように形容詞的関係と名詞的関係を併せもつ性格のものであると同時に、二人契のように動詞的関係にもとづくものも含んでいたといわなければならない。李栄薫は二人契について、「それは何らかの制度化された規範と団体であるというよりは、個人間の信頼にもとづいて線の形で連結された社会的縁網（social network）である」ととらえているが、こうした二人間の動詞的関係を基礎に、その上に形容詞的、名詞的関係などの多様な性格をもった各種契が存在しており、こうしたさまざまな契の結合が朝鮮における社会的結合の核心をなしていた、このようにいうことができるのではないだろうか。

2　日本・中国との比較

日本の農村社会学の開拓者といわれる鈴木栄太郎は、日本農村の社会化の単位として家と村の存在に注目しつつ、村に関して次のように述べたことがある。

村とは地縁的結合の基礎の上に他の様々の社会的紐帯による直接なる結合を生じ其成員が彼等にのみ特有なる

而して彼等の社会生活の全般に亘る組織的なる社会意識の一体系を持つ人々の社会的統一である。（中略）かくの如き社会的統一が私の意味する村であって其れを自然村と云ってもよいであろう。[19]

こうして日本の村にきわめて強い社会的統一が存在したことを発見した鈴木が第二次世界大戦下の朝鮮農村の調査に入ったが、そこで鈴木は日本農村と異なる朝鮮農村の姿を発見することになった。両者の違いを鈴木は、「朝鮮の地方生活に於いても、其基本的社会構造に於いて自然村は最も重要な骨組をなして居るが、自然村の社会的統一の外に郡を単位とする社会的統一が顕著に存在し、更らに儒林の組織や同族の組織や定期市の組織等が、著しく自然村の社会的独立性を混乱せしめて居る」[20]と述べている。つまり日本の村がきわめて強固な社会的統一体であるのと比較すると、朝鮮では村を超えた郡を単位とした社会的統一も強く、それだけ村の社会的統一性が弱いということを鈴木は発見したのである。これを鈴木は「混乱」とみているが、それは日本的な観点からみた場合にそういえることであって、先に紹介した李栄薫のいう「多層異心の連帯性」という、日本とは別の社会的結合のあり方に鈴木も注目せざるをえなかった。

したがって朝鮮の村（洞あるいは里）は日本の村に比べると組織としての結合性は弱かったということができるが、他方、村の内外できわめて多様な契が、それぞれの目的を遂行するために複雑に組織されていた。こうした社会的結合のあり方は、日本のようなネストボックス型の社会構造よりもネットワーク型、チャネル型社会構造が卓越していたことを示しているが、中国と比べるとまた異なった側面をも有していた。

中国の社会的結合に関しては、家族・親族結合の場合と同様に、共同体的性格が強いとみる見解と、村や同業団体、同郷組織の結合力は不安定で非永続的であるとみる見解が対立しているが、私自身は後者の見解が基本的に妥当であると考えている。朝鮮の契と同様の組織として中国では「会」と呼ばれる組織が広範に存在していたことが知られている。その一例として熊遠報は、清代の徽州地域の日記資料にもとづいて、ひとりの人物が加わっていた会の実態を研究しているが[21]、その内容はきわめて興味深いものである。そして朝鮮の場合と同様に、ここでもやはり二人会が存在したことが報告されているが、ただ二人会が朝鮮のように多数組織されていたのかに関しては不明である[22]。

会とならんで、中国の社会的結合において注目されるのは、「包」という関係の広範な存在である。「包」というのは、二人の人物が何らかの契約を結ぶ時に、第三者を保証人として立て、契約違反が生じた際の責任を保証人が負うというシステムである。そして包的な関係が普遍化するにともなって、地域社会全体が包のネットワークで結ばれ、それが社会の安定性を保証する役割を果たすことになるのである。こうした包という関係については戦前に柏祐賢によって注目されたことがあり、最近になって加藤弘之や首藤明和によって再度注目されはじめている[23]。加藤や首藤の研究によると、現在の中国においても包関係はきわめて重要な社会的意味を有していることが報告されていて、朝鮮における契が現在においても広範に組織されていることとあいまって、伝統的な社会的結合のもつ強い生命力を知ることができる。朝鮮においてもたとえば土地を売買するときには保証人を立てることが慣例であったが、中国のような包の関係が一般的であったとは思われない。おそらく、市場経済が発達していた中国に比べて、それがあまり発達していなかった朝鮮では匿名的な二者関係が一般的ではなく、そのために包という関係の発達を必要としなかったのであろう。

ただ朝鮮と中国を比較した場合、鈴木栄太郎が注目した朝鮮における郡の社会的統一性という現象が、中国ではそれほど顕著でないように見受けられる。朝鮮における郡を単位とした社会的統一性というものは、何よりも、在地両班たちが郡を単位に組織されていたことと深く関わっていた。地方社会において両班が両班でありうるのは、郡を単位に作成された在地両班の名簿である「郷案」に登録されることが不可欠の条件であり、この名簿登録者の中から座守・別監と呼ばれる代表者が選出されて、彼らが郡の長官（守令）を補佐して、地方統治の一翼をになったのである。したがって郷案組織の運営自体は国家の介入なしに自治的に行なわれたはしたものの、同時にそれは国家が公認する公的組織であったのに対して、中国における郷紳はこうした国家から公認された組織を有することはなかった。かろうじて清代末期になって郷紳たちの地方的結集が強まり、地域によっては諮議局などの名称で公的かつ恒常的な組織となる場合が見られるようになったが、その存続期間はごく短命に終わったようである。朝鮮の在地両班と中国の郷紳のこうした性格の違いは、家族・親族結合に関する部分でも述べたように、朝鮮と中国における名詞的関係の強さの違いによるものと考えられるが、こうした違いが郡単位の社会的統一性の違いとして現われたのであろう。

V　現在への展望─結論にかえて

以上、朝鮮における社会的結合のあり方に関して、日本・中国との初歩的な比較を試みた。本稿で述べたような各国の社会的結合の特徴は、主として「近世」に形成されたと考えられるものであり、一九世紀後半以降、社会的結合のあり方もさまざまな変容を余儀なくされることになった。しかしそれにもかかわらず、「近世」に形成された社会的結合のあり方は強靭な適応力を発揮して、企業などの新しい組織の結合原理にも大きな規定性を与えつづけてきた。そして二一世紀に入ってグローバリゼーションが声高く叫ばれる中で、「近世」以来長く維持されてきた各国の社会的結合のあり方が根底から揺るぎはじめているのが、今日の状況である。

このような状況の中で、「伝統」を復活、強化することで対応しようとする動きも顕在化しているが、それよりも、「伝統」的な社会的結合のあり方を振り返り、その長所と短所を冷静にとらえ直すことが求められている。日本においてこの問題を考えるに際して、朝鮮や中国における社会的結合のあり方を参照枠組みとすることは、西欧などの社会との比較とは異なった、独自の意義を有する試みであると考える。

注

（1）本稿では一貫して「近世」という表現を用いているが、それは一六世紀以後の東アジアは儒教的近代という概念で把握すべきであるという考えにもとづいている。儒教的近代という概念に関しては、拙稿「儒教的近代としての東アジア〝近世〟」（岩波講座『東アジア近現代通史1．東アジア世界の近代』岩波書店、二〇一〇）参照。

（2）東アジア三国の土地台帳に関しては、拙稿「土地台帳の比較史―量案・検地帳・魚鱗図冊」（韓国語、韓国古文書学会編『東アジア近世社会の比較―身分・村落・土地制度』ヘアン、二〇〇六、所収）で論じた。

（3）小農社会論に関しては、拙稿「東アジア小農社会の形成」（溝口雄三ほか編『アジアから考える6．長期社会変動』東京大学出版会、一九九四、所収）、および「東アジア小農社会論と思想史研究」（日本語および韓国語、韓国実学学会『韓国実学研究』五、二〇〇三）参照。

（4）土地制度に関しては註（2）の論文、身分制に関しては「朝鮮時代の身分、身分制概念について」（韓国語、成均館大学校大東文化研究所『大東文化研究』四二、二〇〇三）、家族制度に関しては「家族、親族制度からみた東アジア三国社会」（日本語、暻園大学校アジア文化研究所『亜細亜文化研究』八、二〇〇四）、官僚制や支配階層のあり方に関しては「朝鮮後期支配階層の再生産構造―比較研究のための初歩的探求」（韓国語、高麗史学会『韓国史学報』三二、二〇〇八）をそれぞれ参照されたい。

（5）上田信『伝統中国―〈盆地〉〈宗族〉にみる明清中国』講談社、一九九五。

（6）中国の家族結合に関する研究史、および特にその脆弱性に関する議論に関しては、足立啓二『専制国家史論―中国史から世界史へ』（柏書房、一九九八）参照。

（7）マーク・ピーターソン（金恵貞訳）『儒教社会の創出―朝鮮中期相続制と入養制の変化』（韓国語）一潮閣、二〇〇〇。
（8）John Duncan *"The Origins of the Chosŏn Dynasty"* University of Washington Press, 2000。ダンカンに対する批判として、Miyajima Hiroshi *'On the construction process of the surname/ancestral seat descent groups in Korea as seen through genealigies'* Sungkyun Journal of East Asian Studeis, vol.10-1, 2010, 参照。
（9）拙稿「朝鮮の族譜と〝創られる伝統〟―安東・権氏の族譜編纂史」（久留島浩・趙景達編『国民国家の比較史』有志舎、二〇一〇、所収）。
（10）ダレ（金容権訳）『朝鮮事情』平凡社東洋文庫、二〇〇六、二〇七～八頁。
（11）ダレの著述の背景、その内容の特徴などに関しては上記『朝鮮事情』東洋文庫版に収められている梶村秀樹の解説を参照されたい。
（12）金弼東『韓国社会組織史研究―契組織の構造的特性と歴史的変動』（韓国語）一潮閣、一九九二、三二一～三二六頁。
（13）軍布とは、兵役に就く代わりに綿布を政府に納めるもので、一種の税としての意味を有した。
（14）貢契というのは政府の貢物請負を担当した貢人たちの契、廛契というのは、ソウルの特権商人として独占的な商品販売権を有していた廛人たちの契である。
（15）金三守『韓国社会経済史研究』（韓国語）博英社、一九六四。
（16）李栄薫「一八・一九世紀大渚里の身分構成と自治秩序」（韓国語、安秉直・李栄薫編『マッチルの農民たち―韓国近世村落生活史』一潮閣、二〇〇一、所収）。
（17）この日記資料に関しては、『醴泉マッチル朴氏家日記』一～六（韓国学中央研究院、二〇〇二～二〇〇八）の第一巻に収められている李栄薫の解題を参照されたい。なおこの日記の舞台である渚谷には、咸陽・朴氏の一族とともに安東・権氏の一族が世居しているが、この一族は拙著『両班―李朝社会の特権階層』（中公新書、一九九五）で詳しく取りあげた権橃（クォン・ボル）の兄にあたる権檥（クォン・ウィ）の子孫たちである。
（18）拙稿「死亡の季節的分布とその時期的変化」。この論文では、朴氏家日記とともに、それに前後する時期の資料も利用して、死亡の季節的分布がどのように変化するかを明らかにしようとした。気候が寒冷な朝鮮においては冬の寒さが健康を害する最大の要因であり、晩冬から初春にかけて死亡が集中する現象が見られた。しかし一九世紀後半以後、こうした死亡の季節的集中が緩和され、その背景として生活条件の改善があったのではないかと推測したのが本稿である。なお日本のように概して温暖な地域では、逆に晩夏から初秋に死亡が集中していたことが知られている。

(19) 鈴木栄太郎「農村社会研究法論」(村落社会学会編『村落社会の研究法』刀江書院、一九三八、所収)五〜六頁。
(20) 鈴木栄太郎「朝鮮の村落」(東亜社会研究会編『東亜社会研究』生活社、一九四三、所収)二八六頁。
(21) 熊遠報『清代徽州地域社会史研究』汲古書院、二〇〇三、一二四〜一二八頁。
(22) 熊遠報の著書では、二人会の事例としてひとつの例だけが紹介されている。
(23) 柏祐賢『経済秩序個性論』Ⅰ〜Ⅲ、人文書林、一九四七〜八、加藤弘之「移行期中国の経済制度と"包"の倫理規律―柏祐賢の再発見」(中兼和津次編『歴史的視野からみた現代中国経済』、ミネルヴァ書房、二〇一〇、所収)、首藤明和『中国の人治社会―もうひとつの文明として』日本経済評論社、二〇〇三。

東アジア世界の再序列化と近世日本

深谷克己

はじめに

猜疑しあう東アジア世界の希望の形はどういうものだろうか。その因子は東アジアの歴史に胚胎しているのか、それとも移植しかないのか。アジアでは、「近代」への渇望は「ヨーロッパ的近代」をめざすことと同じであった。近代が仰ぎ見る価値を持っていた頃、アジアは「ヨーロッパモデル」の近代精神、近代社会をめざした。「近代主義」の問い直しは欧米でも同じだが、アジアではバイアスがかかる。「ヨーロッパ的」と冠してきた意識への問い直しが上乗せされるからである。

だが、近代批判とは何だろうか。それは、「近代の達成」の過大視に対するものである。合わせて、「後れた近代」「歪んだ近代」という表現に潜む前近代観に対して、異義が出されているのである。達成への批判は「目標」への批判と同じではない。近代の目標は英語を借りれば、デモクラシー、イークオリティ、ピースなどである。それらはヨーロッパの古典古代から生み出され、長い時間をかけて語義が鞣され、修正されてきた。近代を問い直すに当たって、ヨーロッパは該当の言葉に深い歴史の奥行きを感じることができる。

しかしアジアでは外来語・翻訳語であり、不可避的に誤解、違和感、解釈のずれが起こらざるをえなかった。その未消化部分が、後れた近代、歪んだ近代の自己認識・他者認識となって引きずられることになった。身の丈に合わない衣服を着続けることからくる布擦れを避けられなかったということである。

それら個々の目標を実現しようとすることの意義は認めても、自らの体型に合うように仕立て直すには、アジアの歴史のなかに通底する類似の酵母、源基形態を掘り出し、違和感のない回路をくぐらせることが求められる。東アジア世界の歴史に向かう今日の足構えは、そのような問いを背にしている。

I　世界史の多様性と広地域史の一体性

東アジアの歴史に対しては、そのような向かい方が望ましいと考えるが、本論で以下に検討するのは、その途次に現れる具体的な問題群の中の一つである。その前提として、「広地域史」という用語について述べなければならない。広地域史は、「世界史の多様性」と、「世界史の内部にあるいくつかの広域のまとまり」を同時に言い表すための言葉である。本論では、「東アジア世界の一体的構造」を示すためにどうしても必要な言葉である。

世界史の多様性について言えば、これまでに出されている世界史の構想は、未来を一元的に帰結した形で示そうとしてきている。宗教や革命王権の背景にある衰退史観も、空想のユートピアイメージも「科学的」な進歩史観も、ある一極へ帰結していく約束のような必然性を提示する。「戦後歴史学」が「グランドセオリー」と呼ばれたりするのは、そうした一貫性をもった―そのように受け取られた―世界史的規模の発展段階論をもっていたからである。

こうしたグランドセオリーは、狭い生活空間で閉塞感を抱え込んで年月をおくる人々の思念を世界大に解放してくれる反面、逆に狭域の地域史の認識に先験的な枠を入れ、窮屈なものにするという危険性をともなう。本論は、そのような一元的世界史構想に従うことを避けて、世界史の「多様性」という立場に立ちたい。ここで言う多様性は、世界史の最頂上さえも多様だという意味ではない。最頂上を一段下りた高さの次元で、認識できる多様性という意味である。

最頂上の下になる部位を見ると、その高さのところでは、おおまかな「広域のまとまり」があったことが想定できる。このまとまりについて、異なる意見もありえるが、私は、広義に解釈された「政治文化」であると考える。そして、政治文化を主軸とする「法文明圏」という「歴史的構造体」が広地域を形成しており、それらの集合体が世界であったと考えている。それでは最頂上にあるのは何かと問うことは、厳密なように見えるが、これまでの世界史の構想がむしろそのことで世界観としての有効性を疑われてきたことを思えば、急がなくてもよいと私は考える。一段下の次元での多様性と一体性を深めることが、認識を深めていくうえでは有効であろう。本論の広地域史は、世界史の多様性を認めたうえで、その下位になりたつ、いくつもの広域の同質の文明圏のことである。

この広地域史が地球の上で成立するのは、「古代化」、つまり「政治社会化」がどのように進むかということと関係する。単一の王朝を超えて、一つの域圏を形成するとみなすことのできる王朝社会群の広がりに、他と区別される枠組みを与えているものはなんだろうか。それは、広義に理解された個性的な「政治文化」である。人間の社会が部族運営で処理しきれなくなって「王朝」（国家）支配の社会（身分と階級を明示する政治社会）に移行すると、その運営原理、超越シンボルも巻き込む王権の正統性、官僚心得、さらには逸脱への処罰規定などが必要となる。それらに関する一切をおおまかに「政治文化」とまとめておくと、そうした政治文化を主軸とする「法文明圏」とでも呼ぶことのできる歴史的構造体が広域の王朝社会や部族社会を大きく枠づけていると考えられる。

「構造体」と言うのは、結合関係、影響関係が恒常的に見られる空間を言い表すためである。広地域史は地球上にいくつか生成しているはずであり、他に知られないままであったり、認識して警戒しあったり、さらに踏み込んで境界紛争を重ねたり、時には軍事衝突に至ったりする。広地域史の多様性は何によって生じるのかと言えば、それは「法文明」の発出源となった「象徴的文明」の性質と、中心と周辺の「結合の硬軟」あるいは「結合の方式」の違いである。「象徴的文明」とは言いかえれば、広地域史の「法文明」の淵源である「古典古代」である。またこうした広地域にも、王朝を形成しない「部族社会」が存続していることを見落としてはならない。だがそれは隙間に存続する社会であって、時間とともに圏域の「法文明」に取り込まれる。

積極的な「古典古代」を有する広地域史に対して、それらに属さない、もっと緩やかな求心性の弱い神話群が点在する、消去法的にあるいは比較史的に「古典古代」を想定しえる広地域もあるであろう。これらの存在の検証は、今後の研究が待たれる。王朝が隣接して並び立っている広地域は、いわば「積極的な法文明圏」を形成しているが、「部族社会」が横並びに多く存続する広地域も、類似の正邪観念・超越観念を持つ「消極的な法文明圏」として認めることができるであろう。東アジア史は、そういう「世界史の多様性の視座」から見られた、「積極的な古典古代を持つ広地域史」である。広地域史には、特有の超越観念や正邪観念があるが、それは、異なる古典古代を長く共有し、それを反芻し続けることで次第に濃度を増し、広地域として個性化するのであろう。広地域の一体性と同時に内部の諸王朝の自己化の進展を想定しなければならないが、ここでは触れない。

ところで、このような広域法文明は、その内部でもその類似性をはるかに超える離合集散の対立・紛争をくりかえしているが、異種のそれと遭遇すると、不可避的に反発が渦巻き、干渉による紛争、軍事に至るまでの衝突に展開することが起こらざるをえない。ことに宗教王朝の形で、他世界への布教使命意識を抱く広地域法文明圏が、他の広地域法文明と接触すれば、鋭い矛盾が引き起こされよう。また、衝突し合っている広地域の内側が、その力への反発力とねじれ合いながら内部を攪拌し、それまでの序列を破壊したり改変してしまうこともあろう。また互いの広域世界の利害が強調され、それぞれの内部の一部分同士の軋轢が促され、複雑な離合集散の動きになることもあろう。

Ⅱ　個別王朝としての近世日本の位置

すでに前章でも重要な論点のいくつかを述べているが、あらためて以下に、これまでの論考（深谷二〇〇五・二〇〇六・二〇〇九・二〇一〇・二〇一一）で蓄えてきた、近世日本の位置についての私見を大きく箇条的にまとめ、なぜ本論でイベリア・インパクト論を提起し、その考察を課題とするのかを明らかにしたい。またその途次に、これまで述べていない留意点をも、気付き次第に関連のところでコメントとして記しておきたい。

ａ、「民本主義および教諭主義の君主制支配」ということを建前とする政治文化を分け持つ「東アジア法文明」圏は、「近世化」する日本社会を、古代・中世をはるかにしのぐ勢いで、それと相似色に色濃く染めた。東アジア法文明圏は、地続き海続きに膨張しようとしてきた特徴がある。その際に、武威的武圧的な襲来の姿をとったこともある。これに対して「西洋的法文明」圏は、遠征による飛び地・飛び海への勢力移植を厭わず、武力と布教で膨張をめざすという特徴があった。布教とは、神観念主導の政治思想（政治と宗教の未分離）とみなしてよい。

b、一六世紀の東アジアは、東の日本（「東夷」倭）、北のマンジュ国（「北狄」女真族）、南のヨーロッパ諸国（「南蛮」イベリア両国とイギリス・オランダ）という「三つの危険因子」を内包した。しかし、古代から王朝交代を重ねてきた広地域であった「東アジア法文明圏」を、「西洋法文明」の当年段階の現れである「南蛮」諸国は、中南米（ラテンアメリカ）のように、国家や社会の骨格までもは揺るがすことができなかった。したがって、周縁での交易や布教の基地取得にとどまった。アヘン戦争以前は、マカオも明清管理の居留地であった。

c、近世化に際しての東アジア世界の半世紀以上に及ぶ変動の最大の結果は、この世界の「内部の騒乱」によるものであった。すなわち、「入貢中断状態の日本」と「入貢打切り宣言」のマンジュ国が「中華皇帝化」を狙って中華後継王朝明に対する侵略行動を強行した。この「東夷・北狄」の「中華侵略」によって起こった戦争は、日・中朝「壬辰戦争」（日本の朝鮮侵略で始まった7年間の戦争）、女真族「金」の朝鮮侵略・中国侵略に展開し、最終的には東アジア世界内部の再序列化を引き出した。

d、再序列化とは、以下のような変化である。「中華」を継ぐ中国では明末の漢民族内部の革命（李自成の短期の王朝宣言）から、女真族に敗北しての清朝確立へと変動した。朝鮮では、金（清）朝の侵略と敗北に続く清朝への冊封朝貢関係が確立し、ここでも再序列化が進んだ。琉球では、明朝との関係を引き継ぐ形で清朝の冊封使を迎えて朝貢関係が確認された。同時に、日本の大名島津氏の軍事制圧によって島津氏の強要による実効支配権が受け入れられた。これも再序列化の結果であったが、このような仕方で琉球は「自立」の可能性を探り続けたと言えよう。

留意すべきは、島津氏の琉球侵攻が壬辰戦争の延長でもあったことである。なぜなら、朝鮮出兵に際しての島津氏与力を琉球が拒んだことを、家康から琉球出兵許可を得る「名分」の一つにしていたからである。日本に関しては、豊臣政権の崩壊と徳川政権の成立がその影響の最大のものである。これは、壬辰戦争の後遺的結果であった。そして、後継中華王朝への不入貢と唐人貿易という、ねじれた政経分離関係になった。つまり中世とくらべると、東アジアの「正規の華夷秩序」から排除される方向へ進んだ。排除されたゆえに、日本史で言う「日本型華夷秩序」が擬似的に浮上することになったと理解できる。

ｅ、一方向のみの限定された日朝関係の現れとして、対馬藩役人が釜山の倭館に常駐することになった。朝鮮から通信使が来日（「通信の国」）することが様式化し、朝鮮国王から米を給与される対馬藩などでは善隣友好だったが、日朝両王朝の関係は単方向的な非敵礼の関係であった。朝鮮国王からは、対馬島主は羈縻（下位への懐柔）の対象であった。琉球からは、日本および琉球の「王権」継承確認の使節が来日することが様式化された。国際的には日本の将軍が「王権」者として扱われていることになる。以上の秩序が様式化されたことは、言いかえれば東アジア世界が、新しく序列化されたということである。後継中華王朝は清が北京に都城を決めた時に、すでに万里の長城をはるかにこえる北方への膨張を実現した。

ｆ、東アジア世界は、大動乱によって膨大な人的被害をもたらした。日本の侵略による朝鮮人士の殺傷、日本人兵士の傷病、李自成の乱による殺傷、金＝清軍兵による民兵・漢族・朝鮮族の人的被害など、正確な数字は不明だが、二〇〇万から三〇〇万人に達したものと推定されている。

だが、この大変動期の後に、東アジア世界の、特に「東辺の諸王朝間」に長期の非戦状態が持続した。しかし西方では、清朝の大規模な殺戮をともなう武力膨張が起こった。日本列島の東方では、蝦夷地の内国化圧力が進んだ。それは部族社会蝦夷地の「東アジア法文明圏」への強制包摂でもあったが、その変化を引き出した遠因の力は、新たな段階の西洋法文明圏のウエスタン・インパクトであった。蝦夷地への進出はロシアへの警戒によるが、それは米英仏などへの警戒感と組み合わさって増幅されたものであった。

g、壬辰戦争で「中華皇帝」化の欲求を断たれることを契機として、乱世から治世への転換を完了することができた近世日本は、民百姓に対する、無事の世に適合する統治のため、太平・民本・均産などを建前的な政治価値とする「東アジア法文明圏」の儒教的政道論を渇いたように中国・朝鮮から取り入れ、この意味で国家・社会の内実的（王権の正統性とは意味の異なる名分の正当性の浸潤）な東アジア化を古代・中世とくらべて著しく進めた。しかし、東アジア化の勢いは、必然的に王朝あるいはこの社会の個性、独自性への欲求を反発的に強め、「日本化」の方向への言説・文化も増幅増強され、可視的なものになっていく。

国家・社会の東アジア化を古代・中世よりも著しく進めるに当たって、「牧民」論の吸収がある。その背景には、小家族で成り立とうとする、弱いが確実さを持つ「小農」の社会的な規模での簇生があった。「百姓」は古代以来、広い意味をもっていたが、近世化とともに、百姓＝農民という傾向を急速に進めた。農業・農村への触書が、百姓呼称で出されても違和感がなくなるのはそのためである。小農の優越的実在が、百姓を、それと等しくさせていったのである。

百姓は政治的にとらえられた公民呼称にほかならないが、近世日本では同時に「町人」呼称が法制的に分立する。これは、都市身分の成立であり、日本史の個性的側面である。

h、しかし、政治文化の東アジア化が急流のように浸潤していったにもかかわらず、壬辰戦争の「付け」のような結末として、後継中華王朝清国に対する非入貢（非朝貢）、朝鮮国に対する非敵礼（単方向的通信―信はよしみをかわす―関係）というのが近世日本の立場であった。ウエスタン・インパクト期にオランダ国王への返書として「通信の国」と記され、それが祖法のようにされたが、じつは実らなかった交渉の末の姿であった。家康は、中国との関係を復旧することを、朝鮮ルート・琉球ルートでこころみたが、成功しなかったのである。したがって朱印船貿易は、勘合貿易不成立の代替政策であるとみてよい。家康段階の唐人貿易は、復明軍事活動の性格が強く、日中貿易とは呼べないものである。

ⅰ、幕末維新期を破綻なく説明することは容易ではないが、非カトリック勢力に入れ変わって再来した「西洋法文明圏」の圧力に対して、東アジア世界からの後援を期待できる立場（一つは華夷事大、一つは敵礼交隣）に位置付いていなかった日本は、封印してきた戦国武功の記憶に立つ武国・武威の顔を急速に封印から解き、増幅させた。そして再び、中華皇帝化の方向に、自己の危機と矛盾を打開する途を探ろうとしはじめた。

Ⅲ　イベリア・インパクトと壬辰戦争

以上が、これまでに積み重ねた論点だが、まだ別系統の広地域法文明と接触した際に、どんな事態が生み出されるのかという問いと答えが欠落している。本論は、それへの解答をこころみるために準備したものである。

「近世化」「近代化」に際しての異なる系譜の広地域史との接触とは、「西洋古典古代」に発出する「西洋法文明」との遭遇である。明治以前の日本史は、近世の入り口で一回、出口で一回の二回、「西洋法文明」と遭遇した。その二回は、「西洋法文明」としては同系統であっても、種別に違いがある。またたんなる遭遇ではなく、大きな社会的政治的圧力を受けたという意味でインパクト（衝撃）であった。第一回目をイベリア・インパクトと呼び、第二回目をウエスタン・インパクトと呼ぶことにしよう。近世日本史は、じつはこの二度のインパクトの間にあった歴史と言ってもよい。この両インパクト体験の考察は、「東アジア法文明圏の東端に位置する日本の強迫観念と安全願望」の現れ方がどういう方向を向くのかという問題を考えるうえで欠かせない。

これに関して、おおよその見通しを述べれば、「西洋法文明」の、「近世化」に際してのイベリア・インパクトと、「近代化」に際してのウエスタン・インパクトは、規模も意図も異なったけれども、それに対するリアクションとして、本来の原因ではない「東アジア法文明」の圏域に向けて、近似した欲求が日本の中で急膨張した。近似形の欲求とは、「中華皇帝化」という願望である。「近代化」の際には、それと、変転しつつだが激しい「攘夷」論とが接近した。ヨーロッパ世界からの圧力が強まる分、たんにヨーロッパに向けて「攘夷」論が高まるだけでなく、自己防衛願望が東アジア世界での中心化の攻撃意欲として発出するというのが、東アジア東端の周辺王朝、日本の通弊とも言ってよい防御反応であったと考えられる。

アジアの影響とヨーロッパの影響について、それぞれと日本との関係・交流についての研究は多大に蓄積されているが、その両方がどのように関係しあっているかについては深い認識、あるいは総体としての認識に達していないことを、私は指摘してきた。しかし、その問題に気付きながら、それへの深入りを避けた記述に終始している（深谷二〇一〇）。

壬辰戦争によって「中華皇帝化」の欲求を断たれ、講和交渉をめぐる秀吉死後の豊臣系大名の石田三成と武断派武将の内紛が天下分け目の関ヶ原の戦いに行きつき、江戸の徳川政権が生み出された、というのが日本史の認識である。つまり壬辰戦争は、近世の国家成立の方向―国家形態と王権構造―を強く規定したということになる。壬辰戦争の兵器に、ポルトガル人から入手して急速に広がった日本の鉄砲があり、それが大陸攻撃の兵器計画のなかに組みこまれている。これはヨーロッパとの関係と東アジアとの関係の連関性を示す史実である。ただ、軍備にかかわること以上に、ヨーロッパと東アジアとの関係は、壬辰戦争の目的の次元でも考察できることが近年の研究で指摘された（平川二〇一〇）。

一五九二年（天正二〇）五月に太閤秀吉が関白秀次に与えた「覚」二五か条は、空想的な征服構想とされてきた。しかし、本来的に明朝の周辺王朝はそうした中華化の欲求を内包していたと私は理解している。中華王朝を実際に攻撃することはまれでも、自己の地位の歴史的証明や儀礼での自らの立場を引き上げようとする願望もなくならない。豊臣秀吉の妄想性、空想性を強調する見方もあるが、強大な権力を持つ人間の空想・妄想は戦争を始める十分な根拠になる。もっとも本論は、秀吉の妄想・空想の力を主張するためではなく、逆に秀吉の開戦意欲に刺激を与えた動機のリアリティを論じることに主眼がある。

そうしたリアリティを示す事例は、天皇の北京行幸計画である。天皇の大陸移動については、手順の先例調査が指示された。「覚」二五か条のうち、第一八条がそれである。

一、大唐都（北京）へ叡慮（天皇）うつし可申候。可有其御用意候。明後年可為行幸候。都廻之国十ケ国可進上之候。其内にて諸公家衆何も知行可被仰付候。下ノ衆可為十増倍候。其上之衆ハ可依仁体事。

（「尊経閣古文書纂」『近世朝幕関係法令史料集』学習院大学人文科学研究所）

大唐の都北京へ後陽成天皇を移す。その用意をするように。明後年の一五九四年を天皇の「行幸」とする。北京周囲十か国を天皇御料に進上し、その内で公家衆の知行を宛がう。下級の公家は現在の十倍増し、上級の公家はそれぞれ実情により知行高を決める。

条文のうちの「十ケ国」「十増倍」などの数字は大まかな表現で、要するに「都廻」を朝廷の直支配領にする、何倍も多く与えるというような意味である。条項の趣旨は、後継中華王朝明国の都城北京への後陽成天皇の「行幸」を実行するというものである。渡海という動座は日本の天皇史から見れば仰天的な計画であり、こうしたことも秀吉の大陸攻略が妄想・空想と解されてきた根拠の一つになってきた。

しかし、この計画は「覚」二五か条の中の第一八条として出されただけで終わったのではない。上級公家層に対して、実際に影響を及ぼしたのである。すなわち、天皇動座の手順についての調査が、朝廷に命じられた。一五九二年（天正二〇）六月七日の上級公家たちの次の連判書はそのことを物語っている。

高麗落居ニ付、太閤御渡海候。即大唐江出勢有て御治次第当今様江、大唐可有進上候間、内々其御用意被仰付候へと、自太閤被仰上候。然者、行幸之儀式等、諸家之記録を被記、今月廿日之内に可被備叡慮之旨、自拙者可申触候由伝奏衆を以勅定候之間、可被成其意肝要候。不可有御由断候。恐々謹言
六月七日　　民部卿法　印
玄意　花押
（「前田玄以廻状」『近世朝幕関係法令史料集』学習院大学人文科学研究所）

前田玄意（以）は、京都所司代として朝廷との交渉役を務め、一五八八年（天正一六）の後陽成天皇の聚楽第行幸でも活躍している。

朝鮮国が降参した、あるいは敗北が明らかなので、「太閤」秀吉が「渡海」し、「大唐」明国へ軍勢を進める。平定

すれば、「当今様」後陽成天皇に「大唐」を進上するので。内々に支度を命じられたいと太閤が申上している。それゆえ、「行幸之儀式」についての「諸家之記録」を書き上げ、今月二十日までに準備せよという「叡慮」である。私から申し触れるよう「伝奏衆」を以ての「勅定」であることを理解し、油断なく対処されるよう。

これは渡海の手順ではなく、行幸の手順についての先例調査を命じたものである。この指示に対して、伏見宮、五摂家以下、大納言・中納言以下の四五家に及ぶ上級公家が連署（花押）している。

またこの動きに対して、後陽成天皇はわざわざ拒否の意思表示を太閤秀吉に宛てた文書で行った。「宸筆」は、次の通りである。

高麗国への下向、険路波濤をしのがれむ事、無勿体候。諸卒をつかはし候ても可事足哉。且朝家のため、且天下のため、かへすがへす発足遠慮可然候。勝を千里に決して、此度の事おもひとまり給候はば、別而おぼしめし候べく候。猶勅使申候べく候。あなかしく。

太閤どのへ

（「宸翰英華」『近世朝幕関係法令史料集』学習院大学人文科学研究所）

高麗国への下向は険路、波濤を凌がなければならず、恐れ多いことである。臣下の派遣で十分ではないか。「朝家」のため「天下」ために、発足しないのが然るべきことであろう。長い将来を見通せば、今度の計画を思いとどまられれば、天皇の思し召しにもかなうことである。詳しくは勅使が申すであろう。

自身のことに敬語が入るのは、天皇の地位によるもので、他者の認識を意味するものではない。いずれにしても、

「天下人」人格に結集された当年の日本の大陸進出の欲求は、天皇の渡海をも具体化させようとする勢いを示したのである。本論がこの条項をめぐる事後の経緯を紹介したのは、秀吉の妄想・空想を強調するためではなく、むしろ事柄の現実味を示すためである。

それでは壬辰戦争を引き起こした、妄想・空想ではない日本の大陸侵略は、何を動機とするものだったのか。こうした議論はいわゆる「原因論」として、かえって第二次大戦以前のほうが活発であった。戦後の研究は豊臣政権論や兵糧論、軍事的展開そのものの研究に向かい、「原因論」は後景にしりぞいた。本論は、それについての研究史的な検討は、北島万次『豊臣政権の対外認識と朝鮮侵略』（北島一九九〇）にゆずり、イベリア・インパクトと壬辰戦争との関係についての理解を深めることを目指したい。

このことについて、私は最新の研究状況の中に、二つの有機的関係を論じようとした論考が現れたことを紹介し、それを肯定的に評価する視角からの小論を書いた（深谷二〇一二）。通史ではふつう、戦国時代の中程に「ヨーロッパ人の来航」という区切りを入れて、キリスト教と鉄砲の伝来、南蛮貿易の開始を挙げ、天下統一への進展を記述していく。日本史では、ヨーロッパ人は「来航」したのであって、「来襲」したのではなかった。この表現は、ヨーロッパ大航海時代に東アジアでは、中南米のような植民地化の結末を見なかったからである。ヨーロッパを「来襲」勢力にさせなかった要因は、東アジア世界が古代以来、王朝交代を繰り返す中で蓄積してきた総体としての力量であったと見てよい。

だが、デマルカシオンという言葉で知られるポルトガルとスペインの世界分割構想と、キリスト教布教組織との関係については、研究史を踏まえるかぎり、疑うことができない。当時の反対宗教改革勢力の宗教的覇権主義が、攻撃的な性格を持っていたことは東アジアにおいても当てはまる。世界を救済したいという願いが強いほど武力に訴えてでもキリスト教社会への転換をという性格の情熱であって、いわば正義感にともなう負性である。イエズス会は、日本社会を知ろうと努め、日本語事典さえ作った（『日葡辞書』）。しかし、それは布教の使命感から出たことで、「教皇」に忠誠を誓う軍隊的組織であり、対象社会を征服し植民地にすることを常時構想していた（高瀬一九七七）。文明の側が未開の側を征服することが悪しき事だという発想は、宗教家もふくめ世界のどこにもなかった。

大航海時代のイベリア勢力の出現に向き合った一六世紀の東アジア法文明圏にとっては、それは異なる超越観念を持つ文明的圧力であって、二世紀のちのウエスタン・インパクトと区別してイベリア・インパクトと呼ぶことが妥当であろう。このインパクトを壬辰戦争と結びつける考え方は、従来の「原因論」にはなかった。このことについて、最近の平川新の研究は、壬辰戦争「原因論」に新しい刺激を与える示唆ぶかいものである（平川二〇一〇）。ただ、この「原因論」は日本のヨーロッパへの対抗がアジア侵略を引き出すという論理になり、警戒して論じなければ侵略免罪論に隙を与える危惧がある。しかし、「中華皇帝化」欲求論にしても、「朝鮮侵略」の実際を曖昧にすることにつながるという責めは同様に負わなければならない。事象のすべてを過不足なく説明することが、歴史学の社会的責任という立場を堅持することが本論の責任の取り方である。

平川論文の土台には、高瀬弘一郎による布教集団のヨーロッパ原文書を用いた克明な実証研究がある（高瀬一九七七）。以下に、高瀬弘一郎、平川新らの研究を取り入れ、私見も加えて、イベリア・インパクトと壬辰戦争を関連づける説明をこころみてみよう。

イベリア両国、というよりキリスト教布教集団は、とくに一五八〇年代、日本での布教の成果、すなわちキリシタン大名とキリシタン民衆の増勢という自信を前提にして、東アジアの「武力征服」という意欲を膨らませた。もとより我欲のためではない。キリスト教布教と一体化した善なる熱意であり、それだけに自己批判を生むことはない。

ポルトガル・スペインのアジア征服構想は、具体的な軍事計画・行動として発動されたものではなく、「言説」として認めることができるものである。デマルカシオンの東アジアでの現れ方は、日本をイベリア勢力の側に組みこんで中国征服への軍事行動に動員しようとするものであった。その意思は「言説」に終わったが、フィリピン総督の意見や、マカオの宣教師からフィリピン総督へ宛てた軍事的提案などであり、商人の雑談ではない。

ヨーロッパ勢力が中国を見る目と東アジア諸社会が中国を見る目は、大きく異なっている。東アジアの世界では、かりに「中華皇帝化」のための侵略を決行する場合でも、それは「中華」だからであった。特段の大国として上位に見る意識は域圏全体に共有されている。しかし、イベリア両国には、そうした「華夷」的感情が生じる事由がない。ただ広大な、キリシタンになるべき善良な羊の大群のいる政治圏である。

こうした情報・提案の発信・受信の中心地は、一六世紀早くに明国でのポルトガル人居留地になった、珠江最下流域に位置する港市マカオであった。マカオはまだ、ヨーロッパの植民地とは言えない。朱印船時代のアジア各地の日本町のような交易拠点で、支配権は明朝にあった。そして、イエズス会の東南アジア布教の拠点になっていた。マカオは、平戸・長崎などの日本のポルトガル人居留地との往来関係の中で繁栄することができた。

日本に対しても、全国的改宗のために軍船・大砲・兵士の派遣を求める書翰をイエズス会士が送っていた。日本の戦国争乱も知っていたが、敵対感はほとんどなかった。それは、キリシタン大名やキリシタン民衆が一六世紀後末期には増えており、布教の手応えを実感することができたからであった。むしろ、中国征服戦において、日本は友軍化の可能性があると宣教師たちには認識されていた。スペイン国王が日本を軍事的に制圧できれば、好戦的な日本の兵士を得て、中国を征服することができるというような、中国征服とつなげる日本征服論が繰り返された。日本人キリシタンの従軍を構想する提言もあった。その頃、キリスト教徒の増加の状況から日本支配の実現を考えるにあたっては、中南米のデマルカシオン体験があったであろう。

秀吉の征服構想は、中国・朝鮮だけでなく、琉球・台湾・ルソンを含めた東アジアを越える地域に及んでいた。これは、秀吉の軍事計画が、東アジア世界への攻撃意欲だけではなく、イベリア・インパクトとの関係を要素として組みこまなければ説明できないことを示している。

こうした時期に天下人の実権を握った秀吉が強行した朝鮮侵略は、朝鮮に対して多大な犠牲を強い、戦果なき撤兵、そして豊臣政権の瓦解という結末につながっていったのだが、これを求心力維持のための戦争発起、晩年の絶対君主の誇大妄想という一国史的理解から東アジア史的理解に組み替えていくヒントは、平川新の指摘を活かせば、朝鮮・中国というラインだけではない、東南アジアへ視野を広げた武威の誇示だったことである。

秀吉の宣教師退去令という禁教令を見れば、すでに信仰しているキリシタン民衆よりも、布教者の活動、上級領主のキリスト教信仰、ことに布教活動が破壊をともなう廃仏活動に及んでいることが問題にされていることは明らかである。秀吉は、イエズス会の軍事的能力、キリシタン大名領での神社仏閣破壊、大村氏の土地譲与などに、地方大名ではない「国土」支配者である天下人の意識をもって対応した。中国大返しと呼ばれる頃の軍師黒田官兵衛がキリシタンであったように、織田軍勢の部将の立場と天下人の立場とではまったく政治意識は別物である。

宣教師は、布教の効果を意図して秀吉に「巨大な軍船」（フスタ船）を見せ、布教の効果を期待したが、かえって秀吉の警戒心を高めて一五八七年（天正一五）の宣教師追放令に結果した。イベリア両国による世界植民地化戦略を秀吉がどれだけ知っていたかは確証できていない。しかし、戦国争乱を泳ぎ切って頂点へ駆け上がった日本の覇者という経歴を考えれば、南からやってきた異国の軍船や武器の威力を警戒しないはずがないという判断に至るのが自然である。周辺王朝として「中華皇帝化」欲求は伏在させているが、戦国百年という一国史的要因から「覚」一二五か条の大陸制覇構想へ結びつけることには、動機性が弱い。とすれば、イベリア・インパクトへの反応という条件を組み入れざるをえないのである。ただ平川論文が、「明の冊封体制からの自立」「世界最強国家のスペインと対抗し、東アジアを日本の版図に組みこんでいくこと」「世界の植民地化をめざすイベリア両国に対する東洋からの反抗と挑戦」と書くことに対しては、異義がある。

政治文化論の視角に立って東アジア法文明圏の存在を想定し、この法文明圏の内在的論理から「近世化」に際しての、また「近代化」に際しての日本の朝鮮半島や中国大陸に向けての思考と行為を解こうというのが、私の立脚点だが、イベリア・インパクトという「西洋的法文明圏」の力が加わった場合にも、日本の反応は東アジア的なバイアスを帯びた欲求と行動を見せたと理解する。

平川論文には、なお「西洋比肩」論的昂ぶりがある。当年の日本には、明の冊封体制から自立しなければならない差し迫った動機が思い当たらない。入貢は長く中断状態であり、講和交渉、家康の朱印船政策とつなげれば、むしろ東アジア国際関係の内部に入り込む意欲を持っていたと考えざるをえないのである。イベリア両国に対する対抗は朝鮮侵略の動機を解明するものだが、「東洋からの反抗と挑戦」という表現には、留意しなければならない危うさが潜む。後継中華王朝の危機もふくめたイベリア・インパクトであったことは疑えないから、その意味で「東洋からの反抗と挑戦」だったと見るとしても、痛苦を覚えるのは、現実には朝鮮半島を経て中国の都城を奪取する「東洋侵略」の選択に結果する、日本のほとんど「宿命」的なありようである。

さらに、東アジアの変動は、壬辰戦争から一七世紀中葉にかけての大動乱の末に、中華王朝の交替に結果した（「華夷変態」）。これにはイベリア・インパクトは関与しておらず、東アジア法文明圏の華夷関係の事情による。また、これ以降、東アジア法文明圏は、空間的（華夷関係）にも、内実的（政治文化浸透と人口増加）にも大膨張する。そして、イベリア・インパクトに直接に反応した日本は、後継中華王朝清国への非入貢、朝鮮への非敵礼、つまり華夷秩序の外に弾き出された。そのことが、小型の華夷秩序を張りめぐらして鎧う方向に自己を押しやったと考えられる。

Ⅳ イベリア・インパクトとキリスト教排除

西国諸大名によるキリシタン一揆勢相手の大がかりな島原・天草陣は、近世日本にヨーロッパ影響の刻印が押されていることを明示する代表的な事例である。キリスト教布教と抱き合わせになった世界分割支配勢力としてのポルトガル・イスパニアが東アジア世界の広さで見ると全土的な植民地を獲得できずに押し返されたのは、東アジア法文明圏のいわば「歴史力」の厚みによるものであろう。イベリア勢力のデマルカシオン構想を、「来襲」から「来航」に変質させた背景的な力は東アジアの、古代以来、興廃交替を繰り返してきた濃密な諸王朝の実在であり、それの総体的な反発力であったとみてよい。

ところで、近世日本史の大きな特徴の一つが「キリシタン禁制」であったことは、誰も否定していない。このことは、近世日本が「西洋法文明」の植民地になったのではないとしても、「体制的」な規定を受けたことの証拠である。もっとも、キリスト教の増勢に押しきられたのではなく、その徹底排除を体制原則にし、幕藩体制が存続する間ゆるがせにしなかったという形の逆規定を受けた。

キリシタン禁制のために出された「全国令」は、日本だけに通じる特殊な論理ではなく、東アジア性を持つ論理によって構成されている。その論理は、近世日本に「東アジア化」と「日本化」の同時進行的な覚醒作用を促すものであった。第二代将軍徳川秀忠の時代に、前年（一六一二年＝慶長一七）の徳川支配圏の禁教令を引き上げて全国的禁教令を発したが、その宣言は、異質な超越観念とその布教集団に対して、排除の「理論武装」をどのように組み立てたかを知る上できわめて興味深い。本論の考えを述べるうえで全文の構成が必要であるので、以下に引用する。

伴天連追放之文

乾を父となし坤を母となし、人その中間に生じ、三才（天地人）これに定まる。それ日本はもとこれ神国なり。陰陽不測（易経。万物の根源）、名づけてこれを神と謂ふ。聖の聖たる、霊の霊たる、誰か尊崇せざらん。いはんや人の生を得る、ことごとく陰陽の感ずる所なり。五体六塵、起居動静、須臾も神を離れず。神は他に求むるものにあらず、人々具足し、箇々円成す。すなはちこれ神の体なり。また仏国と称す。よるところなきにあらず、文に云く、これ神明応迹の国にして大日の本国なり。法華に曰く、諸仏世を救ふ大神通に住し、衆生を悦ばせんための故に、無量の神力を現ず。これ金口妙文。神と仏とその名異なりてその趣き一なるは、あたかも符節を合するが如し。上古、緇素（僧俗）、おのおの神助を蒙り、大洋を航して遠く震旦（中国）に入り、仏家の法を求め、仁道の教へを求むること孜々屹々。しかうして内外の典籍を負ひ将来す。後来の末学、師々相承、的々伝授し、仏法の昌盛なる、異朝に超越す。あにこれ仏法東漸にあらずや。ここに吉利支丹の徒党、たまたま日本に来る。ただに商船を渡して資材を通ずるにあらず、みだりに邪法を弘め、正宗を惑はし、以て域中の政号を改め、おのが有となさんと欲す。これ大過の萌しなり。制せずんばあるべからざるなり。日本は神国、仏国にして神を尊び仏を敬い、仁義の道（儒教）を専らにし、善悪の法を匡す。過犯の輩あれば、その軽重に随ひ、墨鼻非宮大辟の五刑（中国古代の身体刑）に行ふ。礼（礼記、学記篇）に云く。「喪多くして服五、罪多くして刑五」。罪の疑ひあれば、すなはち神を以て証誓をなす。罪罰の条目を定め、犯、不犯の区別、繊毫も差はず。五逆十悪の罪人は、これ仏神、三宝、人天大衆の棄捐するところなり。積悪の余殃、逃れ難し。或は斬罪、或は炮烙、罪を獲ることかくの如し。勧善懲悪の道なり。悪を制せんと欲すれど悪積み易し。善に進まんと欲すれど善保ち難し。あに炳誡を加へざらんや。現世なほかくの如し。後世冥道閻老の呵責、三世の諸仏も救い難し。歴代の列祖を祭らず、畏るべし畏るべし。かの伴天連の徒党、みな件の政令に反し、神道を嫌疑し、正法を誹謗し、義を残なひ、善を損なふ。刑人あるを見れば、すなはち欣び、すなはち奔り、自ら拝し自ら礼す。これを以て宗の本懐となす。邪法にあらずして何ぞや。実に神敵仏敵なり。急ぎ禁ぜずんば後世必ず国家の患ひあらん。ことに号令を司る。これを制せずんば、かへって天譴を蒙らん。日本国のうち寸土尺地、手足を措くところなく、速かにこれを掃攘せん。強ひて命に違ふ者あれば、これを刑罰すべし。いま幸ひに天の詔命を受け、日域に主り、国柄を秉ること、ここに年あり。外五常（仁義礼智信）の至徳を顕はし、内一大の蔵経（釈迦の教説）に帰す。この故に国豊かに民安んず。経に曰く、「現世安穏、後生善処」。孔夫子また曰く、「身体髪膚、父母に受く。あへて毀傷せざるは孝のはじめなり」（孝経）。その身を全うするは、すなはちこれ神を敬ふなり。早くかの邪法を斥けば、いよいよわが正法昌んならん。世すでに澆季（末世）に及ぶといへども、ますます神道仏法紹隆の善政なり。一天四海、よろしく承知すべし。あへて遺失するなかれ。

慶長十八竜集癸丑臘月　日

（南禅寺金地院崇伝起草）

（原漢文。一六一三年。海老沢有道校注『キリシタン書・排耶書』日本思想大系25　岩波書店、一九七〇年。海老沢有道ほか編）

禁教政策の契機は駿府城の実態が要因となったことが知られており、この宣言も大御所家康の決断である。しかし、形式は将軍秀忠の宣言であり、将軍朱印が押され、「日本国中の諸人、この旨を存ずべきの御諚（お言葉）」として「日本国中の諸人」に向けて出されている。ただちに「日本国中の諸人」が知ったはずはなく、雷鳴のような上空の声でしかない。しかし、しだいに「国是」のようになり、幕領代官・旗本領主・大名領主を通じて民百姓に対する強制力となる。キリシタン禁令には、当初からそのような全国性があった。キリスト教禁止は全領域全身分に及ぶものだった点で、他に類例をみない頸木となった。土地規制も年貢諸役徴収も全国一律ではなく、国役金のような全国性のある負担も、公家や武家からは徴収することがない。禁教は、論理的には天皇にも将軍にも向けられている規制である。その意味で、キリスト教排除は幕藩体制における「体制的」な桶のたがの位置にあった。

その起点となるキリスト教排除宣言を見ると、最初に気付くのは、国家あるいは公儀としての立場がはっきり打ち出されていることである。「天の詔命を受け、日域に主り、国柄を秉ること、ここに年あり。」これは、徳川氏の天下人としての自意識を強く押し出したもの言えよう。

「天の詔命を受け、日域に主り、国柄を秉る」という表現にも注意をはらいたい。すなわち、国家支配権を与えている最高の超越観念が「天」に措定されていることである。この宣言には、神も仏もなんでも活用されているが、あらためて「天」の置かれ方を問題にしたい。「制せずんば、かへって天譴を蒙らん。」というような一文にも、それは明らかである。複数の超越観念を一見乱雑に駆使しながら、それらをいちばん上位にあってまとめあげているのが「天」である。そしてもしそうなら、超越観念においても東アジア法文明圏の内部に近世日本があることを示しているのである。

宣言は、ただ単に異質な信仰への敵愾心を昂ぶらせているだけではない。安民の善政が政治目標として提示されているのである。その意志は、「国豊かに民安んず。」「神道仏法紹隆の善政なり。」などの文言に明らかである。「天」観念や安民・善政など、儒教が主導して神道・仏法を合流させるという関係にあることもわかる。この宣言は、ただ「神道」という日本的なものに依拠したのではない。このような内容を見ると、禁教宣言は、日本的なものだけによってイベリア・インパクトに対したのではなく、東アジア世界の知的総力を挙げて「理論武装」し、イベリア・インパクトに対抗していることになる。仏教はたしかにインド発だが、日本ではほとんど漢籍経文で表現されるものであり、ことに天台・真言・禅宗以降、浄土・日蓮宗以降は中国産および日本産仏教である。それらが総動員されてキリシタン禁制の側に立った。

禁教宣言が示すところは、キリスト教排除という国家的目標のために、近世日本の「東アジア化」が大きく促されると同時に、「日本化」も大きく自覚度を強める進み方になったということである。「日本は神国、仏国にして神を尊び仏を敬い、仁義の道（儒教）を専らにし、善悪の法を匡す。過犯の輩あれば、（略）墨鼻非宮大辟の五刑（中国古代の身体刑）に行ふ。」とある箇所にも、日本意識でありかつ東アジア意識であるものが混重している。ただし、この宣言での「神」は「陰陽不測」という深い世界観に立つもので、日本神話の八百万の神々ではない。それでも、日本意識の側に置かれていることはまちがいない。「日本」「日本国」「日域」「異朝に超越す」「大日の本国」などは、宣言によって促された日本意識の先鋭化である。

以上は、国家的宣言だが、個々人の経験の中でも東アジア的なもの、日本的なものが呼び出されることがあった。修道士との問答で、朱子学の優位性を強調した林羅山の経験を挙げてみよう。次の史料は、林羅山とその弟林信澄が一六〇六年（慶長一一）に、イエズス会日本人修道士であった不干斎ハビアンと問答し、自ら「排耶蘇」と題して記録したものである。

慶長丙午六月十有五日。（略）朱子のいわゆる天半地下を繞る（論語或問二）。彼これを知らず。（略）あるいは釈氏を論じ、あるいは儒道及び神道を言ふ。一として観るべき者なし。みな和語の卑俚を綴りて漫りに叫騒罵詈す。（略）然りといへども聖人（堯舜など）を侮るの罪、これをも忍ぶべけんば、孰れを忍ぶべからざらん。（略）もしまたこれを以て下愚庸庸の者を惑はすときんば、罪またいよいよ大なり。（略）しかればすなはち理（現象「気」に対する原理）は前にして天主は後なり。（略）儒者のいはゆる太極（朱子学の宇宙本体）は天主に及ばず。（略）信澄曰く、汝狂譫なり。太極は汝が知るべきところにあらざるなり。（林道春羅山「排耶蘇」海老沢有道校注『キリシタン書・排耶書』日本思想大系25　岩波書店、一九七〇年。海老沢有道ほか編）

これを見ると、日本の儒学者がキリスト教を排除しようとする際に、朱子（儒道）中心に立論していることがわかる。しかし、日本の儒者らしく仏教・神道にも言及し、その二教が儒教と隣接し共在するのは当然としながら、キリスト教との異質さ、遠さを述べる。

双方の問答は、すれちがいに終わっているが、創造主と宇宙本体を並べて、羅山や信澄は「太極」が勝ると主張する。また、儒教の「聖人」に対する侮辱があれば黙過しない。

ところで、林兄弟と問答した不干斎ハビアン（不干斎巴鼻庵）は、京都大徳寺の禅僧であったが、京都で受洗してイエズス会に入会した。秀吉の伴天連追放令に対しては抵抗して九州へ逃げ、『平家物語』の口訳編纂をし、教会でラテン語や倫理神学を学んだことが知られている。日本人の手になる護教書『妙貞問答』（一六〇五年）で神・儒・仏三教を批判し、その翌年に朱子学徒林兄弟と先の論争をした。その後もキリスト教徒として意欲的な活動を行ったが、一六〇八年（慶長一三）京都でイエズス会を脱会した。そして全国禁教令後は、長崎奉行に協力してキリシタン転宗政策に協力し、一六二〇年（元和六）、日本人が書いた唯一の反キリシタン書『破提宇子』を刊行した。

序

（略）。ここに親友あり、予に諫めて曰く、「過つては則ち改むるに憚ることなかれとは、これはこれ孔門の活機輪（金言）なり。汝疾く学ぶところの提宇子の邪法、これを筆にし、これを破せば、あにただ破邪顕正の功能のみならんや。またこれ新を知るの筌蹄とする者なり」。諾。予不敏と雖も必ずこの語を事とせん。（略）。時に元和六年庚申孟春既望、江湖の野子好菴、謾りに自らこれ序となす。

夫、提宇子門派、（略）破シテ云。（略）。諸家イヅレノ所ニカ此義ヲ論ゼザル。「有物天地ニ先ダチテ、形ナクシテ本寂寥。能万像ノ主ナリ。四時ニ逐ニ凋レズ」（老子）トモ云。「天何ヲカ言フ哉。四時行テ焉、百物生ル焉」（論語）トモアリ。

（『キリシタン書・排耶書』日本思想大系25　岩波書店、一九七〇。海老沢有道ほか編）

イルマンであった時は、論敵が繰り出したのは儒道・仏道・神道という東アジア世界の総知力であった。今、棄教者となって、キリスト教を批判するために動員しているのも、先ず「孔門」儒教の言説である。ただし、東アジア的哲学と言っても、一色ではない。儒仏神さらには老荘までも自在に取り出しては、自分の所説を強化させるのである。だが、たんなる横列ではなく、それぞれに位づけをして、かつ自在に活用するというやり方なのである。

おわりに—序列化の再編

幕藩体制の特徴はさまざまに言い表すことができるが、その一つとして、「キリスト教排除・儒教核政治文化」というように、そのエキスをまとめることができる。それはラテンアメリカとは違う形で、東アジア東端近世日本に刻印された、イベリア・インパクトの後遺的形象であったと言えよう。

このイベリア・インパクトへの日本的反応としての「中華皇帝化」をめざす軍事行動の結果が豊臣軍勢の「朝鮮侵略」であり、壬辰戦争という三国戦争であった。それは同時に、イベリア・インパクトの段階の西洋法文明と東アジア法文明との接触であり、その中での日本の近世化過程での衝突的な出会いである。その内容がどういうものであったか。相互の規定関係を、これまで以上に意識的に取り出す努力を重ねる必要があろう。そして、王朝間の猜疑し合う関係への呪縛ということも組みこんで、近世化段階での東アジア世界の再序列化がどういうものであったかを深めていくことが大事であろう。本論は、壬辰戦争とキリシタン禁制という一見無関係そうに見える要素が、じつはイベリア・インパクトという条件で結ばれていたということを論じようとした。

参考文献

①深谷克己「近世日本における政治習俗と信仰習俗」(『アジア地域文化エンハンシング研究センター報告集Ⅲ二〇〇四年度』)アジア地域文化エンハンシング研究センター、二〇〇五年。
②深谷克己「諭について—近世日本の教諭支配—」(『アジア地域文化エンハンシング研究センター報告集Ⅲ二〇〇四年度』)アジア地

域文化エンハンシング研究センター、二〇〇五年。
③深谷克己「東アジア法文明と教諭支配―近世日本を中心に―」（『アジア地域文化学の発展』）雄山閣、二〇〇六年。
④深谷克己「政治文化論の視座」（深谷克己編『東アジアの政治文化と近代』）有志舎、二〇〇九年。
⑤深谷克己「東アジアにおける近代移行期の君主・神観念―救済と平等への待望シンボル―」（深谷克己編『東アジアの政治文化と近代』）有志舎、二〇〇九年。
⑥深谷克己「近世日本と東アジア―「東アジア法文明圏」の視界―」（『思想』一〇二九号）二〇一〇年一月。
⑦深谷克己「東アジア法文明圏と政治文化―「百姓成立」論の視界―」（久留島浩・趙景達編『国民国家の比較史』）有志舎、二〇一〇年三月。
⑧深谷克己「脱アジアという日本異質論の克服」（『歴史評論』七二九号）二〇一一年一月。
⑨深谷克己「士農工商と近世身分制」（大橋幸泰・深谷克己編『江戸の人と身分6身分論をひろげる』）吉川弘文館、二〇一一年一月。
⑩深谷克己「東アジアの政治文化―身分論をひろげるために―」（大橋幸泰・深谷克己編『江戸の人と身分6身分論をひろげる』）吉川弘文館。
⑪深谷克己「イベリア・インパクトと壬辰戦争」（国立歴史民俗博物館編『「韓国併合」一〇〇年を問う―二〇一〇年国際シンポジウム―』）岩波書店、二〇一一年三月。
⑫北島万次『豊臣政権の対外認識と朝鮮侵略』校倉書房、一九九〇年。
⑬高瀬弘一郎『キリシタン時代の研究』岩波書店。一九七七年。同書は、宣教師の軍事計画を詳細に分析している。
⑭平川　新「前近代の外交と国家―国家の役割を考える―」（『近世史サマーフォーラム二〇〇九の記録』近世史サマーフォーラム二〇〇九実行委員会、二〇一〇年。関連して「スペインの対日戦略と家康・政宗の外交」『国史談話会雑誌』東北大学文学研究科日本史研究五〇号、二〇一〇年など）。

近世日本の思想史的位置

若尾政希

はじめに

当初、私に与えられた課題は、「近世日本の政治文化」である。政治文化論といえば、日本史を東アジア史に組み込むことを意図した深谷克己氏の東アジア政治文化論がある。その中味と研究姿勢には、敬意と共感を持ちながら、私は、あえて、「近世日本の思想的位置」とした。後述のように、宮嶋博史氏も深谷氏も、儒教と政治・社会との関わりを主題としている。これは日本近世思想史がながらくこだわってきたテーマであるので、思想史という視座から近世日本の歴史的位置を解明することが重要だと考えたのである。

ただし、研究の現段階、現状では、「近世日本の思想史的位置」を十全に説明できる段階にない。そこで、「近世日本の思想史的位置を明らかにするため」に、どうしたら良いのか、現在考えていることを報告することによって、責めをふさぎたい。

なお、結論として主張したいことをあらかじめ挙げておこう。まず①人々の思想形成の過程を具体的に明らかにしていく研究を核としつつ、②近世日本という時代が歴史的にどのように形成されたのか、前代と後代との関連をみながら考察し、さらに③他地域との比較史的研究、とりわけ交流・関係の深い（近世日本の人々が意識した）東アジア諸地域との比較史的研究を行っていく。そうすることによって、はじめて「近世日本の思想的位置」、ひいては「近世日本の歴史的位置」を解明できると考えている。

Ⅰ　問題の所在

1　宮嶋氏の近世史批判

今回のシンポジウムは、宮嶋氏の近世史批判（宮嶋二〇〇六）[1]を直接の契機としている。さきほどの宮嶋氏の問題提起でも述べられたことであるが、何が問題になっているのか、私なりに整理したみたい。宮嶋氏の近世史批判は、二つの論点からなる。一つは、現在も続く「脱亜」的日本史理解と「近世史」研究に対する批判で、これは研究者の研究姿勢に向けられた批判である。もう一つは東アジア的同時代性の欠如した日本「近世化」を俎上に載せたもので、これは近世という時代そのものへの批判といえようか。

さて、第二の論点で、「同時代性の欠如」として、宮嶋氏が挙げるのは朱子学の問題である。宮嶋氏によれば、朝鮮社会の「近世化」は朱子学理念が主導したのであり、それは「朝鮮社会の朱子学化」の進展でもあったという。

「集約的稲作の確立にともなって、小農民経営が一般化」すると、社会全体の両班志向が始まり、「朱子学理念が社会全般に深く浸透」していった。そのプロセスは、「在地両班層の地方社会における支配力は、一八世紀以降、次第に低下しはじめた（中略）、一方で彼らの支配力は近代になってもなお根強く生き続けたのである。それを可能にしたものこそ、一八世紀以降にはじまる社会全体の両班志向化、すなわち両班的価値・生活理念の下層浸透であった」（宮嶋一九九五[2]）と説明される。宮嶋氏はいう。それに対し、日本の「近世化」は、「小農社会が形成されて行くにもかかわらず」、「社会の朱子学化」は進まなかった。「なぜ日本においては、小農社会にもっとも適合的な朱子学的体制が形成されなかったのか。それは基本的には、朱子学の理念とあいいれない存在である武士によって「近世化」が推進されたためである」と宮嶋氏は結論づけるのである。

2　宮嶋氏の深谷氏評

宮嶋氏は第一の論点によりつつ、日本史の研究者の脱亜的傾向を指摘し、著名な日本史研究者をバッサバッサと斬り捨てるのであるが、唯一高く評価するのが深谷氏である。二〇一〇年一月の『思想』の論考で宮嶋氏はいう（宮嶋二〇一〇[3]）。「私が特に注目したいのは、深谷克己が最近提唱している東アジアの政治文化論」である。それは「脱亜的な日本「近世史」像からの脱却を目指した試みとしてきわめて興味深い」。「脱亜的な「近世史」像を批判するその問題意識は本稿と通底するもの」である、と。

しかし同時に、宮嶋氏は深谷氏があげる、「東アジア世界に共通する政治文化」、一一の論点（①〜⑪）（深谷二〇〇六[4]）については、「疑問に思われる点も多い」と述べる。とりわけ、「「仁徳政治」を支える制度的なもの（科挙制度はその核心的な部分）」、「さらに儒教的統治のもっとも核心的なものである「礼治」に関しても日本はそれを受容しなかった」といい、深谷氏の見解を厳しく批判している。

3　宮嶋氏に対する深谷氏の反論

これに対し、深谷氏は早稲田大学の最終講義「江戸時代という経験」（深谷最終講義二〇一〇）で、宮嶋氏の説く、日本の近世＝「儒教的統治の核心不受容」説に対する全面批判を試みている。深谷氏は、「東アジア法文明」圏における「曖昧な同質性」を把握することが重要であると強調し、「日本史の東アジア史への組み込み可能な狭い入り口」として、東アジア政治文化論に「固執」したいと述べる。深谷氏が東アジア世界における「曖昧な同質性」を主張するために設定したのが、「儒教核政治思想」という概念（儒教政治思想ではないことに注意）である。深谷氏は近世日本を、「儒教核政治思想」が定着し東アジア化が進行する一方で、「日本化」が展開した社会と捉え、「近世日本の東アジア化と日本化の関係性」（最終講義の節のタイトル）を問題にしていくのである。[5]

前掲の『思想』収載の論考で深谷氏（「近世日本と東アジア」（深谷二〇一〇））はいう。[6]

東アジア世界でどのような政治的価値観が共有されているのかと言えば、その中心は「民本徳治」（仁政徳治）という政治思想であり、それが近世日本では政治常識になるほどに下降した。

また、深谷氏は「近世日本の「東アジア化」とは、東アジア世界に共有される民本主義的仁政の政治文化を濃厚に受容したということであった」とも述べている。その際、深谷氏が参考にすべき研究として引き合いに出しているのが、私の近世の政治常識論（拙著『「太平記読み」の時代』）であり小川和也氏の『牧民の思想』であった。深谷氏によ[7][8]

れば、私や小川氏の研究成果も「儒教核政治思想」を基盤とする東アジア政治文化論を支える重要な論拠の一つとして位置づけられるのである。自らの拙い研究が認められ、東アジア政治文化論の構想のなかでしかるべき位置を占めたことは、正直、とても嬉しい。だが、私自身が、「儒教核政治思想」を基盤とする深谷・東アジア政治文化論に対して全面的に賛同できるかと問われると、躊躇してしまう。というわけで、私としては、ひとまず態度を保留して議論を進めたい。

4　儒教の適合・不適合をめぐる論争

ところで、日本社会と儒教との関わりについて、これまで議論がなされなかったわけではない。むしろ、日本社会（近世）における儒教の適合・不適合をめぐる論争は、古くは、戦前の津田左右吉氏、戦中・戦後の丸山眞男氏、戦後の尾藤正英氏、そして渡辺浩氏まで、[9]長い間繰り返し行われてきた。かつては、この問題が近世思想史の最大のテーマとなっていた。そればかりに議論が集中し、研究者が他の問題を提起する構想力をもつことができなかった。一九八〇年代も半ばを過ぎて、不適合であることを前提にして、ようやく従来の研究の枠組みから一歩踏み出すことができた。前田勉氏による、近世社会において支配的な思想は「儒学」ではなく「兵学」だとする議論は、その一つである（前田勉一九九六）。[10]

宮嶋氏と深谷氏の論争を聞いて、私は、この適合・不適合論争を思い出した。宮嶋氏がいうように比較史研究は大事であるが、研究をその時点に戻してしまってはいけない、と考えている。

Ⅱ　日本近世における儒教の位置

1　「民は国の本」をめぐる日朝比較

私は、第四回日韓歴史共同研究シンポジウム（二〇〇一年）で「日本近世における儒教の位置―近世前期を中心に―」という報告を行ったことがある（若尾二〇〇一）[11]。以下、このときの報告を下敷きにして話を進めよう。

問題提起として掲げたのは、「民は国の本」をめぐる日朝比較である。李泰鎮氏（ソウル大学校名誉教授・韓国国史編纂委員会委員長、前述の日韓歴史共同研究の韓国側メンバー）によれば、儒教の経書の一つ『書経』の「民惟邦本」にもとづく「民本」の理念が、韓国の政治史において初めて標榜されたのは、高麗中期一二世紀後半であった。各地の農民がその地方の郷吏勢力により掌握されていた状況が克服され、王政が民を直接支配する体制を確立したこの時代において、「儒教政治理念」である民本のスローガンは初めて唱えられたのであり、それは地方分立体制から中央集権体制への転換を示す画期と位置づけることができるという（李泰鎮二〇〇一）[12]。

ところが、実は日本でも、「民は国之本也」という条目が出された時代があった。江戸幕府五代将軍徳川綱吉（一六四六〜一七〇九）が将軍に就任した最初に、老中堀田正俊の名で出されたのが、この語を文頭に冠した条目であった。

一　民は国之本也、御代官之面々常に民之辛苦を能察し、飢寒等之愁無之様ニ可被申付事（『御触書寛保集成』一三一二号）

この最初の条から明らかなように、この法令は民衆に布達されたものではなく、幕府の直轄領の支配を行っている代官にあてたものである。「民は国之本」であるから、民の辛苦をよく察し「飢寒等之愁」がないように治めよ、という条文に続け二条目では、国が豊かな時には民は奢り「己か事業に懈り安」いから、「衣食住諸事」に奢りがないように治めよ、と命じる。三条目は「民は上え遠きゆへに疑有ものなり、此故に上よりも又下を疑事多し、上下疑なきやうに、万事念入」に治めよ。第四条は、代官自身が奢ることなく「常々其身をつゝしみ」、みずから「民之農業」にも精通し年貢等のことも念入りにして治めよ。何事も手代任せにせず、「自身被勤儀」、直仕置きするのが「肝要」である。そうすれば「手代末々迄私在之間敷」、手代らの「私」が入り込まないのだ、という。第五条では、「代官」はいうまでもなく「手代等に至まで、支配所之民」を「私用に」使わないこと、ならびに民と「金銀米銭」の貸借をしないようにせよ。六条目は、代官は「堤川徐道橋等其外諸事常々心にかけ」こまめに「修理」すること、ならびに「百姓争論」は、「軽きうちに聞届、内証にて」処理できる一件は「依怙贔屓なく」裁き「難儀」にならないように治めよ。第七条では、代官交代にあたって年貢の「未進」分を残さないように「常々念を入、第一御勘定無滞様ニ」「心得」て治めよと命じる。このように、この条目は代官に対して農政担当官としてのあり方（民といかなる関係を切り結ぶか、農業に精通し環境整備を行う、「私」を排除し公正な直仕置き・直裁を行う等）、を提示したものであった[13]。しかもたんなる理念の提示ではなく現実に厳しい処分をともなうものであった。綱吉治世中に三四名もの代官が年貢延滞等の理由で処罰され、その結果ほとんどの代官がこの時期交代し、従来の世襲的代官から徴税官的代官へとその性格が転換したのである。

このように、「民は国の本」条目は、幕領支配を行う代官宛に出されたものであり、被治者民衆向けではない。ところが、当時著名な儒者の一人であった佐藤直方が、厳有院（四代将軍徳川家綱）様御他界ノ後、当御代ノ始ニハ、民ハ邦ノ本ト云御条目ノ出タトキ、世上メツタトコハガリ百姓へ俄ニ救トテ米ナドトラセルヤウニ成タトキ、丹波殿弟戸田内蔵ナドノ領分ニテハ、百姓ノ救ノ為トテ米ヲトラセラル、ユエ、領分ナラビナレバ、孫十郎殿ナドノ百姓江戸へ訴訟ニ来テ救ヲ願フ（『韞蔵録』）

と述べているように、この法令はなぜか、代官だけにとどまらず、被治者民衆の知るところとなり、また幕府直轄領だけでなく、旗本領、大名領にまで及んでいった。直方が言うように、「百姓」自身がこの法令を盾にして「救」いを領主や幕府に要求する訴願行動がいくつも起こっているのである。「民は国の本」条目は、領主層から民衆にまで大きな波紋を投げかけた。この事実は日本に儒教が普及したことを示すのか。李泰鎮氏は、「韓国の政治史において民本思想が占める比重は非常に大きい。この思想を生み出した儒教の影響が大きかったためである」と指摘しているが、日本においても同様なことがいえるのか。ここで日本における儒教の位置が問題となってくるのである。

綱吉の時代の儒教の位置を問題にするとき、キーパーソンとなるのが佐藤直方（一六五〇〜一七一九）である。崎門（山崎闇斎門）出身の朱子学者であり、主に江戸を舞台に活躍し、幾人もの大名らに招聘され進講したこの直方の問題意識、現実との葛藤の実像に迫ることによって、一七世紀から一八世紀の半ばまでの儒教の位置を見ていきたい。直方は赤穂浪士を忠臣・義士として「浅野氏家臣四十六人ヲ忠臣ト云タグヒ、太平記ノ評判ナドニ云タル忠ヲ学ノ上デ結構ニ思フハ浅猿シキコトナリ（講義録「大学皆自明也説」）と、赤穂浪士を忠臣義士として賞賛する論調の背後に「太平記ノ評判」すなわち『太平記評判秘伝理尽鈔』（以下、『理尽鈔』と略称）の存在を見ている。

2　「太平記読み」とは何か？

『太平記』とは、一四世紀半ばの動乱期（鎌倉幕府滅亡・建武の新政・南北朝動乱）を描いた軍記物語であり、一二世紀末の源平動乱を扱った『平家物語』と並び称される軍記物語の傑作である。太平記読みという言葉があることからもわかるように、『太平記』は講釈により受容されてきたのであるが、近世初期（一七世紀前半）には、『太平記』の人物・事件等を論評・批判して政治と軍事の在り方を教える『理尽鈔』の講釈が流行した。御伽衆らを担い手として上層武士を対象に行われた『理尽鈔』講釈（以下、『理尽鈔』の講釈及び講釈師を「太平記読み」と呼ぶことにする）は、合戦の時代が終焉を迎え、武将から治者への転換を余儀なくさせられた上層武士にとって切実な教えを含むものであった。例えば、岡山藩（藩主池田光政）と金沢藩（藩主前田利常・光高）では、藩政の確立にあたって、『理尽鈔』の講釈が大きな役割を果たしたと推定される（前掲拙著『「太平記読み」の時代』参照）。

このように統治マニュアルとでもいうべき『理尽鈔』は、もともとは講釈によって伝えられるものだったが、この時代に日本史上初めて登場した出版業者の手に渡り、一七世紀の半ばに出版された。『理尽鈔』は「都鄙貴賤此の書を信じ、世こぞつて好み用いる」と評されたように、広い層の読者を獲得して大流行した。関連書（『理尽鈔』もの、『太平記』もの）の出版もあいつぎ、一七世紀末には、民衆を対象にした大道芸能者太平記読まで登場し、辻講釈の盛行を迎え、さらには歌舞伎・浄瑠璃に大きな影響を与える。

政治・軍事論を要とする『理尽鈔』は、民衆にとってどのような意味があったのか。河内国石川郡大ヶ塚の上層農民・商人であった河内屋可正は、『理尽鈔』の政治・軍事論を自身の修身・斉家論に読み替えるとともに、さらに地域社会（村）を治めるリーダー（村役人）としてそれを受容した。「太平記読み」の政治論は、本来の対象であった武士層を越えて、山鹿素行や熊沢蕃山などのような一流の思想家たちをも巻き込みながら、民衆にまで広がる。こうして私は、「太平記読み」が提起した「国家」についての考え方は、支配者・被支配者の別なく社会一般に共有のものとなっていったと推定した。儒教ではなく、「太平記読み」こそが、指導者像や政治の在り方に関する社会の共通認識（常識）、日本近世の政治常識の形成に寄与したという仮説を提示したのである。

3 「太平記読み」における儒教と政治

「太平記読み」は儒教と政治との関わりについてどのように言うのか。『理尽鈔』の主張を検討すると、学の誉れ高い儒者が必ずしも有能な執政ではないという。儒者の藤原有範は学の誉れ高く、世人に聖人のごとく尊崇されている。だが、世の動きや人心の機微に通じていない。楠正成は学の誉れはないけれども「国を見人を見て、其の風其の心を知る」鋭い洞察力を持っており、その面では有範をはるかにしのいでいる。だから、執政・武将には正成のようなものを任命し、有範のような儒者は読み書きを聞くために養い置く。これが明君の「器に仍て其の人を遣ふ」、人材登用法だという。学問があるからといって執政に参画させてはいけないと、強調する。儒者が執政に参画できないとすれば、儒教は政治と無関係か。否である。神職（神人）・僧・儒者は、「国ヲ利セン為」に民衆教化・教導にあたる存在と位置づける。すなわち治人のレベルでは、三つの学は民衆支配のイデオロギーとして大きな役割を果たすべきだとされるのである。

では、個人の心や身をいかに修めるかという修己のレベルではどうか。これについて儒・神・仏の三つの学も自己一身を利する世渡りの術たることを免れ得ないという。聖人・釈迦でさえ「我レ能世ヲ渡ラント思」って「五常ノ道」・仏法を樹立した「賊」であり、利己心を絶つことができなかったとされる。「太平記読み」は、聖人や釈迦でさえ功利を免れ得ないといい、学問修行のよって利欲の心を根絶するというような修己は不可能だとみなす。身を安んじ己を修めることは、人のため世のため、そして「国を利する」ために行為することを通じてのみ可能になるとし、個々人に社会や国家に対する没我的献身を要求する。無私の奉仕へと人々を誘い導くのが、儒・仏・神の三つの学である。学問はその倫理的効能の面からのみ評価される。『理尽鈔』において、修己（道徳）は治人（政治）に一方的に従属しているのである。

4　直方の「太平記読み」批判の背景

このような学問の位置づけに対して、強く反発したのは直方である。

直方にとって修己は、「自ノ合点」、すなわち義理探求の主体として自己を確立することであった。「修身ハ学デナケレバナラズ」と、学問は修己を達成する唯一の方法である。直方によれば、修己を達成した者が他人の修己を補助することが治人である。学問——直方においては朱子学であるが——は、すべての人が学ばなければならないものであり、万人が学者でなければならないという。

これを、「太平記読み」の、民衆支配のいわば装置（道具）として学問を利用しようという主張と比べると、修己・治人それぞれの位置、修己・治人の関係、学問の意義づけ、いずれにおいても両者はまったく異なる。直方は、学問を学ぶ者は地位の上下に関わらず、「治国平天下の事業」を理解しておかねばならないと主張する。そして時勢・人情に遠く、現実の政治に的確な提言ができない当代の儒者を厳しく非難している。学者は政治的能力・知識を身につけ、為政者からの急な諮問にも応えられるように準備せよと直方は強調するのである。

このように『理尽鈔』と直方、両者の思想はまったく相い容れない。直方が、自己の聖学の対極に「太平記読み」を位置づけ、「楠ヲ草履取ニツル、気デナケレハ聖学ハナラヌ」とまで言い切り、「太平記読み」に対して強烈な対抗意識をもったのも無理からぬことであろう。

5　一七世紀思想界における直方の位置

一七世紀の思想界を鳥瞰するとき、直方のような姿勢はどのような位置を占めるのか？　実は直方の修己・治人論は、直方独自のものではなく、朱子学のオーソドックスな議論である。朱子学を受容した直方が、時代のなかで、また儒者のなかで孤立し、葛藤を抱えながら孤軍奮闘の戦いを挑んだという事実は、一七世紀思想界における直方の位置、朱子学の位置を示しているといえるだろう。

なお、『理尽鈔』（もとの『太平記』も）のなかに仁政や五倫五常等の語があることからもわかるように、『理尽鈔』が儒教の影響を受けて作成されたのも事実である。藤井懶斎のような儒者が、朱子学者としての楠正成像を打ち出していることも儒学の影響を示すものといえよう。しかし『理尽鈔』はその修己・治人論を根本的に否定しており、また佐藤直方はそれに厳しく対峙している。この点から、「太平記読み」が儒教（とりわけ朱子学）の本質を正しく受容していると見ることはできないと私は考えている。

Ⅲ　何を比較したらよいのか――比較史の視点――

1　基軸は修己・治人論

実は、深谷氏による東アジア政治文化論の立場から言えば、『理尽鈔』も『太平記』も「儒教核政治思想」を基盤

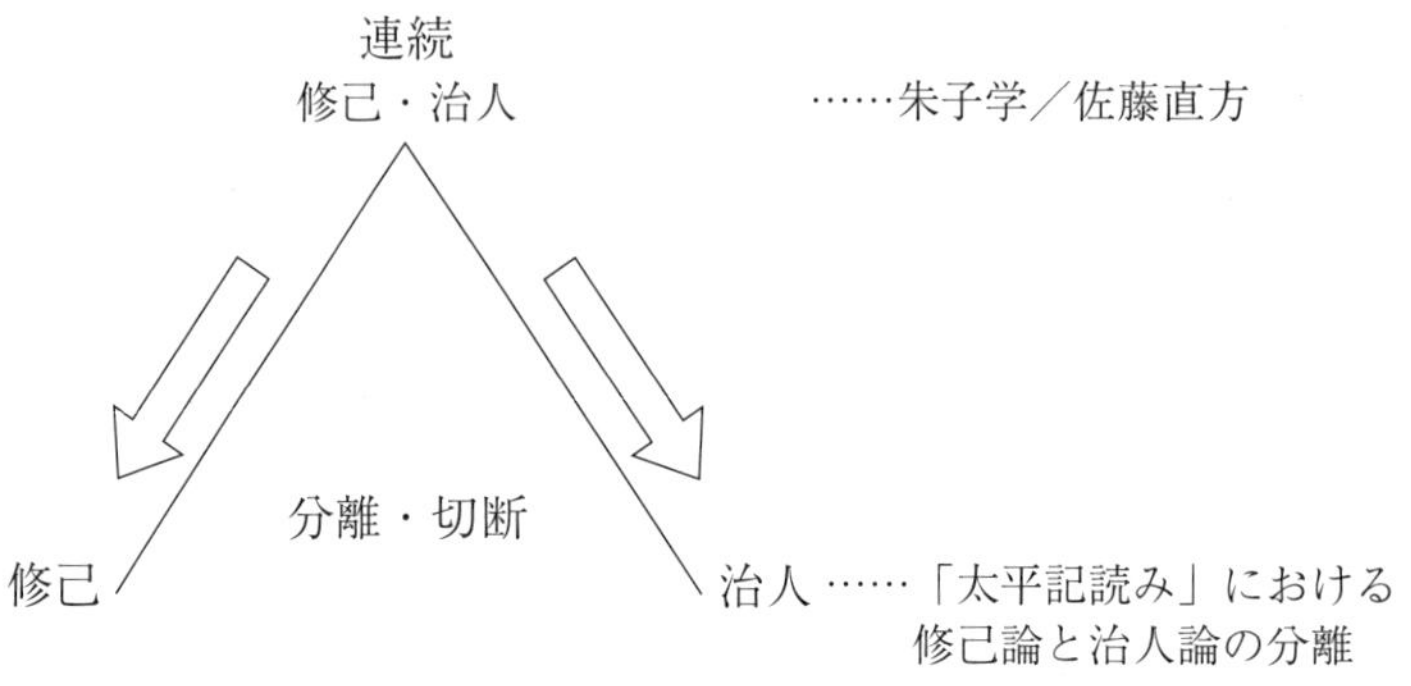

としたものとなる。繰り返しになるが、私は深谷氏の、「日本史の東アジア史への組み込み可能な狭い入り口」として政治文化論に固執したいという問題意識には大いに共感している。しかしながら、東アジアの政治文化という共通の基盤にのみ目を向けると、『理尽鈔』も佐藤直方の思想も同じということになり、先に見たように、直方の葛藤の歴史的意義が見えなくなる。直方が、「太平記読み」・楠正成に強烈な対抗意識を持ったことの歴史的意義を読み解くことができないのである。共通性だけを見るのではなく、異同を見ていく必要がある。では何を比較したらよいのか。

ここで注目したいのは、右のⅡ節でも見た、朱子学の修己・治人論である。これについて、中国哲学研究者の吉田公平氏は、「中国近世の新儒学＝朱子学が正統の地位を獲得したのは、まさしく修己と治人の二焦点を思惟構造の中核にすえ、両者の緊密な緊張関係のもとに、いわば楕円形の思想大系を構築するのに成功したからである」（吉田公平一九八八[14]）と述べている。すなわち、朱子学の根幹に修己・治人論が位置づいているというのである。これを受けて、私もかつて次のように整理したことがある（若尾一九八八[15]）。「朱子学では治人（斉家・治国・平天下）とは、すでに本来性を回復した者が、いまだ回復できないでいる衆人を指導教化することにより本来性を覚醒させ、衆人が自ら本来性を回復できるよう補助することである。すでに本来性を回復した者は、「豈に之れ（衆人）が為に惻然として、以て之れ（衆人）を救ふこと有るを思はざらんや」という道徳的責務を自覚し、必然的に治人の実践へ向かう」。「朱子は、修己を実現した者が道徳責務によりやむにやまれず治人の実践に向かう、と修己から治人への工夫の連続性を説明し、修己と治人を統一的に論じた」、と。このように、朱子学では、修己（八条目でいうと格物・致知・誠意・正心・修身）と治人（斉家・治国・平天下）は連続しており、佐藤直方の主張はこれをストレートに受容したものと位置づけることができよう。それに対し、「太平記読み」においては修己・治人はまったく分離している。これを図示すると右のようになろう。

2　近世人の思想形成と読書

日本の近世という時代は、いかに心を治め、いかに家を治めるかということが人々の共通の課題となった時代であった（若尾二〇〇八、他）[16]。たとえば、武蔵国川越の塩商人榎本弥左衛門忠重（一六二五～一六八六）は五六歳のときに、子孫のために自らが歩んできた足跡を「少年より身ノ善悪年々書貫」て、「三子より之覚」（『榎本弥左衛門覚書』）[17]を書いている。このなかで、弥左衛門は、「廿壱才之時。弥正直ニ、おごりなき様ニ可仕と存候へども、わかき故、人々取上げうすし」と述べる。二一歳の時、正直に奢らないようつとめたのだけれども、若かったため、人々はあまり評価してくれなかったと回顧している。自身に対する自己評価と世間の評価との乖離に悩んで、いかに自分を形成したらよいかわからない。どうしたらよいか納得できず、心が落ちつかない状態のなかで、弥左衛門は、「『可笑記』をよみ候て心おち付申候」、『可笑記』を読んで心を落ちつけることができたと述懐している。弥左衛門にとって『可笑記』の読書は、その後三十有余年を経てもなお特筆すべき大事な出来事だった。

弥左衛門はまた、五六歳のおりに、一四歳で嫁ぐ娘お竹に、「一ニ『女鏡』、二『大和西銘』、三『廿四孝』、四『長者教』、五『心学五りんせう』、六『今川』、七『自心養記』」まで七種の「書物」を持たせ、「此順ニ日々ニよみ候て、こうしやくはていしゆニ可承候。徳道仕候はゞ、上気しづまり、心おちつき、病いてまじく候事」、順に日々読むように、講釈は亭主に受けるように教訓していた。上気をしずめ心を落ち着かせ、病がでない（?）と、書物の効能を挙げていく。ここに列挙された書物は（『自心養記』は未詳であるが、他のものは）仮名で書かれており、「いろは」が読めるだけの教育を娘につけさせたことがわかる。二一歳で『可笑記』を読んで心を落ちつけたという体験があったからであろうが、読書が身を修めるのに役立つとして嫁ぐ娘に書物を持たせたことは、興味深い。

前述の河内屋可正（一六三六～一七一三）は、父の清右衛門（一六〇六～一六六〇）の思想形成につき、次のように語っている。

清右衛門事、学文といふにはあらざれ共、善悪の道をわかてる、かながきの書物、或は世の盛衰を顕したる、草紙物語の類の書籍は、常にもて遊びし故に、因果の理りをもかつしり、盛者必衰の心をわきまへし故に、倹約を守り、万うち〳〵にかまへて、人を先にし、身を退けてひそかに世を過し、安きにをつて命を待と、古人のいひしごとくに、只心のやすからん事をたのしめり（『河内屋可正旧記』）

清右衛門は倹約・辞譲の美徳をそなえ、安心立命の境地に達したという。可正によれば、清右衛門がそのような境地に至ったのは、「善悪の道をわかてる、かながきの書物」や「世の盛衰を顕したる、草紙物語の類の書籍」を常々もてあそんで、因果の道理・盛者必衰の心をわきまえ知ることができたからである。可正によれば、清右衛門はまさに軍書や教訓書などの仮名書きの書物の読書により、それを糧として心をおさめることが出来たのである。

弥左衛門、清右衛門、そして可正も加えてよかろう。日本列島上の人類史において、政治の支配層でない一民衆が、読書によって思想を形成するなんてことは、この時代にはじめて可能となったといえるだろう。前代、一六世紀日本＝「戦国」の世は、とにかく生き抜くことが先決であった。「偃武」の世に移行した一七世紀日本では、いかに生きるか、生き方の質が問われるようになった。なんとかして心をおさめたいという人びと（被支配者民衆までを含む広範な人びと）の欲求に応えて、啓蒙的な内容の仮名草子が作られ、本屋により出版されたとみることができよう。そうした書物を読んで心を修めたと実感する人々がでてきた時代＝「心の時代」、日本の近世とはそのような時代だった。だからこそ、人々が朱子学に興味を持つ可能性のあった（実際に、四書を手に取る人が出てきた）時代だったのだが、しかし、可正らの事例が示すように、朱子学的な修己論をとらないのが、一般的であった。直方が嘆くように、一八世紀に入っても朱子学の修己・治人論は浸透していかないのである。

むすびにかえて

日本の近世という時代を考えるとき、私は、近世を生きた個々人に着目すべきだと考えている。まず①人々の思想形成の過程を具体的に明らかにしていく研究を核としつつ、②近世日本という時代が歴史的にどのように形成されたのか、前代と後代との関連をみながら考察し、さらに③他地域との比較史的研究、とりわけ交流・関係の深い（近世日本の人々が意識した）東アジア諸地域との比較史的研究を行っていく。そうすることによって、はじめて「近世日本の思想的位置」、ひいては「近世日本の歴史的位置」を解明できると考えている。

宮嶋氏は、朝鮮では「朱子学理念が社会全般に深く浸透」（宮嶋）したとするが、朝鮮の人々の思想形成はどのようなものであったのか、その修己・治人論を検討せねばならない。また同様に、中国ではどうであったか。このような研究を行った上で、日本の近世と比較してみる。本当の意味での比較研究をこれから行っていく必要があろう。くわえて、近年、日本では、歴史研究者が書物・出版研究に参入するのが普通になってきて、書物・出版が果たした歴史的役割が解明されつつある。[18]中国や韓国では、どうであろうか。出版文化の比較史研究も必要となろう。そのほか、さまざま比較史研究の可能性があり、現実に比較史研究は確実に進展しつつあることを[19]申し述べて、宮嶋氏の問題提起に対する応答としたい。

注

（1）宮嶋博史「東アジア世界における日本の「近世化」―日本史研究批判―」『歴史学研究』八二一、二〇〇六年。
（2）宮嶋博史『両班―李朝社会の特権階層』中公新書、一九九五年。
（3）宮嶋博史「日本史認識のパラダイム転換のために―「韓国併合」一〇〇年にあたって―」『思想』一〇二九、岩波書店、二〇一〇年。
（4）深谷克己「東アジア法文明と教諭支配」『アジア地域文化学の発展』雄山閣、二〇〇六年。
（5）深谷克己、最終講義「江戸時代という経験」レジュメ、二〇一〇年一月三〇日、早稲田大学。
（6）深谷克己「近世日本と東アジア―「東アジア法文明圏」の視界―」前掲『思想』一〇二九年。
（7）若尾政希『「太平記読み」の時代―近世政治思想史の構想』平凡社、一九九九年。
（8）小川和也『牧民の思想―江戸の治者意識』平凡社、二〇〇八年。
（9）津田左右吉『文学に現はれたる我が国民思想の研究』四巻、洛陽堂、一九一六～二一年。
丸山眞男『日本政治思想史研究』東京大学出版会、一九五二年。

尾藤正英『日本封建思想史研究―幕藩体制の原理と朱子学的思惟』青木書店、一九六一年。

(10) 渡辺浩『近世日本社会と宋学』東京大学出版会、一九八五年。

(11) 前田勉『近世日本の儒学と兵学』ぺりかん社、一九九六年。

日韓歴史共同研究は、一橋大学とソウル大学の歴史研究者有志による共同研究である。拙稿は、第四回日韓歴史共同研究シンポジウム報告（二〇〇一年八月）『第四回日韓歴史共同シンポジウム報告書』一橋大学、二〇〇三。その後、『日韓相互認識』第四号（日韓相互認識研究会、二〇一一年）に転載。

(12) 李泰鎮「朝鮮時代の「民本」意識の変遷と一八世紀「民国」理念の台頭」『国家理念と対外認識17―19世紀』（日韓共同研究叢書3、慶應義塾大学出版会、二〇〇一）所収。李泰鎮『朝鮮王朝社会と儒教』（法政大学出版局、二〇〇〇年）。

(13) この「民は国の本」条目の背景については、近年、小川和也『牧民の思想―江戸の治者意識』（平凡社選書、二〇〇八年）が説得的な議論を展開している。参照されたい。

(14) 吉田公平「朱子学・陽明学における『大学』」源了圓編『江戸の儒学―『大学』受容の歴史』思文閣出版、一九八八年。

(15) 拙稿「伊藤仁斎―非経書としての『大学』解釈」源了圓編前掲書所収。

(16) 拙稿「『浮世物語』から時代を読む」『歴史評論』六九四、二〇〇八年、また拙稿「近世の社会思想」『新体系日本史4　政治社会思想史』山川出版社、二〇一〇年、拙稿「近世における「日本」意識の形成」若尾政希・菊池勇夫編『〈江戸〉の人と身分5　覚醒する地域意識』吉川弘文館、二〇一〇年。

(17) 『榎本弥左衛門覚書』大野瑞男校注、東洋文庫、平凡社、二〇〇一年。

(18) たとえば「書物・出版と社会変容」研究会（呼びかけ人若尾政希）編『書物・出版と社会変容』（既刊は一〇号、一橋大学機関リポジトリで公開）を参照されたい。

(19) たとえば、井上智勝「近世期の東アジア諸国における国家祭祀―中国・朝鮮・ベトナム・琉球から徳川政権を考える―」、東アジア思想文化研究会（代表桂島宣弘）編『東アジアの思想と文化』三、二〇一〇年。

『女大学』のなかの「中国」

藪田 貫

はしがき

「東アジアのなかの近世日本」というテーマに、女性史の視角から迫ってみたいと思う。素材とするのは『女大学』である。『女大学』といえば、伝統的な女性規範＝女訓書として知られるが、規範が儒教をバックボーンとするために、〈東アジア〉という精神世界の中での近世（それが良妻賢母主義に移行する過程を視野に入れれば、近代の）日本の位置を測定するひとつの要素となるのはいうまでもない。一九八〇年代以降の女性史研究の高揚を生むきっかけとなった女性史総合研究会編『日本女性史』第三巻「近世」には、主題別の論考の最後に比較史研究として中国思想史の専門家筧久美子による「中国の女訓と日本の女訓」が収められている（筧一九八二）。中世の巻がイギリスとの比較論を掲載していることと考え合わせても、一九八〇年代以降の日本女性史がもった比較史的な視点は、十分に想起さ

れていい。(1)

本論で意図するのは、比較史的視点を継承しながら、筧が行なったような伝統的な女性規範＝女訓書の〈内容〉を日中双方で比較するという手法からの脱却である。いいかえれば、コンテキスト重視の比較論からの脱却である。

筧は言う。

本論を書くに当たって中国と日本の女訓書の数々に目を通したが、いずれも内容は同工異曲で、総じて退屈なものであった。説教というもののもつ宿命であろう。それにもかかわらずこれらが女子教育に絶大な効果をもっていたことは疑えないところである。女訓書が歴史的に果たした役割については別に専論が必要だと考えられるゆえんである（筧一九八二）。

実に率直な感想である。「総じて退屈なもの」が、「女子教育に絶大な効果をもっていた」という女訓書のもつパラドキシカルな特徴が見事に言い当てられている。「同工異曲で退屈な」女訓書を、あえて分析的に読もうとする苦痛が言外に滲み出ている。ところがそれが、「女子教育に絶大な効果をもっていた」というのである。女訓書が日本・中国の双方で多数の読者を得たのは間違いないが、その理由は一体、何か?

筧は慎重にも回答を避け、「女訓書が歴史的に果たした役割については別に専論が必要」と述べるに止まっている。指摘されているのはその通りで、女訓書の研究は総じて、その内容を分析・批判することに力点が置かれ、その役割については当然視して、あえて問わないことに大きな特徴がある。その特徴はすでに福沢諭吉に見えているが、こうした方法では、三〇年前に筧が議論を保留した「女訓書が歴史的に果たした役割」の検討は、いつまでたっても先に進まない。重要なのは、女訓書が「女子教育に絶大な効果をもっていたこと」、つまり女訓書がたくさんの愛読者を得た、という事実から議論を始めるべきだという点にある(2)。

そのように発想を変えてみると、筧のつぎの一節はきわめて興味深い。

時代を追って眺めていくと、早い時期に限定された対象を意識するものから、漸次整理されてより広範な大衆を意識する、平易で簡潔なものに主流が移っていくという流れをもっているようである。その傾向がとくに顕著にあらわれるのはわが国の江戸時代後半である（筧一九八二）。

「女大学」はまさに、「わが国の江戸時代後半」に生まれた「平易で簡潔な」女訓書の傑作である。それが傑作である所以は、「退屈さ」でなく「面白さ」にある。小論は、その「面白さ」に注目することからスタートする。

I　『女大学』と福沢諭吉・柳田國男

『女大学』といえば、江戸時代の女訓書としてよく知られている。ところが正確に言えば、『女大学』という図書はない。あるのは一七一六年（享保元）、大坂と江戸の書肆（柏原清右衛門・小川彦九郎）が出版した『女大学宝箱』と題するものである（画像1女大学宝箱）。冒頭「それ女子は成長して他人の家に行き」と、女性のライフコースに結婚を位置づけ、その成功のために、親が娘に言い聞かせる項目一九か条をからなるもので、末尾に「益軒貝原先生述」

と記す。

この本について、ふたりの近代知識人が興味深いコメントをしている。

ひとりはいうまでもなく福沢諭吉（一八三五〜一九〇一）で、晩年の一八九〇年（明治三二）、『女大学評論・新女大学』を出版した。同書は、「それ女子は」にはじまる一九か条すべてに批評を加え（女大学評論）、さらに「それ女子は男子に等しく生まれて」にはじまる二三か条を、「新日本の女道」として提案した（新女大学）ものであるが、「女大学評論」で引用する一九か条は、『女大学宝箱』のそれと同一である。したがって福沢の言う『女大学』は、『女大学宝箱』そのものである。

画像1　「女大学宝箱　全」（関西大学図書館蔵）

「『女大学』の記者は有名なる大先生なれども、一切万事、支那流より割り出して立論するがゆえ、男尊女卑の癖は免るべからず」（『女大学評論』）と書くように、福沢は、『女大学宝箱』を儒学者貝原益軒（一六三〇〜一七一四）の著作と捉えて疑わない。(3) それは『女大学宝箱』の後書で、「貝原先生の述作女大学とてある方にひめ置かれしを求め」と、版元が書いているのを信じているからである。

しかし現在では、益軒が晩年の一七一〇年（宝永七）に著わした『和俗童子訓』の巻五「女子を教ゆる法」一八か条と、『女大学宝箱』一九か条の間には親近関係を認めつつも、大きな違いも指摘されている。「「女子を教ゆる法」に採られていた男女の価値平等観は捨象され、斉家と婦人自身の保全とを目的とし、女性の心得を家庭生活に限定して説き、具体的な作法や躾、技能や教養におよばず、もっぱら心がまえを力説したものとなっている」という指摘は、そのひとつである（石川一九七七）。また小泉吉永は、益軒の「女子を教ゆる法」と『宝箱』の間に、「新女訓抄」（『女用智慧鑑錦織』）という作品が入ることを想定している（小泉二〇〇六）。

益軒の『和俗童子訓』巻五「女子を教ゆる法」と『女大学宝箱』の間の大きな異同にはいまひとつ、『宝箱』が「読本用兼習字用教科書として機能できるように作製されている」という点がある。

この点に関しては、もうひとりの近代知識人柳田國男（一八七五～一九六二）の証言がある。柳田は、生家松岡家での生い立ちを回想して、「子どもの自由になる一群の書物の一つとして『女大学』があった」と述べるのである（柳田一九六四）。両者の間にある距離感は、じつに興味深い。福沢が「内地雑居の事は、日既に迫れり。（略）此の機に乗じ、決起して男尊女卑の陋習を退治する」（嫡子福沢一太郎の序文）と、『女大学』を明治後期の政治環境のなかで位置づけ、真っ向から非難するのに対して、柳田は、少年期の思い出の中に位置づけ、懐かしんでいるのである（柳田の手許にあった『女大学』が『宝箱』であったかどうかは不明）。そこには、『女大学』への接し方の際立った違いがある。

早くに父を亡くし、一人の兄と三人の姉とともに慈母の手で養育された福沢は、「厳父の言行」を、母の口よりして伝えられ、「知らず識らずの間に高尚厳正なる性行を養成した」という（「石河幹明序」）。高弟石河幹明によれば、二五歳で江戸に出て一家をなし、私塾の経営・著書翻訳・海外旅行などの心身多忙な中にあって福沢は、「時々貝原の『女大学』を繙き、他日の記憶の為に簡単なる評語を書き入るるを常」としたという。したがって福沢にとって

『女大学』は、最初から、論難すべき対象としてあったと言える。しかも福沢は、「女大学評論」のなかで、「小説にあらず、戯作にあらず、女子教育の宝書として、都鄙の或る部分には、今なお崇拝せらるるもの」と『女大学』の大きな影響力を認めている。『女大学』に対する舌鋒は、いきおい激しくならざるをえない。

それに対し民俗学者柳田は、内容そのものよりも、子どもたちの手の届く書物として『女大学』を捉えている。「私たちの生れた家には、子供の管理に属し、よつぽど粗末に取扱つても叱られない一抱への本があつた。八犬傳の第六編が八九冊（中略）次には蒙求諺解とかいふ繪入和譯本（中略）それから耕織圖などと合本になつて居る女大學」（童心畫巻）というように。自己の成長過程を想起し、懐かしんでいるのである。それが「退屈」なものであったはずがない。福沢の接し方が〈大人〉の〈男性〉のそれであるとすれば、柳田は〈女・子ども〉の目線で『女大学』を眺めている。それというのも『女大学』が、「往来物」という種類の大衆的で通俗的な出版物であったからである。

以上に記した福沢と柳田の『女大学』への接し方の違いは、『女大学』を考えるとき、きわめて興味深い。

Ⅱ 『女大学』という世界

現物として残っている『女大学宝箱』（以下、『宝箱』と略称することがある）に接することを繰り返して得る第一印象は、なんとよく使われたものか、という思いである。どれもこれも、表紙が擦り切れているのである。開いた形跡の少ない漢籍類との大きな違いである。「子どもの自由になる」という、柳田の証言を信じたくなるほどの使用の激しさを物語る。

第二の印象は、本文は同一なのに、その他の部分が異なる『女大学』があるという事実である。『女大学宝箱』があれば、『女大学操鑑』という本もあり、同じ箇所は「それ女子は」で始まる一九か条のみで、他は一切違う（出版は須原屋茂兵衛ら江戸の書肆八名）。タイトルが違うはずである。また『女大学宝箱』に付録として「女実語教」（「品優れたるが故貴からず」で始まる）を収めるかと思えば、それを独立させた『女実語教宝箱』がある（画像2女実語教宝箱）。

こうして『女大学宝箱』を起点に、多種多様な『女大学』の類本が生まれる。『女今川姫鑑』、『女小学教草』、『女論語躾宝』、『女用智慧鑑錦織』などなど。こうして『女大学』という世界が、近世日本の隅々に広がっていったのである（なお本稿で『女大学』とする場合は、『宝箱』をはじめとする一連の女訓書を指している）。

果たせるかな、一八二九（文政一二）年版の『女大学宝箱』（版元大坂柏原屋清右衛門）は、巻末に「女中の見たまひて益有書物目録」として、『女大学宝箱』『女用智慧鑑』『女源氏教訓宝鑑』『万福百人一首』『女今川玉文庫』『絵本写宝袋』『小児調宝記』など六四種を挙げる。したがって近年では、『女大学』を論じる場合も、『宝箱』のみを収めた石川松太郎編『女大学』（東洋文庫、一九七七）の限界を認め、小泉吉永編『江戸時代女性文庫』（一九九九）や石川松太郎・小泉吉永編『女大学資料集成』（二〇〇三〜〇六）などのように、現存する書物を最大限、影印本の形で提供するようになったが、これはじつに理に適っている(5)。

この『女大学』の広がりは、著者を貝原益軒に仮託し、「男尊女卑の癖」と非難しても説明できるものではない。そこには『女大学』本を求める読者の存在と、商品として『女大学』を売り込もうとする出版者の戦略がある。そこで『女大学』を読み解くためには、福沢のようにその〈主文〉の〈内容〉に注目するだけでなく、頭書や前書・後書・付録までも含めた書物の〈全体〉を見る必要がある。いいかえるなら、『女大学』という〈商品〉を解読する必

画像2　『女実語教宝箱』（個人蔵）

画像3　『女小学教草　全』（関西大学図書館蔵）

要がある。（6）

それが商品であったことは、宝箱《たからばこ》・姫鑑《ひめかがみ》・教草《おしえくさ》・躾《しつけ》・宝《たから》・錦織《にしきおり》などと付けられたネーミングの妙が示す（画像3女小学教草）。モラルを説いた「お堅い」本というイメージを、これらのタイトルは一掃している。さらに宝箱・錦織の名が示すとおり、『女大学』には、さまざまな情報に満ち満ちていた。本文がわずか一九か条、五八丁であるにもかかわらず、『宝箱』の全体は一〇七丁とほぼ倍である（享保元年版）。本文の上段には頭書があり、巻頭と巻末には付録が付き、全体の三分の二は、本文以外の「おまけ」からなっている。

それら「おまけ」も含め、商品としての『女大学』には、つぎの三つの内容がある。第一に、女性にとってのモラル、道徳性である。第二に、女性に必要なスキル、すなわち実用性である。そして第三に、和歌や芸能を含めた、さまざまな教養である。

第一の倫理で言えば、『女大学』は女性に、ライフコースの分岐として結婚をおいた。いいかえれば「それ女子は」で始まる一九か条は、女性を嫁ぐべき存在と位置づけたのである。「唐土には、嫁入りを「帰る」という」と表現し、生まれた家は「仮の家」で、嫁いだ婚家こそが「真実の家」と説く。そのライフコースが失敗に終わらないように、女子教育に念を入れることを両親に説くのである。もちろんこの倫理の基礎をなすのは、福沢の言う「男尊女卑」の儒教道徳であり、家父長的秩序である。

　しかしながら、中世の女性観が、「女人往生」として死後の世界を想定して説かれていたことと比べてみるとき、女性の現世のライフコースを想定し、そこに婚姻を位置づけた画期性は、いくら強調してもしすぎることはない。日本社会における訪妻婚から嫁取婚への移行が、江戸期になって「婚姻」をひろく社会の中に受け入れることを可能にした。(7) その時婚姻は、「唐土においては〈帰る〉という」として捉えられたのである。

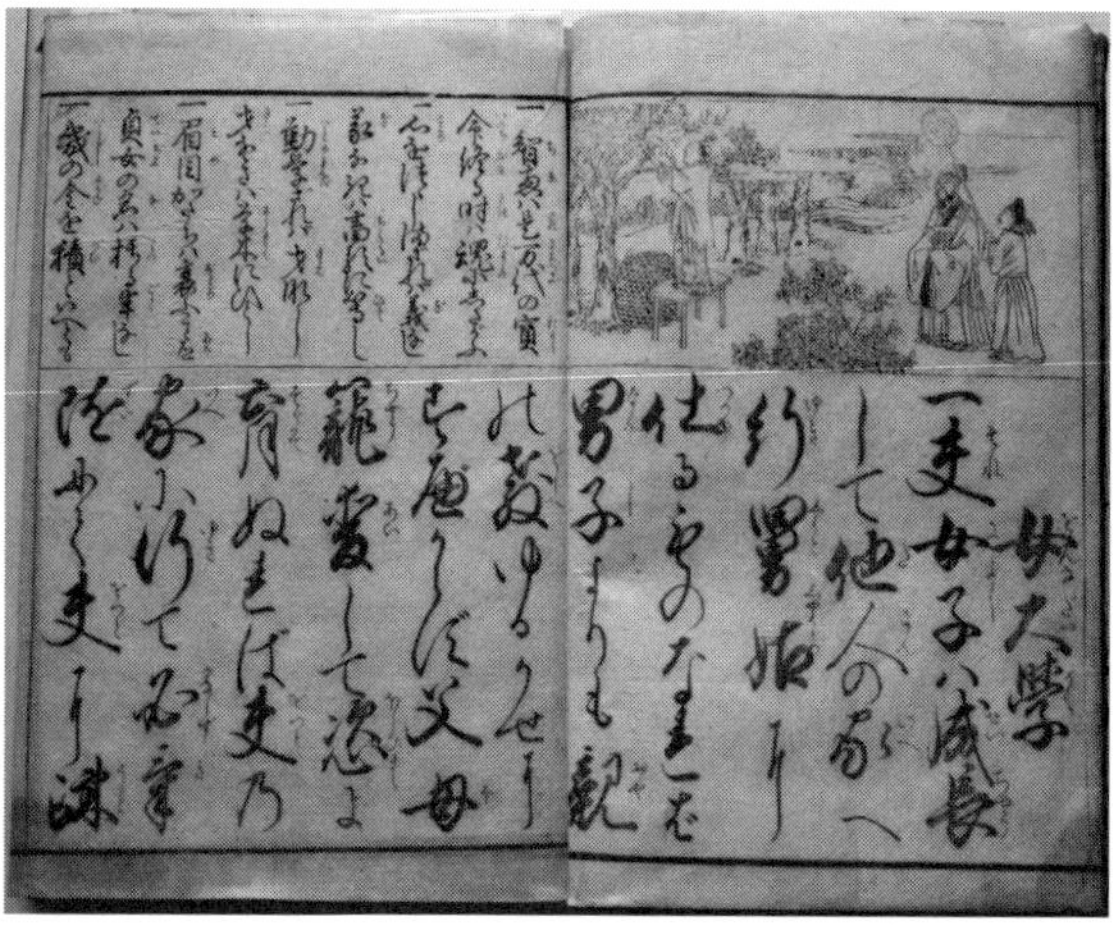

画像4　『女大学』第1条（個人蔵）

　第二の実用で言えば、「それ女子は」で始まる本文をよく見れば理解できる。行書体大文字で書き、それぞれの漢字に仮名、しかも漢音と呉音のふたつの仮名を振るというスタイルは、本文自体が、読み書きのテキストであったことを示す（画像4女大学第一条）。たとえば、女という字が、「おんな」とも「にょ」とも「じょ」とも読めるということを示すが、それが一九か条を通じて示されるのであるから、音と訓で示される漢字の数は数百となろう。その意味で『女大学』は、一種の国語教科書、あるいは国語辞典の役割を果たしている（中野一九八九）。別の言い方をすれば、女性＝仮名という固定観念を超えて、漢字を、女性の実用の世界に持ち込もうとしているのである。言い換えれば中世女性のリテラシーの水準からの「離陸」を、『女大学』は意図している。その意図はさらに、巻頭や頭書など随所に付けられた図版が如実に語る。女性にとって「学ぶ」ことの重要性が強調されているのである。

一方、本文上部の枠には、手紙文例が書かれ、年始や歳末、あるいは冠婚葬祭・妊娠出産に際して、どのように手紙を書けばいいのか見本を示す。この種の文例への読者の需要の増大は、やがて『女大学』を離れ、「女用文章」というカテゴリーを生み出すが、この実用性は、男子に比べ、寺子屋や私塾へ行く機会の少ない少女たちに対し、家庭内での読み書き教育を保証する力となっている。

さらに少女たちはや

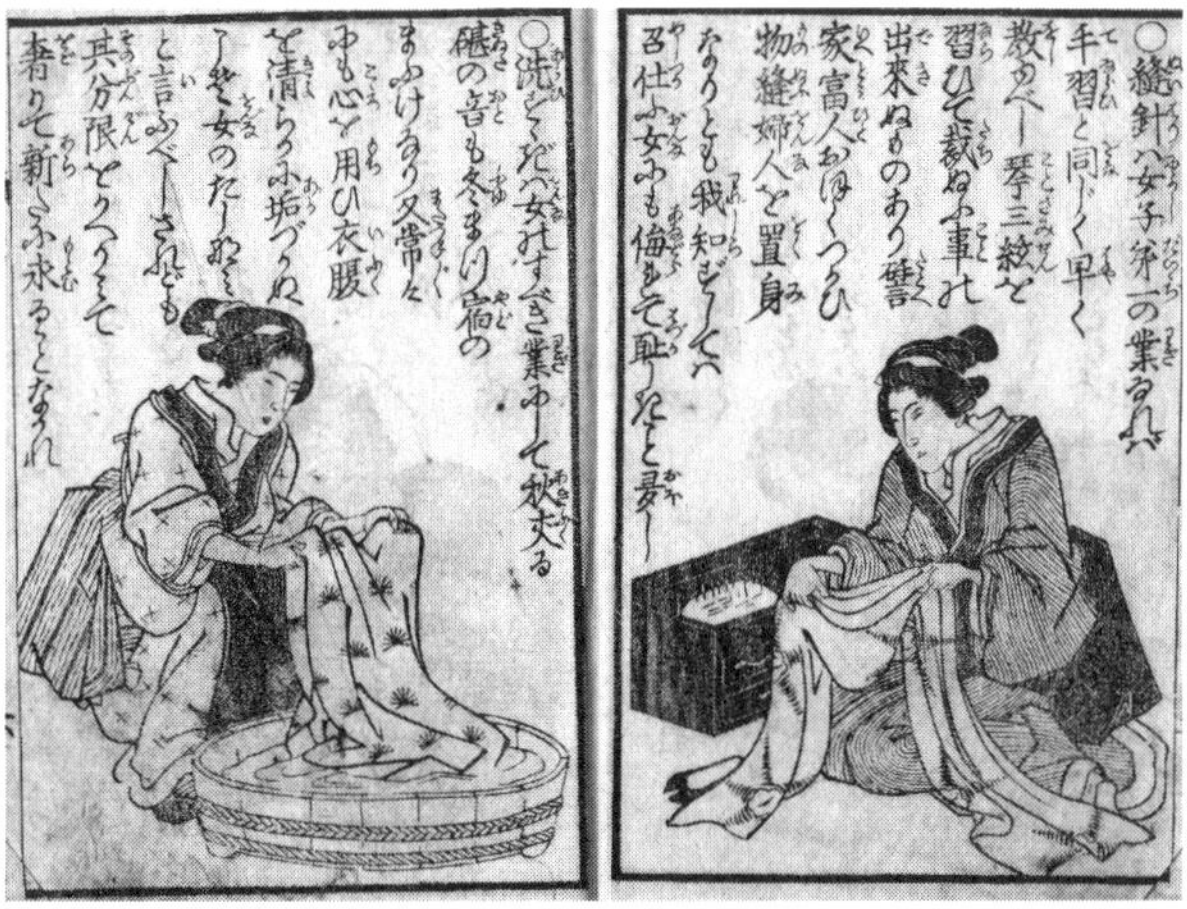

図５−１　女性の家事（『女大学操鑑』個人蔵）

図５−２　同上

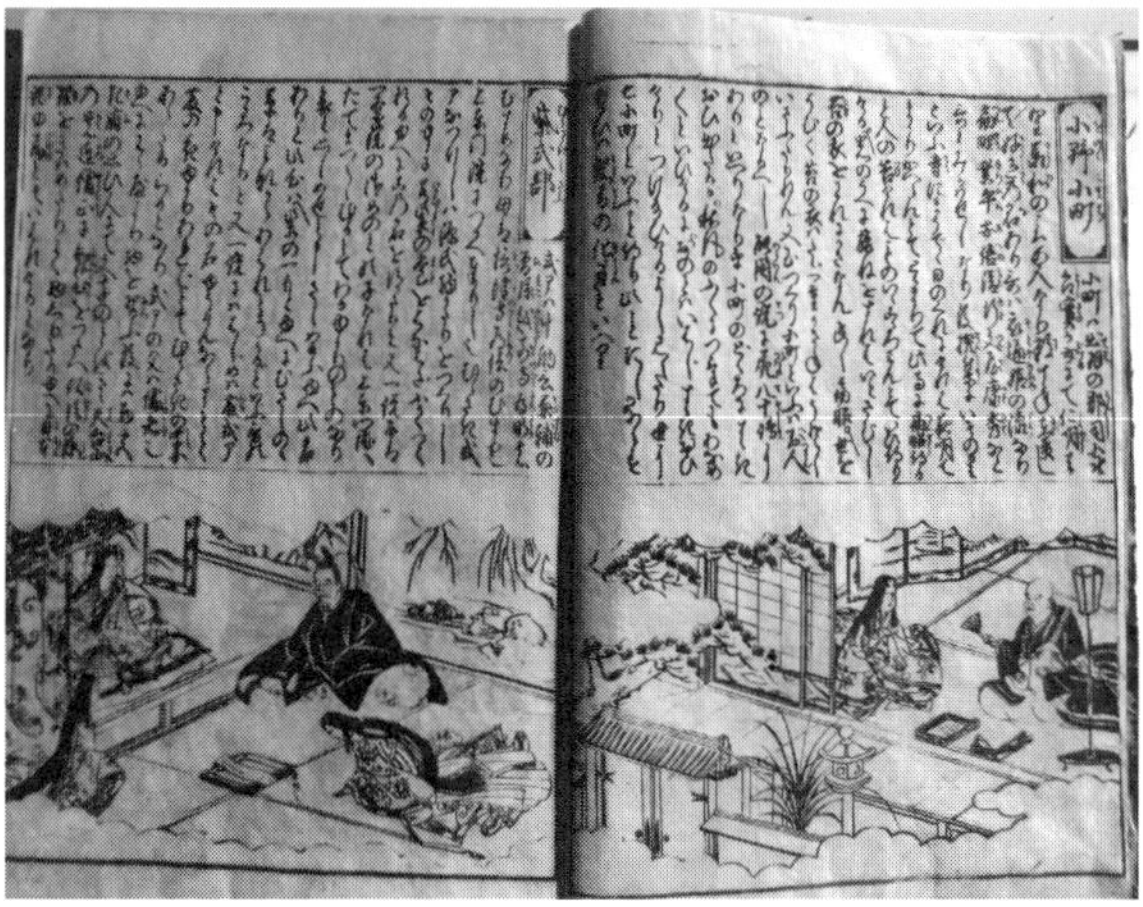

図6　小野小町・紫式部（『女小学教草』）

がて成長し、結婚、出産、子育て、家事とさまざまな役割を受け持つこととなるが、『女大学』には、これらのさまざまな機会に応じた実用情報が散りばめられている。一例を挙げれば、女の家事を絵入りで解説し、小児の怪我や病気に対する応急処置を教える（図5-1・2女性の家事）。

これらの実用性が、教養とならんで記述されているのが、『女大学』の特徴でもある。『女大学』がもつ第三の内容は、教養である。文字の修得を勧める一方、文字や紙の始まりを教え、仮名を弘法太子の発案とするのは、その一例である。

しかしながら『女大学』が最も力を入れて語る教養は、和歌と源氏物語である。三六歌仙を教え、「百人一首」に引かれた小野小町や伊勢を紹介するなど、和歌への入れ込みようは誰の目にも明らかである。もちろん「源氏物語」五四帖すべてを収める余裕はないが、桐壺・明石・ははきぎなどの有名どころを並べ、三井寺で着想を練る紫式部を描くなど、さまざまに工夫されている（図6小野小町・紫式部）。この力の入れようは、「源氏物語、百人一首ならびに賎の女の手わざをことごとく絵にして宝箱」とするという宣伝文句が語る通りであるが、さらに凄いのはそれを「絵にして」示すという戦略である[8]。商品として最も苦心されている箇所とも言える。丁寧な振り仮名とならんで、「子供たちの自由にできる本」という柳田のコメントを想起させるに十分である。

Ⅲ　『女大学』の女性像

『女大学』に収められた多数の画像を眺めていると、人物像の多いことが分かる。とくに女性に注目すれば、三種類の女性が登場することに気付く。

第一のグループは当時の、つまり『女大学』の読者たちと同時代の人々である。『女大学操鑑』は冒頭、公家・武家と農工商の女性を載せるが、女性が現実の世界では、身分に分かれていたことを教える（図7-1・2士農工商の女性）。また女の行いとして読み書

図7－1　士農工商の女性（『女大学操鑑』個人蔵）

図7－2　同

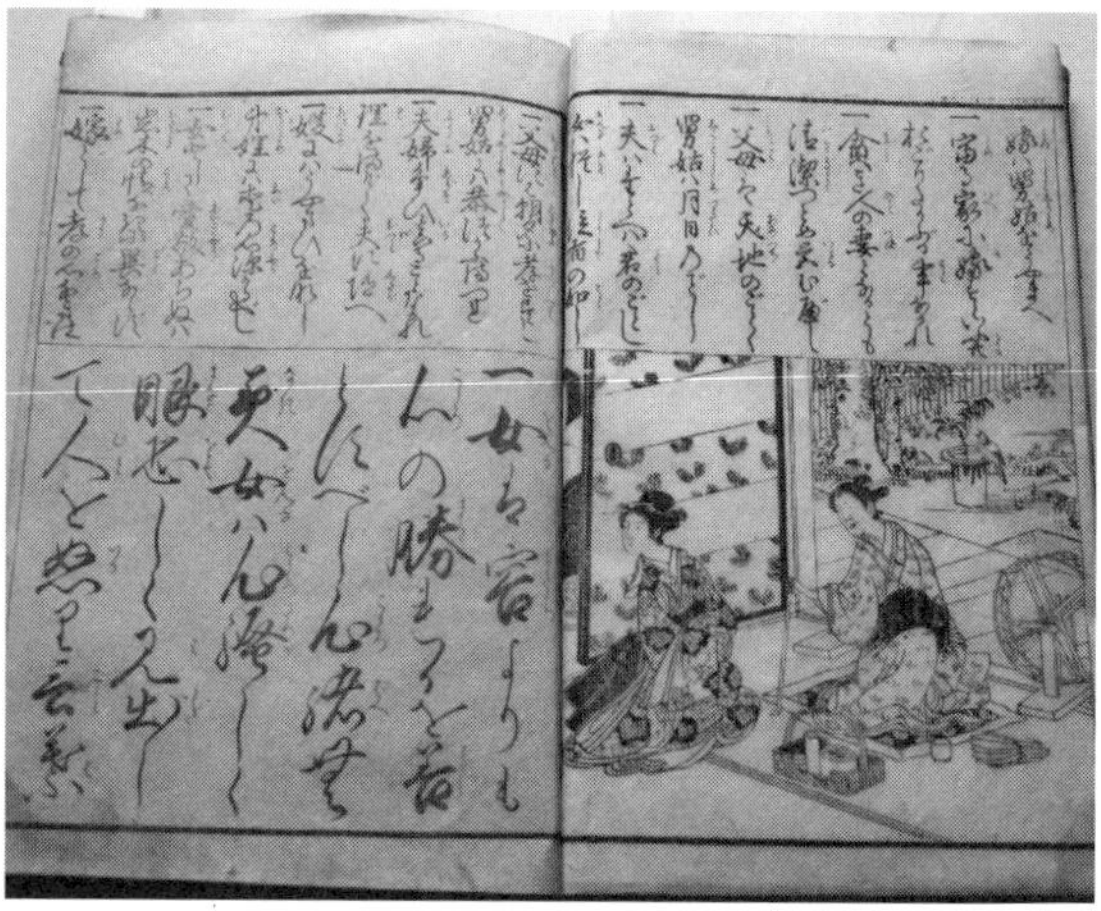

画像８　いやいや娘（『女大学宝箱』）

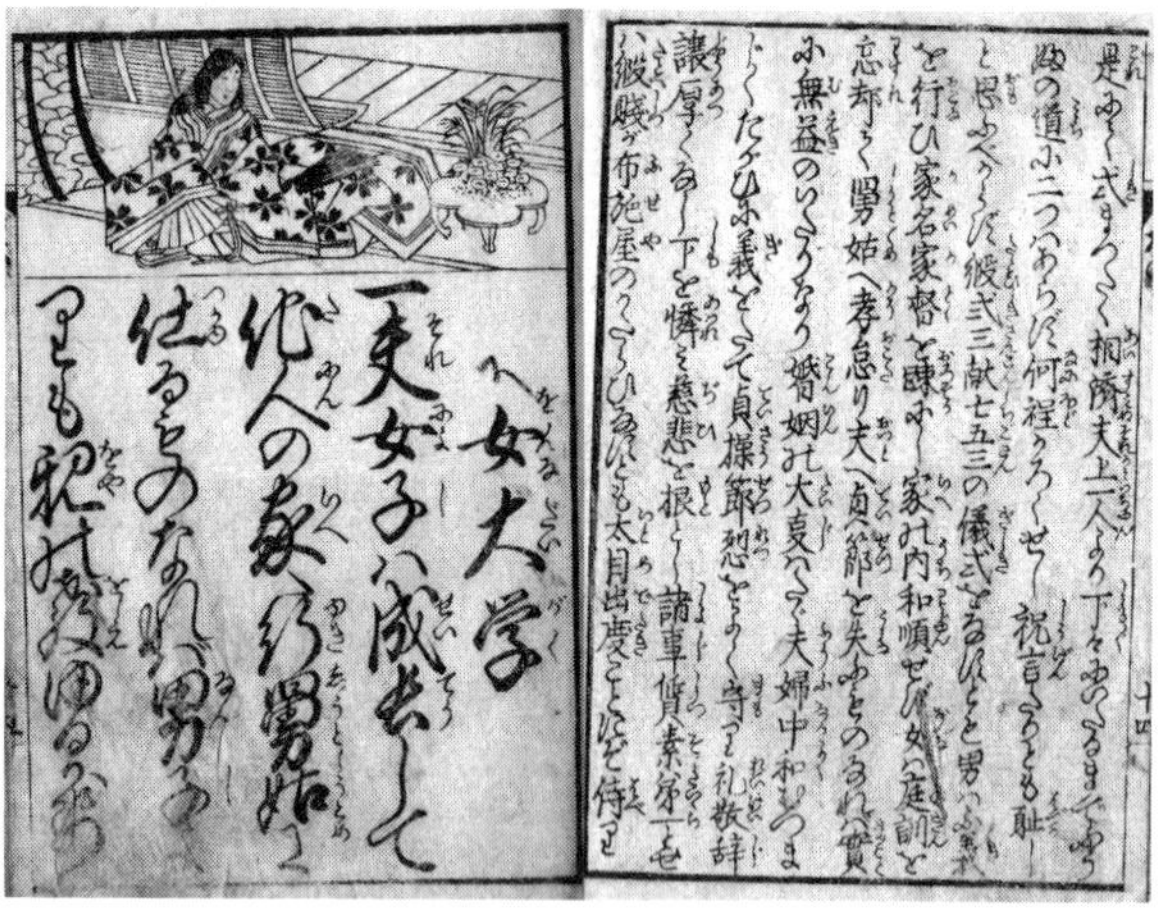

画像９　十二単の女性（『女大学操鑑』）

き、縫い針、料理、洗濯、身支度を教えるが、そのモデルも当代の女性の姿である。

そのうちの傑作がある。糸を繰る母の傍で、「わたし、そんなことするのイヤ」とでもいわんばかりに首を振る娘を描き、読者の共感を誘う図である（画像８いやいや娘）。現実の世相を切り取ることで、読者に一歩でも近づこうとしているのである。

それに対し第二のグループは、紫式部のような人々である。いうまでもなく当代ではなく、歴史的存在としての女性を示すが、それがそろいも揃って十二単の女性像であることは注目される（画像９十二単の女性）。ここにあるのは、女性文化における「古典日本」である。和歌や源氏物語を生んだ王朝文化が描かれている、ということもできる。そこに、「現代」としての江戸に対する「古典日本」としての価値が語られている。それは文才のある女性を、江戸期の人びとが「今納言、今式部」と呼んで讃えたことにもよく示されている。

一例をあげれば、江戸時代末期の幕府家臣として勘定奉行兼海防係、外国奉行として活躍した川路聖謨（一八〇一～六八）は、才人とされた妻佐登への周囲の賞賛をつぎのように記している（『川路聖謨日記』史籍協会叢書）。

・御姉さまの文、土佐日記のごとし、女中にかかる日記など当今容易にあるべからずと賞賛せり（「浪花日記」）

・おさとの書状をよみて、おさとはわがいもう（妹）とながら、天下の奇才にして貞実、また世に越たり、世にかかる人あるべくともおも（思）はず、紫式部にして松浦さよひめのみさおあるものは一天四海にわがいもうとひとりなるべし（「浪花日記」）

・世に聞へたる奥方の記したる日記をよみ、其才力に驚、其ことを申し、清少納言にして雅楽に長じたまへるがことしと誉めければ（「川路聖謨遺書」）

これに関連していえば、「古典日本」として継承されたのが女房言葉である。日常生活で使うことが少なく、実用性においてはマイナーな価値しか持たなかったが、女性文化としてはメジャーであったために『女大学』には必ず取り込まれた。

第三の人物像は、中国人である。もちろんそれは当代、清朝の人物ではない。揃いもそろって過去の人物である点で、第二の「古典日本」に相当し、いわば「古典中国」を象徴する。(9)

「古典中国」はまず、紙や筆、機や白粉・紅の起源を説くという文脈で語られる。「後漢の代に蔡倫といふ人紙をつくり」「機のはじめハ黄帝の臣伯余といふ人」「女の白粉をつくるはじめハ殷の紂王と申す帝の后妲己といひしが」と

画像10－1　斉宿瘤女（『女中庸瑪瑙箱』）

画像10－2　斉宿瘤女（『列女伝』３）

いうようにである。

　これなどは画像もなく、「古典中国」のインパクトは控えめであるが、『女用智慧鑑錦織』（享保一四年版）は冒頭、唐の侯莫陳邈の妻鄭氏が時の皇帝に『女孝経』を献呈する図を掲げ、紙面一杯に「古典中国」を開花させる。

　一方、悪女も『女用智恵鑑錦織』『女用智恵鑑宝織』には登場する。たとえば周の政治家太公望（姓は呂、名は尚）の妻。学問好きで家の貧しさを気にしない太公望に耐えかね家を出た前妻に、文王に召されて斉の国を賜った太公望が道で会い、鉢に入れた水を捨てると再び戻らないと説く場面である。

　なかでも注目されるのは、『列女伝』との関係である[10]。先に引用した白粉の起源として語られる「殷の紂王と申す帝の后妲己」は、『列女伝』巻七孽嬖伝に「殷紂妲己」として出る。その語るところは、殷の紂王は、酒も音楽も妃妲己の誉めるものは尊重し、嫌うものは排除した。殷を滅ぼした武王は、紂を滅ぼしたのは妃妲己であるとして首をはねた、とある悪女の代表である。

ただしこの場合、言説の引用に止まるが、『女中庸瑪瑙箱』（文政二年版、大坂書林伊丹屋善兵衛・河内屋源七郎）は、斉の閔王が通りかかった時、桑を摘んでいたうなじに大きな瘤のある女性が、閔王に賢女ぶりを見込まれのちに后となった故事を、見開き一杯に載せる（画像10-1瑪瑙箱、画像10-2列女伝）が、これは『列女伝』巻六弁通伝、斉宿瘤女がもととなっている。

漢の劉向の『列女伝』は西暦紀元前一世紀頃に出来上がった人物説話型（『女誡』を代表とする「徳目説教型」に対し）の女訓書の代表として知られ、巻一母儀伝から巻七孽嬖伝からなり、一〇四編一一〇人のエピソードを収める。列女の事跡の紹介があり、「頌」に曰くと要約され、最後に一枚の画像を載せるという『列女伝』の形式を尊重し、『女中庸瑪瑙箱』も画面の上には詞書が付く。もちろん画像は、新たに作成されたものである。

それ以外にも、『列女伝』からの引用をつぎのように確認できる。

・「孟母三遷」で知られる孟子の母（巻一母儀伝、鄒孟軻母）（画像11孟子と母）。
・楚の白公勝の妻が、夫の死後、呉の王から後宮への招かれた時、「夫の墳墓を守るのが女の道」だとして拒否した場面（巻四貞順伝、楚白貞姫）。
・無塩村の醜女鐘離春が、後宮の掃除婦として雇われた時、斉の宣王に諫言したことで王の后となったという故事（巻六弁通伝、斉鐘離春）。
・斉の景公が大事にしていた槐の木を傷つけた衍の娘が、景公に仕える晏に説いて父を死罪から救った話（巻六弁通伝、斉傷槐女）。

ところで「無塩村の醜女鐘離春」の話は、益軒の「女子を教ゆる法」の第二条に「斉の宣王の夫人無塩は、いずれも其のかたちきわめてみにくかりしかど、女徳ありし故に、かしづき給い、君のたすけとなれりける」として引用されているので、『列女伝』からの引用は、すでに益軒に始まっている（ただし挿絵はない）。「およそ女は、容よりも心のまさるるこそ、めでたかるべけれ」という、モラルの実例として示されているのである。

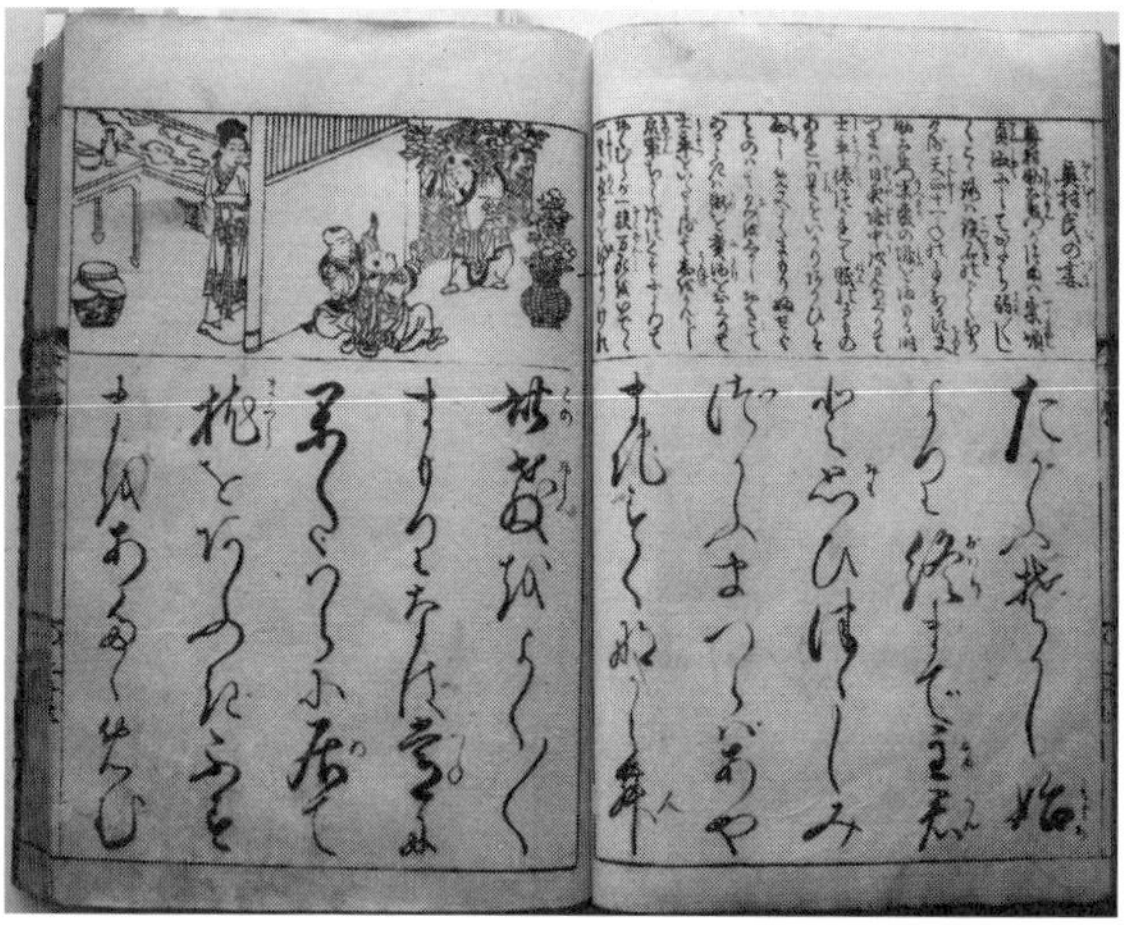

画像11　孟子と母（『女中庸瑪瑙箱』個人蔵）

この徳目は「女は容よりも心の勝れるを善とすべし」と『女大学宝箱』でも第二条におかれるが、そこに「無塩村の醜女鐘離春」は登場しない。ところが『女用智恵鑑宝織』には、「女のかたち悪く心ったなきハ世のすてもの也」として登場し、「かたち醜事世にならびなし、頭は臼のごとく、目は凹鼻昂喉ハ瓢に似て髪あらくちぢみ」と極端にデフォルメされて見える。いうなれば、作者と出版者のなすがままである。その意味で中国の列女たちは、ロールモデルとして適当に『女大学』に利用されているということができる。

『列女伝』でいえば、こんな証言がある。幕末の志士坂本竜馬（一八三六～六七）が姉乙女に宛て「私がいぜん（以前）もつていました、かくなじ（漢字）でかいた烈女伝を、あれをひらがなになほしてゐ

（絵）入にて、そのゑと申は、本の烈女伝のゑのとふりなり。誠におもしろし」（一八六六〔慶応元年〕九月か）と書いている（宮地二〇〇三）。「かくなじ」、つまり漢文で書かれた列女伝を、ある女（お龍と推定されている）の手でひらがな絵入りにして送るというのであるが、これは和刻本の『列女伝』（後述）であろう。和刻本で絵入りであっても全編、漢文となれば、女性の読者には難しいだろう。

それを考慮してであろうか『女大学』は、『列女伝』から自在に取材することで読者の下に、その情報を送り届けていたのである。そうすることで「古典中国」の女性たちは、『女大学』のなかで、江戸の女性たちのロールモデルを演じている。

むすびにかえて—『女大学』と『列女伝』—

以上、「一切万事、支那流より割り出して立論する」と福沢諭吉によって論断された『女大学』を、「お堅い」女訓書、「総じて退屈」な女訓書というよりは、若い女性たちの関心に応えた「面白い」作品、ひとつのヒット商品と見ることから検討を加え、随所に挿絵として入れられた女性像に注目することで、漢代の紀元前一世紀の女訓書『列女伝』に行き着くこととなった。それは、江戸の女性たちのロールモデルを、「古典日本」とならんで「古典中国」の女性たちが演じていたということを意味する。

中国の女訓書を、前漢の劉向の『列女伝』のような人物説話型A（明末の『女範捷録』もそのひとつ）と後漢の班昭（四〇？―一一五）の撰になる『女誡』を嚆矢とする徳目説教型B（その後、『女論語』『女孝教』『内訓』『女範』などが出る）に分け、『女大学』など日本の女訓書と比べたのが筧久美子の論考だが、同時に、後発の日本の女訓書が、中国の女訓書をいかに取り込んだかについても、つぎのように指摘している。

その（「女子を教ゆる法」）内容の基本は、ほとんど中国の古典や女訓書に学んでいるといってもよい。それは全一八章から成り、男は外、女は内という性別役割を前提として、親兄弟眷属とのかかわりの中で女がはみ出すことのないようにと説きつらねるもので、さきに中国の女訓書でみた内容が細大もらさずもりこまれていて、よくこれほど忠実に受け容れたものだと全く感心させられる。

この指摘はおもに徳目説教型Bの女訓書に基づいており、人物説話型Aについては「前期のそれは、人物説話型Aをとりいれたものが多く、叙述も難解で冗漫であった」とし、「よほど単純化したB型によらなければ普及はむずかしい」と述べる（筧一九八二）。つまり日本の女訓書は、人物説話型Aから徳目説教型Bに転じることで普及していったが、『女大学宝箱』は徳目説教型Bの代表というのである。

この転換は日本における『女大学』の成立という問題にも関わるが、それについては、仮名草子を起点とする道筋が、青山忠一『仮名草子女訓文芸の研究』や中野節子『考える女たち』によって解き明かされている（青山一九八二／中野一九八九）。しかしそれらは、筧と同様、女訓書の内容に即した経路の確認であって、ロールモデルとして登場する女性たちへの関心は低い。

ロールモデルとして見たとき、「古典日本」と「古典中国」の女性たちが、どういう経路を経て、『女大学』に取り込まれていくのかについては別の検討が必要となる。

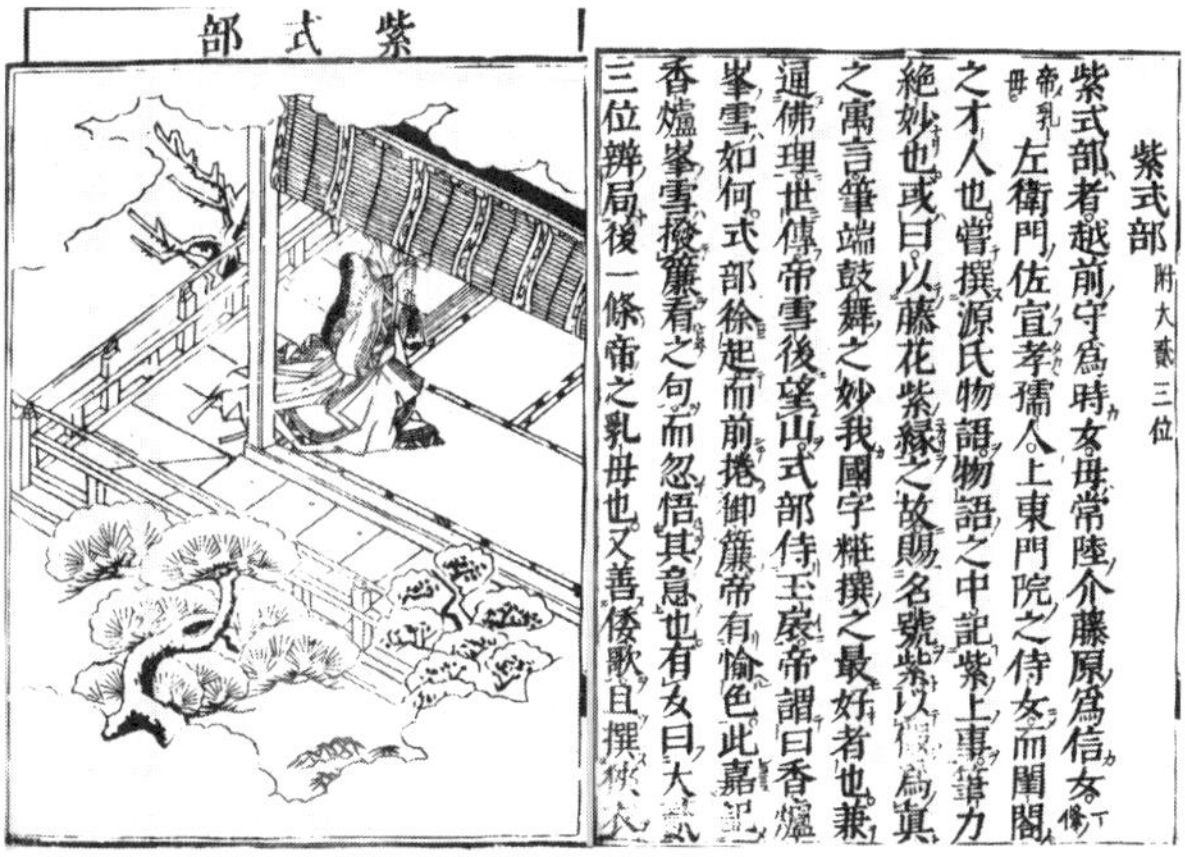

画像12 『本朝列女伝』の紫式部

「古典中国」のモデルは、小論でも触れたように『列女伝』との関係が基本として考えられる。それに対し「古典日本」のモデルたちは、どういう経路をへて『女大学』に取り入れられたのか。

これらの問いに回答を用意するに当たって、江戸前期に数種の列女伝が出版されている事実が参考となるだろう。まず一六五五年（明暦元）に北村季吟（一六二四〜一七〇五）作の『仮名列女伝』（劉向列女伝に倣い母儀伝以下七巻を和文訳し、それに続編を付け、挿絵がある）が出て、『列女伝』（古典中国）のカナによる読解への道を開いた。他方、一六六一年（寛文元）に浅井了意（一六一二？〜一六九一）の『本朝姫鑑』（賢明部以下六部の構成、漢字かな混じり草書体で挿絵あり）、さらに一六六八年（寛文七）には、黒澤弘忠編『本朝列女伝』が出ることで、「古典日本」の発掘が始まった。『本朝列女伝』は、巻一后妃伝から巻一〇神女伝まででのべ二一七人の古典日本の女性たちを挿絵入りで示す（ただし本文は漢文）。興味深いことに浅井了意は、朝鮮侵略戦争によってもたらされた「三綱行実図」を和訳するとともに、その内容を取って仮名草子の形で刊行している（志部一九九〇）。一七世紀の後半、日中韓の「列女伝」が、まるで競い合うかのように出されているのである。(11)

本格的な検討はこれからの課題だが、『本朝姫鑑』や『本朝列女伝』に載せられた紫式部や伊勢を見ていると、『女大学』へは一直線である（画像12本朝列女伝の紫式部）。ところが神功皇后（巻一賢明）や光明皇后（巻三仁智）などは、『女大学』から一切、除外されている。ここでも『列女伝』同様に対象は、取捨選択されているのである。

その意味で『女大学』は、ロールモデルとして見たとき、中国と日本双方の『列女伝』から情報を適宜、取り込みながらも、まったく別の作品として新規に構想されたものと言えるだろう。なぜなら仮名草子のひとつ『女五経』（一六八一＝延宝九年刊行）の序は、女性が『伊勢物語』『源氏物語』など、好色生活を描いた作品を読むことを誡めて「堪忍記、女四書、本朝女鑑」などとともに「ひらから列女伝ひらかな三綱行実など」を女の身持ちを記したものと奨めている（中村一九八二）が、『女大学』は、その禁書を堂々と絵入りで紹介する。まさに脱文脈化 De-contextualisation であり、再文脈化 Re-contextualisation である。

『女大学』とは、貝原益軒の名を語りはするが、実のところ出版者の発明した商品であって、それ以外ではない。

注

（1）その後、どのような展開が見られたかについて検討するべきだが、いまのわたしには、それに十分に回答するだけの用意がない。

（2）この認識転換は、平板な「男尊女卑」観に対抗して、日本近世を生きた女性像をひとつひとつ回復する作業をともなった。詳しくは 藪田「近世女性の再発見」『日本近世史の可能性』校倉書房、二〇〇五年を参照。

（3）ここでの福沢の引用は、石川松太郎編『女大学』東洋文庫、一九七七年による。

（4）「女大学」はその名がよく知られている割に、実際に、どのように読まれたのか、使われたのか、について得られる情報は多くない。その中で、西谷さくの母へいは、そのありがたさを手紙に書き（藪田「商家と女性」『身分のなかの女性』吉川弘文館、二〇一〇年）、また上田美寿は日記に、依頼を受けて、女大学を書いたと記している（『阿波国上田美寿日記』清文堂出版、二〇〇一年）。

（5）『江戸時代女性文庫』は全一〇〇巻、補遺一二巻からなる一大叢書で、大空社、一九九四～二〇〇〇年。『女大学資料集成』は全二〇巻に別巻一、大空社、二〇〇二～〇六年。

（6）李氏朝鮮には、『三綱行実図』『五倫行実図』などの女訓書があったが、それは王朝による官刻出版であった。漢文版と諺解版があり、諺解版にはハングルに挿絵が付けられている。志部昭平『諺解三綱行実図研究』、汲古書院、一九九〇年。

（7）山崎純一は「武士の家は、俸禄の世襲と家系の相続を一体化させていた。おなじく商人をはじめとする庶民の家も、基本的には職業の世襲と家系の相続を一体化させており、男性家長とその他の属員の関係・夫婦関係に主従の身分関係を貫徹させたのである。中国の宗法社会に生まれた夫家存続至上主義の中国女訓書は、ここではじめて日本女性の教訓書としての有効性を獲得したのであった」と述べる。『列女伝―歴史を変えた女たち』五月書房、一九九一年、三二七頁。

（8）読者としての女性、しかも少女期から成人にかけての女性という読者を想定するとき、女訓書が、本文とならんで絵で示されていることは重要である。中国の『列女伝』も、朝鮮の『三綱行実図』も人物図を添える。『女大学』は人物説話型ではないので、本文と人物図が逐一、対応していないが、図版の多さには驚かされる。このような女訓書の図版を活用した仕事として、『江戸時代女性生活絵図大事典』一～九、大空社、一九九三～九四年がある。

（9）この背景に、日本近世社会における政治思想としての儒教の普及がある。深谷克己はそれを「儒教核政治思想」と捉え、日・中・韓の近世化の共通性の一指標とする。

（10）『列女伝』については中島みどり訳注の東洋文庫版一～三、二〇〇一を参考にした。解説のなかで中島は、「彼女たちにそれを与えた大人、家長、男たちは、それを礼教の教訓書として妻女に与えたが、彼女らの方は、しばしばそれを面白い歴史物語、あるいは女英雄の活躍する痛快な冒険物語として読んだ」と興味深い指摘をしている（第三巻三一〇頁）。ほかに山崎純一『列女伝―歴史を変えた女たち』五月書房、一九九一年参照。

（11）『仮名列女伝』『本朝姫鑑』『本朝列女伝』は、それぞれ『江戸時代女性文庫』五、六、十一、十二、八十四、八十五に影印で収める。十七世紀中葉から後期にかけてのこの現象は、あらためて検討するに値する課題である。

【参考文献】

青山忠一『仮名草子女訓文芸の研究』桜楓社、一九八二年。
石川松太郎編『女大学』東洋文庫、一九七七年。

江森一郎『江戸時代女性生活絵図大事典』一〜九、大空社、一九九三〜九四年。

筧久美子「中国の女訓と日本の女訓」（女性史総合研究会『日本女性史』第三巻）東京大学出版会、一九八二年。

小泉吉永「「女大学」の世界」（『女大学資料集成』別巻）大空社、二〇〇六年。

志部昭平『諺解三綱行実図研究』、汲古書院、一九九〇年。

棚橋久美子『阿波国上田美寿日記』清文堂出版、二〇〇一年。

中野節子『考える女たち』大空社、一九八九年。

中村幸彦「朝鮮説話集と仮名草子―『三綱行実図』を主に―」（『中村幸彦著述集』第五巻）中央公論社、一九八二年。

宮地佐一郎『龍馬の手紙』講談社学術文庫、二〇〇三年。

柳田國男『定本柳田國男集』第二十三巻、筑摩書房、一九六四年。

藪田　貫「近世女性の再発見」（『日本近世史の可能性』）校倉書房、二〇〇五年。

藪田　貫「商家と女性」（『身分のなかの女性』）吉川弘文館、二〇一〇年。

山崎純一『列女伝―歴史を変えた女たち』五月書房、一九九一年。

劉向・中島みどり訳注『列女伝』一〜三、東洋文庫、平凡社、二〇〇一年。

幕末維新期の武士

――武力と身分――

久留島浩・三野行徳

はじめに

秀吉政権は、応仁の乱以降全国的に広がった内乱的状況をひとまずは収束させることに成功した。しかし、その後、朝鮮侵略戦争が失敗に終わり、秀吉自身が死去すると、家康が関ヶ原の戦い・大坂の陣を制して少なくとも最終的に日本列島上での「平和」を実現する。これ以降島原の乱やシャクシャイン戦争など、全国政権に対する反乱という局地的な戦闘は起こったが、組織的・長期的な戦闘を伴う紛争解決は基本的にはなくなるのである。その意味では、この大坂夏の陣での勝利が「元和偃武」と言われ、朝鮮との国交修復に成功した家光政権や若年にもかかわらず将軍職を襲った家綱政権以降「徳川の平和」とでも評することができるような状況になる（高木一九八四、藤木一九八五）。なぜ、このように国内での戦闘が収束し、徳川政権という統一政権がその後二百年以上にわたって「平和」を維持できたのかについては、まだ十分に納得できるような説明ができているとは思えないが、水林彪はこの点を説明するために、社会の「平和」化には二つの道がありうると論理的に整理した。ひとつが、「軍隊内の平和秩序の原理が軍国主義秩序の確立を媒介に全社会へ拡大してゆく上からの道」で、今ひとつが「暴力を排したところでのみ存在しうる市場経済が次第に発展していって、やがて市場的平和の原理が全社会をおおうにいたる下からの道」だというのである（水林一九八七）。

これに対して、宮嶋博史は、それは日本しか見ていない議論であり、東アジアレベルで考えるならば、「中国や朝鮮の『近世化』とそこにおける『平和』の道」という「三つ目の道」がありえたのではないかと批判した。そして、この言わば「三つ目の道」は儒教的道徳の浸透による（武力を伴わない）ものであり、「朱子学の理念とあいいれない存在である武士によって、『近世化』が推進された」（＝徳川政権の「武威」による「平和」の実現）という「日本『近世』の負の遺産を自覚すること」が必要だと問いた。[1]

「正」の遺産か「負」の遺産かについての評価は今は措くとしても、宮嶋氏の「近世の武士」のとらえ方はこれでよいのだろうか。近世を通じて儒学が、漢学的知識や読解能力を身につける際の重要なテキストとして、それ以外の文化的訓練・教養、あるいは倫理面や信仰的には異なる要素と並存しつつ、日本社会に浸透していく（横田二〇〇五、辻本一九九〇）。また、周知のように寛政異学の禁や学問吟味の実施のなかで、武士が朱子学をとりあえず治者の基本的教養として言わば制度化すること（辻本一九九〇）、基本的にはその延長上で明治の儒学の新たな進展があると考えられることとどのように関連づけて理解すればよいのか。また、三〇〇年近く続く近世社会の武士の特質を、成立過程でとらえるのか、その変質も含め、解体過程でこそはっきりする特徴をとらえるのか、あるいは武士身分の周縁的存在をも含めて考えるとどうなるか、[2] などの大きな課題が残ったままであることを自覚せざるを得ない。近世の武士とは何かという古くて新しい議論をめぐっても、あるいは明治維新の中で武士が果たした役割ということをめぐっても、大きな課題が残されていることをあらためて実感した。[3]

小稿では、この大きな課題に正面から切り結ぶことはとうていできない。「比較」するという本書全体の課題にも答えるだけの準備はない。課題を少しでも紐解くべく、「近世の武士」身分について、一九世紀段階で、とくにその解体過程から検討したいと考える。その際、「武士論」「武士身分論」全般ではなく、宮嶋氏から投げかけられた「近世の武士」のありようと近代との関係から、近世・近代移行期において武士が果たした役割について考える素材を提供することにしようと思う。とは言え、これではあまりに茫漠としているので、さらに守備範囲を限定しよう。一八世紀半ば以降、とくに寛政期以降の動向を前提としつつ一九世紀半ば過ぎに焦点をあて、以下の二点について考えたい。

①「戦士」に起因した武士たちの精神態度というとらえ方から言うと、近世にもたしかに存在していた武士＝戦闘者としての生き方あるいはエートス（「明治武士道」とは異なる「武士道」（菅野二〇〇四））の問題について、幕末期の実際の担い手の問題について考えたい。映画の「ラストサムライ」が外国人であったという痛烈なジョークはともかく、百姓身分出身のあるいは周縁的身分の「侍」たちが発揮した実際の戦闘者としてのエートスをどのように考えたらよいのか。逆に言うと、本来的な武士身分の者たちは、こうした戦闘者にふさわしいエートスを保ち続けることができていたのか。そのうえで、幕末期に「再発見」される戦闘者としての「武士」とはどのような存在だったのか。小稿では、この新しい戦闘者たちについて、遠征する農兵隊・浪士隊からの転身の事例を検討するとともに、蝦夷地の開拓に「屯田兵」として従事しながら、いったん武士身分を剥奪され、「平民」とされた亘理伊達家の家臣たちの「士」族復籍運動の論理と実態について検討することで（渡辺一九七二）、国民徴兵制のなかで「新たな」武士的エートス（「明治武士道」）が生まれる際の（菅野二〇〇四）結節点としての存在にも焦点をあててみたい。

②同時に、近世後期、そのような戦闘者としての生活態度をとり続ける努力をした官僚武士たちも生まれる（「机上の武士道」だが文武両道の武士である）ことについて考えてみたい。そして、新しい武士の規範を「「三河武士」の発

見」という点から考えてみよう。

なお、小稿の骨子は、国立歴史民俗博物館の企画展示「武士とはなにか」（二〇一〇年九月二六日〜一一月二六日、展示代表者：高橋一樹）の展示を構築する過程で、以下のような展示プランを考案したときの論点及び展示や図録の解説をもとにしている（国立歴民俗博物館二〇一〇）。それは（1）寛政期の武士たちの状況として、「武士」の官僚への新しい道（学問吟味と芸術吟味）と文武両道とはどのような関係か、（2）一九世紀前半の状況として、化政期の関東農村の状況から農村の武力（武芸）の行方をどのように考えるか、（3）一九世紀後半の状況として、農兵・兵賦と「武士」の戦闘者化（志士の武士＝戦闘者化）はどのように進むか、そしてさらに一九世紀末の日本男子＝武士（さむらい）イメージはいかにして創出されるか、という問題群である。また、中世から近世、近代初期を見通し、かつ「武士とはなにか」というおおきなテーマを掲げたこの展示プロジェクトおよび共同研究（いずれも代表者は高橋一樹）全体の成果、就中近世部分の展示を分担した岩淵令治・工藤航平・佐藤宏之・高久智広らとの共同研究の成果の一部でもあることについてもあらかじめお断りしておきたい。

I　「周縁的武士」からの出世物語――川路聖謨の場合――

まず、二つめの課題（一六五頁②）について、川路聖謨を具体例として検討することから始めたい。この川路聖謨は、筆まめで多くの自筆の史料を書き残していることから、近世・近代史研究者によって注目されてきただけでなく、たとえば吉村昭によって「幕末に閃光のようにひときわ鋭い光彩を放って生きた人物」で「頭脳・判断力・人格ともに卓越した幕吏」だったと評価される（吉村一九九六）など、よく知られた人物である。その人物誌およびエピソードについては、聖謨の孫である川路寛堂が著した伝記（川路一九〇三）および、川田貞夫の精緻な人物評伝（川田一九九七）につきるが、近年、川路聖謨だけでなくその妻高子までも含めて取り上げた氏家幹人の一連の新たな紹介によって改めて注目されている（氏家二〇〇一、二〇〇九）。とくに氏家は、夫婦そろって「奇人」としてとりあげており、きわめて個性的な武家の夫婦であることはたしかだとしても、実は武士の周縁的身分から幕臣として出世していく事例としてはそれほど特異ではない。寛政期以降に進む新たな官僚登用策は、幕末期にかけて新しい幕府官僚たちを生み出すことになり、その典型が川路聖謨（一八〇一―一八六八）だったと言えよう。周縁的な武士身分を出自とし、中級御家人の養子となるが、学問・武芸の研鑽に努めて「筆算吟味」（勘定所の採用資格試験）に合格し、勘定所の下役に就くと、そこを皮切りに「出世」していく。将軍に目通りがかなう旗本身分となり、役職としては勘定奉行、外国奉行などを歴任した。以下、彼の「武士」としての生き方から、夫婦そろって守ろうとした幕末期の武士の家のありかたについて考えてみよう。

1　川路聖謨夫婦について

川路聖謨略歴

川路の略歴については、生家の内藤家は、武田浪人という由緒は持つが、武士身分とはいえなかった（表1参照）[4]。父歳由は、のちに息子たちの教育に当たるところを見るとある程度の学問を修得しており、豊後日田代官所の手代に採用された。そこで妻をめとり、後に川路聖謨・井上清直兄弟として知られるこどもたちを得るが、そこでの生活や身分に飽き足らなかったようで、江戸へ出て江戸城西の丸の「御徒」（御家人）に転身した。しかし、結局その職に止まることになり、立身の夢は息子たちに託して彼らの教育に専念するようになる。聖謨はのちに、好きな酒も飲まず子供の出世に期待して厳しくしつけた父やそれを献身的に支えた母への感謝の念を繰り返し述べ、旗本身分を獲得したときには、息子が旗本になることを切望した父のことを思い出して「生きていたらどのよ

1831	天保２	31	９月２日勘定組頭格に昇任。調役のまま身分的に昇格。役料は30人扶持になる。右筆部屋縁頬で老中たちが列座するところで申し渡される。
1833	天保４	33	12月16日右筆部屋縁頬、老中が列座するところで、「永々御目見以上」を命じられる。
1835	天保６	35	11月28日奥の間で老中列座のなか、老中大久保加賀守忠真（ただざね）から、勘定吟味役に命じられる。その後、御座の間で家斉に「御目見」し、「尚入念候様」という上意を伝えられる。 ※勘定吟味役は、勘定所の重職、定員４名。役高500石と役料300俵が支給。登城のときに駕籠の使用が許可。江戸城内の中ノ間詰めとなる。 12月16日「布衣」に昇進。
1838	天保９	38	西丸普請御用
1839	天保10	39	一分銀・通用銀吹立て御用
1840	天保11	40	佐渡奉行【絵有り】
1841	天保12	41	小普請奉行【絵有り】 諸大夫となる＝従五位下・左衛門尉
1843	天保14	43	普請奉行【絵有り】
1846	弘化３	46	奈良奉行【絵有り】
1851	嘉永４	51	大坂町奉行【絵有り】
1852	嘉永５	52	勘定奉行
1853	嘉永６	53	海防掛、ロシア使節プチャーチンとの交渉を長崎で行うなど、対外関係に関わる。
1854	安政１	54	日露和親条約に調印。下田取締掛、蕃書翻訳御用掛、禁裏御造営掛を歴任。洋学所設立を建言、講武所創設にも関わる。
1856	安政３	56	蕃所調所立会、外国貿易取調掛、勘定奉行勝手方首座。米国総領事（ハリス）上府御用掛ののち日米通称条約の勅許を得るために周旋。
1859	安政６	59	隠居・差控。遺書の執筆開始
1862	文久２	62	５月外国奉行となり、10月辞職。
1864	元治１	64	中風の発作、
1868	明治１	68	３月15日自殺
			※実弟井上清直は、下田奉行などを経て、1862年に江戸町奉行、1864年に勘定奉行、慶応３年死去。

川田貞夫『川路聖謨』等を参照して作成
【絵有り】は、「川路聖謨一代明細書」に描かれている出来事。詳細は『武士とはなにか』参照のこと。

うに喜んだか」と記している。一人遺された母には、氏家に「マザコン」だと言われる点ではあるが（氏家二〇〇二）、任地から毎日手紙を書いてその無聊を慰めようとしており、いわば、武士の周縁的存在から出ることのできなかった父母の思いに報いることを何よりとした。養子先の川路家は、六代続いた譜代の家臣（譜代席）ではあったが、将軍に「お目見え」のできない九〇俵三人扶持の中級御家人で、養父川路三左衛門は、特別な勤務のない小普請組からほとんど出ることなく（したがって「出世」することなく）、園芸や釣りなど趣味の世界に生きた。そしてさっさと聖謨に家督を譲ると悠々自適な生活を楽しんだ。聖謨は、言わば武士とも言えないぎりぎりの周縁的身分を出自とし、中級御家人の家督を継ぐと小普請組からスタートせざるをえなかった。それゆえにこそ、学問や武芸に励み、「登城前」という、小普請組の上司やこ

表1　川路聖謨略年譜

西暦	和歴	年齢	事項
1801	享和1	1	4月25日、豊後国日田代官所（大分県日田市）宿舎（手代たちの長屋のはず）で、代官所手代である内藤吉兵衛歳由の次男弥吉として誕生 ※内藤家は、甲州の武田浪人。歳由は、医者を志し、江戸などで修行するが、日田代官所に職を得る。日田は三隈川などの河川が合流する地点で、交通の要地。金・銀・木材などの資源の集積地として、長崎・博多や大坂とも深く関わる。大名や代官の蔵元・掛屋などを勤める豊かな商人が集まり、近世においては九州経済の中心地の一つ。江戸幕府は、ここに代官所を設置して代官を派遣し、のちには西国郡代に昇格させた。
1803	享和3	3	歳由は江戸での幕府への出仕を志し、出府。翌年には、残りの家族も出府し、下谷、のち牛込中里町に住む。おそらく歳由は就職活動。
1806	文化3	6	歳由は、江戸城西丸の御徒（下級の御家人だが、欠員があると広く志願者を募ったという。）に召し抱えられる。牛込北御徒町の徒組屋敷へ転居。 ※7歳ごろ、弥吉は手習いに通い始める。9歳からは父親の歳由から四書の素読を習う。文化9年からは友野霞舟（かしゅう）の門に入る。霞舟は当時18歳なるも、のちに甲府徽典館学頭・学問所教授を歴任する、とくに詩文に優れた儒者。ここで、「大学」から学び直す。
1813	文化9	13	小普請組に属する御家人川路三左衛門光房の養子となる。養子縁組の願書は、文化9年4月に幕府に提出し、8月27日に許可された。 ※川路家は、90俵3人扶持という小禄の御家人だが、譜代の御家人。こののちも、内藤家に同居し、学問を続ける。このころから、「武術稽古」にも通い始める【絵あり】。
1814	文化10	14	3月26日家督相続。小普請組に入る（ここからしか出発できない）。就職活動が必要。「登城前」＝「逢（相）対」を始める【絵あり】。 ※定められた日（逢対日）上司の小普請組支配組頭かさらに上司の小普請組支配の屋敷に押しかける。二人の勘定奉行（服部伊賀守貞勝、柳生主膳正久通）、勘定吟味役など勘定所系の居宅にも押しかけた。「未明より出て、暮に帰るごとく奔走」「昼のうちに宅のさまをみるは、まれなり」「御役望に付、熱中奔走（中略）先ずは早くて五、六年は有るなり」
1815	文化11	15	弟松吉も、幕府持弓組与力の井上新右衛門家に養子に入る（のちに外国奉行などを歴任する井上清直）。
1817	文化14	17	「学問吟味」試験を受けるも不合格、勘定所の登用試験「筆算吟味」は合格。
1818	文政1	18	3月4日支配勘定出役を拝命（躑躅の間において、老中青山下野守忠裕（ただやす）から申し渡される）。 ※支配勘定出役は勘定所の下役。小普請組に属しながら、勘定所へ臨時に出仕する（「出役」）のではあるが、手当として五人扶持が支給。【出勤の絵有り】
			3月8日評定所書物方当分出役を拝命、手当五両を給されることになる。※書物方＝筆生を当分勤める＝見習い的、司法関係の書類を扱う
1821	文政4	21	6月9日躑躅の間において、老中阿部備中守正精（まさきよ）から支配勘定に任じられる。さらに、同日、老中土井大炊頭から評定所留役助（とめやくすけ＝書留役の助）に命じられ、御用扶持十人扶持を給せられる。 ※ここで、小普請組から離れる。（書）留役とは、評定所で民事・刑事の審判を書記する役だが、次第に予審を担当するようになる。実務官僚。※文政5年9月実父病死
1823	文政6	23	1月19日評定所において勘定奉行村垣淡路守（定行）から老中阿部正精の書付をもって、勘定・評定所留役に命ずる旨を伝えられる。 ※勘定所の役職である勘定という身分で、評定所へ出仕して留役本役を勤める。「お目見え」以上の資格を獲得したことになる。【出勤の絵あり】 1月21日寺社奉行吟味物調役当分助に出仕（10ヶ月）。 10月11日本務の評定所留役に戻る。
1824	文政7	24	12月11日近江国へ検地のために出張を命じられる。 ※文化13（1816）年4月に近江国蒲生郡内の丹後国宮津藩領庄村と近江国彦根藩領高木村との間で境争論が勃発する。京都町奉行所で審理して9年後にようやく裁許案を作成したが、老中松平右京太夫輝延は評定所での再審議を命じた。それを受けて、川路聖謨と鈴木栄助に出張が命じられた。【8人の随行員がつけられ、一行30人で出発するところの絵あり】
1827	文政10	27	7月18日寺社奉行吟味物調役当分助を命じられ、12月16日に寺社奉行吟味調役本役に命じられる。

れはと思う役職の家に顔を覚えてもらうために日参するという厳しい就職活動をし、一八一七年（文化一四）には、勘定所の「筆算吟味」に合格する。そして、翌年（文政元）、一八歳で支配勘定出役に採用されると、それを足がかりにして、一八二一年（文政四）には、小普請組からの「出役」（派遣）でない勘定所の専任職員である支配勘定となる。[5]このの ちは、能力と努力とによって昇進し、一八二三年（文政六）には将軍家斉への「お目見え」を許され、旗本同様の中核的な武士身分を獲得する。このの ち、評定所留役（書留役）などを歴任するなど、法務官僚として活躍したのち、一八三五年（天保六）には勘定奉行に次ぐ重職である勘定吟味役となり、火災で焼失した西の丸御殿の再建で評価を高めると、一八四〇年（天保一一）に佐渡奉行、四一年（同一二）に小普請奉行、四二年（同一三）に普請奉行と出世する。

新たな職につくときに「川路聖謨先祖書」を作成しているようで、一八四六年（弘化三）三月一日のもの（宮内庁書陵部所蔵）によれば、川路家については、「嵯峨源氏」だと書いている。しかし、家光の代に徒士として仕えた並秋を初代、自身を七代目とするなど、ともすると「武士の家」につきものである、根拠の無い由緒は排除している。この点では、自身の能力で「出世」した近世最末期の「武士」としての自意識を読み取ることができる。

出世の様子を絵つき資料で表現させる　そのかわり、聖謨は、自身の「出世」の記録化については強いこだわりを見せており、「川路聖謨一代明細書（天保年間か）」（宮内庁書陵部所蔵）という一種の出世物語を作らせている。川路家の養子となって毎朝剣道の稽古に出かけるところ、「登城前」に出かけるところ、さらに一八一八年（文政元）三月八日、評定所書物方当分出役に命じられ、中間一人を連れて出勤するところから、佐渡奉行として任地へ赴くところ、奈良奉行に任じられ夫婦で奈良へ向かうところ、春日神社の祭礼に奉行として供奉するところなどまで、原田移石に巧みな挿絵を描かせている。川路家の養子となって小普請組に属し、役職につけない状態から、役職を得て出仕し、出世を重ねていく過程が絵入りで示されていることが興味深く、「出世」を象徴するのは、職場あるいは任地に出かけるときの正式な供連れの内容・人数である。行列の規模で幕臣として出世していく様子が表現されていることになる。ここでは、紙幅の関係で図を示すことはできないが、朝剣道の稽古に向かうところ、裃を来て「登城前」に出かけるところはいずれも単身で、その後「出役」という言わば臨時職員となり、一人であっても供（中間）を連れて出仕するところとは対照的である（国立歴史民俗博物館二〇一〇）。さらに遠国奉行である佐渡奉行として佐渡へ赴くときの行列と比較すると、最初に単身で出仕したときの様子とくらべて、多くの供連れから栄達の様子がよくわかる。同時に、それを得意げに描かせている川路聖謨の様子も想像でき、幕末に言わば自身の実力で出世した聖謨が、武士（旗本）としての出世は、儀式の時の服装や座席だけでなく、行列（供連れ）の規模や構成あるいは自身が受けるもてなし（「馳走」）のあり方によって表現できると考えていたこともわかる。彼自身は、佐渡奉行あるいは勘定奉行として出張するときに旅宿などで手厚い「馳走」を受けると、幕府によって取り立てられた結果であり、その恩を忘れないと繰り返し述べている（「佐渡日記　島根のすさみ」「長崎日記」）。

2　川路聖謨の遺書にみる「理想的武士像」

一八五八年（安政五）九月、聖謨は井伊直弼によって勘定奉行から西の丸留守居へ左遷された。さらに翌八月には隠居を命じられ、川路家は孫の太郎が継ぐことになる。こののち、聖謨は、ほぼ一〇年かけて、若くして病死した長男彰常の子どもたち（太郎と弟敬次郎）に「旗本」としての心得を説き、それを「川路聖謨遺書」（安政五年（一八五八）九月―慶応四年（一八六八）三月、宮内庁書陵部所蔵）としてまとめている。この「遺書」を中心に聖謨の言わば理想の武士像について考えてみたい（以下、「遺書」からの引用は註を省く）。

①まず、彼は、五百石、書院番・小姓組番という両組筋の家格を持つ中核的旗本となったことを誇る（「武士の勤方を考候に御番衆は御旗本の歴々也」）。一八二三年（文政六）正月一九日、勘定の身分で評定所留役をも務める役職につき、

「お目見え」の資格も獲得すると、川路家は「御取立の家にても既に五百石を下され候上は相並に歴々之突合のなる家をは成し下された」ことを強調し、「三河已来戦国血戦討死の家と同じ格に成し下さるるとは有り難きのかぎり也」とする。こうして、自分の家は、譜代の三河武士（「三河士御旗本」）と同じだという自意識を強めることになる。

②武士とは何かという点では、戦場では主君の「馬廻り」の役を務め、手短かに言えば「人殺し奉公」で主君のために「死ぬ役」が旗本＝武士だとする。「畢竟武士は其事に死すると申す大役」があるとともに、奈良奉行を務めたときに江戸の実母に毎日書き送った日記的手紙をあとからまとめた「寧府記事」（宮内庁書陵部所蔵）でも同様のことが述べられている。一八四六年（弘化三）一一月二七日に、奈良奉行として悪党たちを処刑したとき、その潔い死に方に感銘を受けて、「武士にて銘々御役は余事にて、元来の職は人殺し奉公というものなれば」と述懐するのである（氏家二〇〇二）。「余事」の役職を歴任し、出勤の行列の様子を誇らしげに絵に描かせていたこととは矛盾するが、もっとも武士らしい存在＝「御旗本」であるためには、「朝夕に武事の心懸つゆの間も怠らず、国初三河士御譜代衆の事業をよく撰びて手本と」すべきだという。緊張感を持って勤務する戦闘者としての武士のありかたを理想とするわけである。「遺書」では「富国強兵」について説くが、そこで言う「富国」は、倹約をして年貢を「非道に」取らず、民を仁愛の精神で「養育し（将軍など為政者に対して）不義理にならぬ様にする」ことで、自身のような「御役人」が「昼夜身をくるしめ武事を勤め、且御用立べき富国強兵を主として致知格物の学問をすること」が肝要だとする。そして、自分自身にとっての毎日の「富国強兵」とは、「三河士のことを平日の御奉公に用」いることだと強調するのである。

③この「御旗本」＝三河武士という理想に近づくためには、「譜代衆」であり「忠義豪烈」なる三河武士の事績を学び、鎗・剣・馬・鉄砲・水練などの「武士の芸」（武芸）を鍛錬すること、質素倹約をしつつ武器を整えること（「美食を致さず美服を着さず、武具を整え武事をつとめ」ること）が不可欠であるとする。また、ここでは、弓が落ちている

が、強い弓を引くことは重視している。そして、実際に、どんなときでも、どこでも毎朝刀を振り、鎗をしごくなど鍛錬を欠かさなかったようである。同時に、「学文」の面では、彼自身が、それがたとえ父母への親孝行であったにせよ、「御奉公をなして大切に御政務に預かる」というかたちでの立身出世を心がけるうえで、「東照宮已来御用いになっている朱子学を学ぶことは重要で、忠義について正しく知るためには「致知格物を心がけ昼夜怠らず書物をみる」必要があるとしている。聖謨自身は「筆算吟味」を経て採用されたのであり、学問吟味を経たわけではないが、自身が朱子学を学んでいることは疑いなく、孫たちにも、奈良奉行のときには奉行所関係者や町人の子弟にも、四書五経などを基礎的な学問として学ぶように求めている。その意味では、とりあえずは彼の武士像は「儒学的な士道」であるということもできる。

④しかし、為政者として必要な知識教養として、あるいは身の処し方の基本（「身に行う」）としての朱子学を受容していたとしても、「文義章句の論のみを学問と存じ談話に陥る」ことを戒め、朱子学を「御代替の節々　御前にて御直に御沙汰有る武家諸法度の注脚とおもひて其御文言を出ることのなき様にすべし」としている。このように、むしろ武家諸法度に「文武忠義其外倹約等の事まで」がくわしく載っているので、これを「精密に心得候て活用する」ことが重要だと強調していることに注意しておく必要がある。「富国強兵」が重要であることを強調するところでも、「武士の学文」は「武の用」をなさなければ「むだ」だとして、「刀鎗等単騎の用」は「其身の調練」とする一方、「われは武を主といたし候身は武士、公方様は武将にてわれらが奉ずるところの大切なる御憲法は武家諸法度」であると繰り返す。兵学・軍学は学んではいるが冷ややかである。のちに蕃所調所を設置するときに入学資格を「経書弁書又は講釈等出来候もの」に限定する意見を出しているように、あくまでも漢学の素養を重視していることはたしかだが、一方で彼自身は、必要だと考える蘭学・洋学をも学ぼうとしている。とくに調役時代には、蝦夷地の密貿易事件を担当し、キリシタン問題を処理した経験があり、外国関係の文献を読みあさったほか、蕃社にも参加している。

同時に、「日本の古書類必読候て尊捧すべし」と言って、「日本書記（ママ）古事記伝等日本のこと記したる書を読む」ことの意義も認めている。孫たちに、伊勢物語や源氏物語などの「物語」は決して読むなとし、詩歌などに耽ることも戒めており、「からふみ」（漢文）を訳もなく毛嫌いする「国学」者の「偏頗」さにも批判的であるが、彼自身は、本居宣長が比定する神武天皇陵を批判して『神武御陵考』を著しており、こうした日本の古代史への強い興味を有していることはたしかである。「日本の風俗慶長已来の御政務の様子漢土歴代の事をも打合考候て家をも身をも修め候て御忠節をつくすべきためなれば、よくそれに目をつけていたすべき」だとも言いながら、「日本は天つかみの仰せのごとく日継の御子万世しろしめす御国故に堯舜生れ玉ふとも他人え天下を譲ることならず、君を諫て其国を去ことはいたしがたく」父子よりも君臣の義の方が重く、「漢土のことを一概によしとして専に手本とはなしかたき也」とする。その意味では、朱子学をベースに漢学を学びながら、日本の歴史や民俗への興味を強く持ち、朱子学の普遍的な側面を必ずしも重視しない受容の仕方をしているように思われる。むしろ、外国との交渉を行い、国際情勢を知るなかで、逆に日本の歴史を学んでそのアイデンティティを確認したいという思いを読み取ることができそうである。

⑤遺書では、このほかに、知行所、家事、妻のめとり方、あるいは自身の出世の様子など内容は多岐に及んでいるが、将軍家へ忠節を尽くす「御奉公」を「職分」として自覚するのが「武士道」だとするところに眼目があり、父から「お目見え以上にする」「士の道をしらす」として育てられ、自身も努力して「旗本」となり「政務」に携わる官僚として出世したことについても滔々と語るのである。先にも述べたように、理想化された「三河武士」への懐古の念が強く、儒学的な士道のエートスはむしろ、「発見された三河武士の歴史（生き方）」に基づいているのではないか。そして、にもかかわらず、一度も実際の戦闘の場面には遭遇せず、その鍛え抜かれた武芸を実戦で用いたことはなかったのである。

3　夫婦で共演した「武士」の死の荘厳化

まず、高子（左登子）について紹介する。聖謨は四人の妻をめとったが、その最後の妻高子と添い遂げた。高子は、一八〇四年（文化元）、幕府大工頭大越喬久の子として生まれ、一五歳で鳥取池田家の江戸藩邸に奉公にあがり正室丞姫（かずひめ）に仕えた。ついで広島浅野家で将軍家から嫁した末姫（貴子）に仕えるなど、奥女中としての教養と経験とを有していた。和歌を読み擬古文を自由に書くなど、武家女性としての高い教養を身につけ、聖謨同様に筆まめであった高子も日記や随想・歌集を残している（氏家二〇〇一）。

一八六七年（慶応三）三月一五日、聖謨は、江戸城が官軍の手に渡る予定日の翌朝、「古へ武士の式例」どおりに切腹したのち、拳銃で自殺した。孫の川路太郎によれば「其（官軍の江戸城入城予定日＝三月一四日）翌十五日、午前、用事にことよせ、妻をして、己れの側を去らしめしが、暫くして聖謨の臥房の方にあたり、銃声あるをきき、妻は驚て馳せ戻りしに、聖謨は拳銃もて、己れの喉部を射撃し、既に絶命してをれり。由て家族は、近親を集め、其遺骸を検せしに、腹部は短刀もて、浅くこれを横断してあれり。是れ全く、古へ武士の式礼に準じて、行ひたるまでにて、其死を確かに遂げむがため、銃丸宇を放射せしことと察せらる。且夫れ当時は、猶ほ半身不随なりしゆえ、斯る自裁も、単に右手のみもて、行ひしこととしるなり。」（川路一九〇三）。ここからは、一度も実際の戦闘を経験していないが、武芸に秀でた一人の武士の死に様を知ることができる。脳卒中で右手が不自由であるにも関わらず、武士の作法通り切腹しようとしたのであり、確実に死ぬために拳銃を用いたのであった。

高子は、聖謨が言わば徳川将軍家に対して武士の作法通りに「殉死」したことを確認したあとで葬儀を行う。このとき、遺体とともに大紋・烏帽子・太刀を納棺し、五位以上の武士の礼服である大紋と烏帽子とを合わせて納め、あわただしく執り行わざるをえなかった葬儀であっても、格式ある旗本の家の葬儀であることを示そうとしている。初七日には落髪して「松操」と号し、同二二日に次男種倫の養子先旗本原田家の知行所、上総国山辺郡平沢村に向けて江戸を出発、二ヶ月余り同村名主宅に寄留せざるをえなかったが、六月七日に番町の屋敷に戻っている。この屋敷を辞去したときには、官軍による屋敷の接収を想定し、官軍に渡さぬようにすべての武器を撤去したうえで、わざわざ床の間に武家諸法度の掛け軸をかけていることに注目したい。(6) 聖謨が、「遺書」のなかで繰り返し、武家諸法度を旗本という「武士」の果たすべき「武士道」の基本であるとしていたことを想起すると、葬儀のときの納棺のしかたと合わせて、聖謨が遺書で示した彼なりの「武士道」(聖謨の旗本＝三河武士としての生き方)を荘厳化しようという高子の強い決意をみることができる。こののち、高子は、旗本川路家を、イギリス留学中の当主太郎の帰国まで守ろうと努力するが、夫婦合作で、旗本＝三河武士という理想の武士の家や武士道を護ろうとしている様子をうかがうことができる。

Ⅱ　新しい戦闘者(「戦士」)　新たな「武士」への道

次に、小稿の一つめの課題である、幕末期に生まれた新しい戦闘者(新たな武力の担い手たち)たちについて、(1)よく知られた「新選組」およびその発祥の地である武蔵国多摩郡の二つの農兵隊、(2)丹後の山村で結成され、東北戦争にまで参加した山国隊、を事例に検討する。結果的には「徒花」だったと言わざるをえないかもしれないが、彼らが下から新たな「武士」の道を切り開いたという点にあらためて注目してみたい。そのうえで、(3)幕末維新の過程で、武士→士族ではなく、一度は平民にされた亘理伊達家の家中について、彼らの士族復籍運動について検討する。

1　新選組と日野宿農兵隊・「門人」隊、小野路農兵隊

新選組隊士の身分と武士意識をめぐって

新選組局長近藤勇は、武蔵国多摩郡上石原村の百姓宮川源次郎の三男であり、一八三八年（天保九）の上石原村宗門人別帳の「高七石壱升余弐合　百姓　源次郎」の記事の末尾に「勝五郎　年五歳」と記されているのが確認できる。(7) 副長土方歳三は隣村石田村の百姓で、石田村の宗門人別帳にその名前が確認できる。(8) 宮川勝五郎は、嘉永二年に一旦小山村嶋崎家を経由して天然理心流宗家近藤家の養子となる。養子縁組にさいしては、江戸甲良屋敷地面内の近藤周助が、山田屋権兵衛と上布田宿孫兵衛を世話人に、石原村の源次郎と代孫五郎に、倅を養子に貰い受けたいとする一札が交わされているが、近藤周助のみ苗字を記しており、近藤家は名字帯刀を公認される正式な浪人家を相続していたと考えられる。(9) 土方の場合、どこで武士身分となったのかは判然としない。通常、個人が他の身分から武士身分へと移動する場合、養子となって武士の「家」を継承するという形を取るが、少なくとも近藤は言わばその手続きを踏んで武士身分になっている。

一方、幕府が浪士を取り立てて将軍警固に充てる、いわゆる浪士組募集に際しては、募集の要件は「有志之輩御集メ相成一方之御固」「尽忠報国之厚輩」ということのみであり、具体的な身分の処置は示されない（三野二〇〇九）。「有志之輩」とは国事（ここでは攘夷決行が課題）・軍事に自覚的に参加する者たちで、集まれば（おそらく酒を飲みつつ）「国事」について熱く語り合う（平川二〇一〇）ような者たちだったのではないか。そして、農村においては村役人あるいは村落上層農民でありながら、武術（剣術）を修行して「腕に覚え」があり、(10) 基礎的な儒学の文献を学んで漢詩・漢文を諳んじる（あるいは自ら悲憤慷慨の思いを漢詩にするか、国学への興味を深めて思いを和歌で表現するか）、いずれにせよ、文武をともに習得し、実際の戦闘に参加した経験があればさらに評価されるような存在だったのではないか。「有志」たちは、その中で武士としての自意識を強く持つようになっており、少なくともこれ以後、浪士組隊士に関する史料には常に苗字が記されていることはこのことを反映しているのではないか。一方幕府の側では、こ

の浪士取り立て計画は、こうした「有志」「尽忠報国之輩」という規準を設定することで、事実上出身の身分を問うことなく、一時的にせよ二〇〇人以上の新しい戦闘者＝武士を集めることができたという点で、新たな武士の創出だということができる。事実、平川新の研究によれば、新選組と新徴組の母体となった浪士組に参加したもののうち、武士身分出身者は三五％に過ぎず、百姓出身者が五五％を占めており（平川二〇〇六）、これら大量の百姓が、「有志」という規準によって、一時的にせよ武士身分を得るのである。

幕府のねらいは、治安悪化の要因にも成りかねない浪士たちをひとまとめにして取り立て、将軍警護・海防に充当すれば一石二鳥となるというもので、旗本松平忠敏が松平春嶽らに働きかけて実現にこぎ着ける。そして、のちに新選組が京都市中を警衛する有力な軍事力として機能したこと、清川八郎暗殺後の浪士組江戸帰還派が、新徴組として江戸市中警衛の一翼を担ったことなど、武士身分以外の者を新たな戦闘者＝武士として取り立て、新たな軍事力として編成することに成功したのである（三野二〇〇九）。

一方、この計画を松平忠敏に持ちかけた清川や、この計画に応募した諸身分からなる（近藤や土方を含む）浪士たちは、この計画が文久幕政改革の方針を継承した武士以外の諸身分の政治参加を実現し、諸階層の意見を取り入れる「言路洞開」という政策そのものであり、浪士たちの国政参加（軍事―攘夷戦争への従軍を含む）を可能とするものだと認識していた。清川は上洛直後に朝廷に対し即時攘夷決行を周旋し、江戸帰還後は横浜での攘夷実現へ向け準備を進め、清川の動きに反発して離脱し京都残留を決めた近藤たちも、すぐさま京都守護職・老中板倉勝静に周旋をしている。その内容は、将軍が朝廷に攘夷を約束して決行することであり、将軍がそういう覚悟であるならば、京都滞在中は警護し、江戸帰還後は攘夷の先兵となることを切望するというものであった（「志大略相認書」）。その後近藤らは、まとまった軍事力を持つ藩が少ない京都において一〇〇名を越す大軍事集団となり、この軍事力と会津藩（一会桑勢力）の信任を背景に、一会桑権力側の有力な周旋方となって攘夷の実現を目指す（宮地二〇〇四、三野二〇〇九）。

このように、浪士組から新選組・新徴組へ至る過程は、「尽忠報国」・「国事奔走」を実行する「有志」という規準を満たすことでその参加者の多くが武士身分を獲得するというものだった。「武士の家に生まれたり、武士の家に養子に行ったから武士である」というのではなく、「国事・軍事について自らの意見を持ち、果たさなければならない武士の役を果たすから武士たり得るのだ」という自負を獲得していくのである。実際に新選組隊士の構成員は、浪士組と異なり約七割が武士身分出身者で占められるようになっている（平川二〇〇六）。実際には、本来の出身はまちまちであったにせよ、新選組が浪士組とは違い、はっきり「武士」の戦闘集団だと認識されていたことを反映するものであり、出自が正確にはわからない諸階層の出身者からなる新しい武士身分が創出される過程と考えることができる。近藤自身、「草莽中ヨリ報国之大義ヲ唱江」「草莽布衣之臣」など、あくまで「草莽」のなかから国事奔走をしていることを自認しており、武術を身につけ国事（や軍事）に奔走するものが武士であるという意味において、この集団は従来の武士たちとは異なる自意識を獲得したのである。この点では、それまでの身分制に対するとらえ返しだと言うことも可能であり、新しい武士身分（存在）が形成されたことを、他の身分からの新しい武士の分離と言う意味で、これを「第二の士農分離」だと評価したい（塚本二〇〇四）。

そして、このような新しい武士であるという自意識は、箱館戦争まで参加した新選組隊士中島登が一八七〇年（明治三）に著した「戦友姿絵」（市立函館博物館蔵）で象徴的に示されている。中島登は武蔵国多摩郡寺方村の百姓であり、千人同心株を持つ在村同心でもあった。中島は長男であるため、近藤から新選組入隊を許されず、関東で諜報活動に従事していたと言われ、正式な入隊が確認されるのは一八六七年（慶応三）である。その後中島は鳥羽伏見・甲斐・北関東と戊辰戦争を転戦し、箱館戦争において維新政府軍に捕らえられ、一八七〇年に釈放される。拘禁中の中島が、戦死した（と中島が考えていた者。実際には生存者もいた）戦友を「僅ニ寸志ヲ吊ント欲シ死友ノ肖像ヲ画」いたのが「戦友姿絵」である。「戦友姿絵」は、一人一人の肖像画に略歴と討ち死にの様子を記した文章が添えられている。肖像画の描き方や構図は、彼が目にしたと考えられる近世後期の武者絵、なかでも赤穂の四十七士を描いたものに影響を受けているようである（国立歴史民俗博物館二〇一〇）。「戦友姿絵」の中での近藤は幔幕の中で首実検をしている様子が描かれ、そのほか多くの者が剣を振るって戦っている姿が描かれる。また山口次郎（斉藤一）のように、討ち取った首を二つ片手につかみ、さらに足下の敵の首を討ち取ろうとしている姿を描くなど、刀を振るって最終的には敵の首を取ることが武士を象徴するような場面だとして描かれている。また、近藤や土方が裃に二本差し、斉藤ら新選組幹部隊士が単に二本差しで描かれ、本来唯一馬上の身分であった肥前唐津藩主弟の小笠原胖之助（三好胖）が馬とセットで描かれる一方、津田丑五郎ら歩兵銃卒の隊士は洋装に銃を持った軽装で描かれ、佩刀していない隊士までいるなど、「戦友」たちの姿の中にも、武士の中の身分の差を見て取ることができる（国立歴史民俗博物館二〇一〇）。従来の武士は、乗馬できるかどうかや鎧などを含めた衣装の違い、あるいは供連れの人数・装備などの外形的な表象によって戦場で一目で識別できるようになっていたが、「戦友」として「新しい武士」たちを描くときに、武士社会の「伝統」は継承すべきだという中島登の意識が反映されていることになる。戦死した必ずしも武士身分出身ではない「戦友」の絵姿を記録で残すときに、旧来の武士社会の「伝統」を前提として、誰が見ても武士であることがわかるように描くことで鎮魂しようとしたのである。そして、そこで武士として描かれた「戦友」の略歴を見ると、「新しい武士」たちであったことがはっきりするのである。

日野宿農兵と小野路農兵　近年の多摩地域における史料の「発見」により、近藤や土方と出身を同じくする多摩地域の豪農達が、新選組の後援者として後方支援をする一方、近藤からの書簡を通じて政治課題や国家課題を共有していたことが指摘されている（鶴巻二〇〇〇）。地域に残り、地域の経営に責任を持つ彼らは、開港にともなって社会情勢が混乱し、浪士の横行や大規模一揆の勃発などによって治安が悪化するなかで、自らの力で自らの生きる地域を防衛するために農兵を結成するのである。

近藤勇と義兄弟の契りを結び、土方とも縁戚関係にある日野宿名主・日野宿組合村寄場惣代佐藤彦五郎は、大火に乗じて親族を殺害された経験を持っており、剣術を身につける重要性を痛感して天然理心流に入門したという[11]。天然理心流は多摩東部地域の農村に広まり、近藤や沖田らが廻村して百姓に剣術指導したり、近藤勇が天然理心流の宗家を相続して、その襲名披露野試合を多摩地域の門人と開催する様子などが多摩地域の地方史料のなかに多く残されている[12]。天然理心流そのものが、農村に浸透する武術訓練を前提とするものだったとも言える[13]（平川二〇一〇）。さらに、佐藤彦五郎は近藤勇の上京後、留守中の天然理心流の師範を任されており、自らも日野宿や周辺村落の村役人や村落上層農の子弟に稽古をつけている。

また、日野宿は幕府直轄領であり、幕府代官江川太郎左衛門の管轄下であったため、一八六四年（元治元）以降、幕領農兵―日野宿組合村農兵が編成され、江川配下の砲術家の指揮のもと、銃隊の訓練を行う[14]。農兵隊の編成にあたっては、幕府が不足する軍事力を補うために、本来の農兵に対する「役」ではない、武士が果たすべき軍役、たとえば海防等への軍事動員などを強制しようとしたのに対し、農兵側はあくまで自分たちの地域社会の治安を守る郷土防衛に専念しようとしたこと[15]、また、どのような形であれ、農兵とはいえ農民など非武士身分の者に、武士の軍役の一翼を担わせることには幕府内でも議論があったことが指摘されている[16]。もっとも、日野宿組合村農兵は、一八六六年（慶応二）の武州一揆に際して一揆勢を迎撃し、一揆勢一四人を殺害、四一人を生け捕り、多くの一揆勢を負傷させる「戦功」を上げる[17]。ここでは、撃剣隊が編成されており、かなりの殺傷能力を有していた。武士だけの部隊が持つ軍事力に見劣りしなかった新選組同様、武術訓練を行い、武装して実際の戦闘を経験したこの日野宿組合の農兵たちにとってさえ、郷土を離れ、郷土防衛目的ではない戦闘に参加しない限りは、農兵を務めるときだけの「武士」化はあくまで「状態」に過ぎなかったのである。「新しい武士」となったわけではなかったのである。

佐藤彦五郎と同じく近藤勇と義兄弟の契りを結んだ小野路村名主・小野路村寄場惣代の小島鹿之助も農兵を組織し

ている。小野路村は旗本山口直邦の知行所であり、山口は講武所砲術師範・陸軍所修行人教授方頭取を勤めるなど、番方エリートとして幕府陸軍の西洋化を推進する一員であった。山口は一八六五（慶応元）年末頃より、知行所百姓に対し砲術訓練を指示し、慶応二年の武州一揆の勃発を契機に、小野路村での農兵隊編成・訓練は本格化する。この小野路農兵の中心となったのが小島である。小野路村農兵隊は一八六七年（慶応三）三月頃には具体的な隊列を編成して訓練しており、前駆を先頭に五人でひとまとまりの伍長制を敷き、右側には銃隊と大銃隊、左側には槍隊と剣隊が、後方には遊兵隊と鼓手・吹手が、末尾には糧飼隊と跡押が、行列中枢には全体司令役が配置され、行軍規則では、太鼓や法螺貝の合図に従って細かく動作が指示されている（国立歴史民俗博物館二〇一〇）。この配列図をみると、いつでも他へ転戦できるだけの組織力を有していたことは明らかである。もっとも同時期に作成された農兵の名簿は「保邑除患戮力列名及制約書」と題されており、この農兵が、「保邑除患」、すなわち村を守ることを第一の目的としていたことはたしかだが、同時期に使用された農兵隊の印には「文以安内治武以禦外侮」と刻まれており、文（儒学）で地域を治め、武で欧米諸国の侵略を防ぐという理念も示されていた[18]。開港後、横浜と多摩地方を結ぶ結節点として横浜と深く関わる位置にあったこの地域では、国家的課題でもあった外国勢力の侵略を防ぐ戦争へ参加することは、地域の課題としても不可欠だったのである。しかし、それでもこの部隊は、後述するように実際には幕末維新期の戦争には参加することはなかったのである。ここでも、農民の郷土防衛組織という壁を越えることは必ずしも容易ではなかったことになる。

戊辰戦争への従軍—新選組と農兵の間

新選組を組織した近藤や土方が、「状態」としての武士身分ではなく、国事に奔走する「有志」であることを足がかりに、浪士組・会津藩預り・幕臣（近藤：三〇〇俵・見廻組組頭格、土方：七〇俵五人扶持・見廻組肝煎格）を経て、純然たる旗本＝武士身分になってゆくのに対し、彼らと出自を同じくし、志を同じくする義兄弟でもあった佐藤や小島は、ついに地域から完全に離れることはなかった。近藤は新選組隊士の徴募にあたって長男の入隊を禁じていたとされ（中島登や松本捨助はそれを理由に入隊を断られる）、近藤が宮川家三男、土方が土方家六男だったことはすでに指摘したとおりである。近藤は養子となり、土方は江戸市中への奉公の経験を持つなど、他身分から浪士組・新選組隊士となって地域から出て行く条件を有していたことはたしかだが、佐藤や小島は村名主を勤めていただけでなく寄場惣代まで勤めるなど、村共同体を超えた地域社会の安定に責任を持つ立場にあり、それ故に、出自を同じくし、志を同じくしつつも、国事に奔走する志士とはならず、地域を守るために農兵を結成するのである。日野宿や小野路村に限らず、基本的に江川農兵の構成員は村役人の子弟であり、農兵は一時的に武士身分「状態」となることはあっても、村役人の家から脱することは容易ではなかったのである。農村で剣術の修行が流行し、村役人の子弟も含めて少なくない村落上層農民の子弟たちがそれに参加したことはすでに述べた。そのなかから、戦闘者としての「新しい武士」が生まれたこともたしかであるが、その一方で村のために尽力することで、自らが学んだ文や武芸を生かすことを選んだ人々もいたことになる。彼らは基本的には、いつでも新しい武士となりうるだけの資質や能力を有しており、その能力を地域社会の防衛や運営・子弟の教育・殖産興業などに向けたのである。少なくともこの地域に限れば、郷士から出て行って新しい武士身分になった人たちに注目が集まるが、残って地域社会の運営に努めた人々の中からは、自由民権運動へと活動を広げた人々もおり、ここからも日本の近代が生まれ、支えられていくことになる。この点は、あるいは評価の仕方は異なるかもしれないが、鶴巻孝雄が実証してきたこの地域の人々の歴史的評価と重なるものであり（鶴巻二〇〇〇）、新しい武士的要素を共有しつつもそこで生まれる分岐、あるいは選択の持つ意味について検討する必要があろう。

そのうえで、近藤にとっても、佐藤や小島にとっても、地域の不安定さの根本的な要因は開国にあると認識されていたため、佐藤や小島が農兵を結成して郷土を自衛する一方、地域を離れた近藤は政治的な解決＝攘夷の実現をめざすというように、いわば役割分担がなされたのだと評価することも十分に可能である。彼らは地理的に離れていても、書簡を通じて頻繁に連絡を取り合い、佐藤たちは近藤たちの活動を物資・金銭・人員の面で支援し続けた。近藤は、政治情勢や政治活動の具体的な様子を報せるなど、新しい情報を伝えるのである（鶴巻二〇〇〇）。近藤や土方が、その心情をたびたび和歌や漢詩に仕立てて伝えている点も、彼らが広く共有していた「知」の所在や内容を考える上で重要である。

鳥羽伏見戦争ののち、新選組は江戸に戻り、江戸へ向かってくる官軍を迎え撃つため（あるいは不安定化した甲陽地域の鎮撫のため）、甲州道中を通って甲府へ向かう。この道中にあるのは、まさに近藤や土方が育った場所であり、また天然理心流の門弟として書簡を通じて情報交換をしていた地域リーダーたちの村であった。江戸の攻防という点では、甲州を押さえることはきわめて重要な軍事的課題であったので、農兵を編成していた佐藤や小島は、近藤らへの合流を真剣に検討することになる。しかし、同時に、兵と農の越えることのできない壁が、「新しい武士」を生んだこの地域でさえ、いまなお存在していること（再生産されていること）も明らかになるのである。

佐藤は近藤が江戸に到着したのち、日野宿農兵の人員や訓練の様子、装備している銃などについて報せており、近藤率いる（甲陽）鎮撫隊が日野宿に到着すると、農兵隊（春日隊）を組織し、合流して甲府へ向かう。しかし、佐藤の日記によると、そこでの農兵隊の役割は「大切之荷物、鎧櫃并両掛ヲ警固」というもので、これは陣夫役にあたり、戦闘者としての動員ではなかったのである。戦闘者はあくまで（甲陽）鎮撫隊であり、幕領農民である農兵たちは、陣夫役として動員されたに過ぎなかったのだと言わざるを得ないのである。事実、甲州道中沿の村々には、新選組の甲州鎮撫にさいし、荷物の継立が命じられている。そして、この戦闘者と非戦闘者との線引きこそ、従来武士と百姓との身分に伴う役の違いとして認識されていたものであった（久留島一九八六）。同時期の戦記によれば、佐藤が縦横無尽に奮戦していたという記録もあり、佐藤自身が日記に記したことと異なるのは、後日農兵たちが罪を問われるのを免れるためではないか、という見方もある[19]。しかし、もしそうであったならば、幕領の百姓に課された役として陣夫役を勤めたのであり、戦闘者として武士が担うべき「軍役」を勤めたのではない、という弁明のためのレトリックをあらかじめ準備していたことになる。そこでは、このように兵と農を分ける論理がまだ通用するという共通の理解が存在していたことになる。ここからは、村から完全に離れない限り、どれほど実践的な軍事技術や知識、武士的な素養を持とうとも、武士としては認められなかったことを読み取ることができるのである。

一方、もう一人の義兄弟である小島鹿之助は、一八六八年（慶応四）正月に小野路村に文武場という農兵の稽古場を設立している。「文武場出席姓名録」によると、正月二八日から三月一〇日までの間に一三回の砲術中心の調練を行っている。三月に入ると訓練はさらに頻繁になり、同月、近藤は甲州鎮撫のために江戸から甲府へ向かい、勝沼で敗戦して江戸へ戻っている。この間の小野路農兵の記録が無いため詳細は不明だが、小野路農兵隊も出陣したとの言い伝えがあり[20]、また、小野路農兵隊とは別に、小島ら近藤勇の後援者達が「堅甲会」を結成し、武装着陣の檄文を発して近藤隊への合流を試みていたことも明らかとなっている[21]。銃卒が基本の幕領農兵とは異なり、小野路農兵隊は銃隊・槍隊・剣隊を核とし、後方に糧飼隊を配置するなど、小野路農兵隊が一個の実戦可能な戦闘集団としてデザインされていたことは先に見たとおりである。にもかかわらず、この農兵隊は近藤とともに転戦していくという道を選択することはついになかったのである。

村役人を勤める佐藤や小島は、郷土防衛のために、個人的にも十分な戦闘能力を有した農兵隊を組織したが、同士近藤甲陽鎮撫軍には、非戦闘者が担う陣夫役という人足役を担わされたという可能性がある。村や家を維持することの社会的役割を自覚すれば、佐藤や小島には、村や地域社会を離れて転戦するという選択肢を選ぶことはできなかったということであり、逆に言うと、近藤たちは村を出ることで「新しい武士」になることができたことになる。中世から近世への移行のなかで、武士たち戦闘者が村から城下町へ集住するという空間的な兵農（士農）分離過程を経なければならなかったということとの対比で言えば、ここでも第二の士農分離が始まっていたということもできそうである。もっとも、ここで生まれた「武士的要素」がどのようになっていくのかは、「明治の武士道」との関わりで大きな問題として残されている。

2　丹波の山国隊

次に、郷士や豪農たちが組織した農兵隊で、郷土防衛にとどまることなく遠征し、実際に戦闘を経験した山国隊について、中村研の研究をもとに検討しよう（仲村一九六八）。前項で触れた近藤勇率いる「甲陽鎮撫隊」と甲州勝沼で戦ったのが、この隊の最初の実戦だったという点も興味深い。似たような構造を持つ両隊が、相まみえていたのである。

二重の構造を持つ農兵隊からの変質

山国地域（丹波国桑田郡山国地方）は、近世には五か村が旗本杉浦氏の知行所、七か村が「禁裏御料」であり続け、とくに後者の村々では、中世以来の朝廷の荘園として材木献上などのほか御所の警固役をも勤めたという由緒をほこる「名主《みょうしゅ》」の家が山国五社明神の宮座の構成員として大きな力を保ち続けた。この「名主」家は、近世になると郷士であることをも強調し、繰り返し名主＝郷士としての「由緒書」を作成するが（「古家撰伝集」）、実際には名主＝郷士以外の「由緒」の無い人々が力を持ち始めるなか、朝廷から官位を得て地域における力を再確認させようと運動を起こしている（「官位拝任再興一件」）。折りから鳥羽伏見の戦いが起こり、官位を得ることができた名主家の者たちが、山陰道鎮撫総督西園寺公望からの檄文を受けて「官軍」に加わるために部隊を結成するのである。一月一一日には「誓約書」を作成し「今般名主一同勤王を唱え、有志の銘々団結いたすべき輩は、相互に私論を省き、万事公道に随うべき事」を誓い、一八日には因幡藩に付属して「山国隊」と呼ばれるようになる。内部対立もあったが、京都で因幡藩士の指導のもと、フランス陸軍の歩兵操典によって軍事調練が実施されたのち、最終的には四分隊三四人からなる小さな部隊であったが、約八〇〇人からなる因幡藩に附属して一八六八年（慶応四）二月一三日、江戸へ向かって出発するのである（別に約三〇人が京都に残る）。鉄炮二〇挺などの装備は因幡藩から借用し、行軍中の費用は隊員の自弁であったが意気は盛んで、参謀局から、これから先は実際の戦闘がおこる可能性があるので帰郷したらどうかと言われたのに対し、二月二〇日、大垣城下の宿舎で「盟書」を作成した。自分たち「勤王有志之銘々一統」は陣中の規則を守り「軍忠」を尽くして戦い、戦死したら「名蹟相続」ができるように「相互に戮力」して「扶助」することを血判で盟約したのである。しかし、この「盟書」には、郷士名主家の一九人と家来筋・従士階級の者たち（「刀指」「荷駄方」「人夫方」）一五人との関係が反映されている。前者の名前は大きく書かれ、後者の名前は明らかに小さく一段下げであった。同じ血判を押したにもかかわらず、このような差別が行われたことは、部隊の中で前者は武士＝戦闘員で、後者は荷物を運ぶ役目を負わされた者（陣夫役に近い）もしくは輜重隊とされたことを反映していた。実際に、出で立ちも異なるのであり、前者は陣笠・陣羽織に義経袴、手槍姿で、どこから見ても武士に見えたのである。この盟書にも反映されたこの差別は行軍を続けるうえで後者の人々の不満を生み、こののち大きな障害となる可能性があった。前者出身の隊長藤野氏の日誌に「又、是迄鉄砲其他荷物を人夫と定めたる各人其他刀指の方へ賃銀を渡し、荷担いたさせし処、日夜不平論やむあたわざるをもって、これを廃止し、総員行軍に加はり、駅人足を以て逓送することに評定す。これより一隊中士気いよいよ振起し、和合せり」（『征討日記』）とあるように、「上下の別を解き、協同一心」し、隊としての団結を強めることになったのである。その後も対立そのものは無くなったわけではないが、明治五年七月、生き残った隊員が再度「後々末代にいたり、上下の差別聊かもこれなく候」ことを再確認しており、人足的な役割を期待していた非名主出身者を同じ戦闘者＝武士として遇することを保証することが、これから実際の戦闘に参加する部隊としての一体性を担保するうえでは不可欠であると自覚されていたことはたしかである。逆に言うと、実際の戦闘を共有する機会がなければ、この二重構造は残され続けた可能性もあったということにもなる。

武装自弁の軍隊

この山国隊は、結成のときから因幡藩との関係が深く、隊長は因幡藩士が勤めた。途中からは、藩士の河田左久馬が勤めるようになったが、司令士は、但馬国朝来郡佐中村の豪農新藤家出身で河田たちと長州で軍事訓練を受けた原六郎という、のちに実業家として活躍するような有能な農民出身の者が勤めた。彼もまた、農民から戦闘者となり、武士身分を獲得していたのである。隊は江戸でも訓練を続けたが、費用は自弁であり、隊側の代表（取締）を勤めた藤野近江守（近江守という受領名をもらっている）は、しばしば河田らから金子を借用して隊員に配っている。男たちだけからなる戦闘者集団の常なのか、一つの戦闘を終えたり、新たな戦闘が想定されるときに、集団で酒をのみ女性を買うなど、その場限りの快楽のために多くの金が使われている（天下国家を論じたとしても）。こののち、壬生藩を攻め、死傷者を出しつつも、日光へと転戦する。さらに、一八六八年（慶応四）五月一五日には上野での彰義隊などとの戦闘に参加し、ここでも死傷者を出す。こののち、小田原へ出陣し、さらに奥州（会津）への出陣を命じられるが、ここで非名主出身者のなかから、さらなる出陣に反対する者が生まれ、出陣を当然だとする名主出身者たちとの対立が先鋭化する。結果的には、名主層の者九名が有志として出兵し、仙台まで従軍することで決着する。こののち、隊は江戸に滞在し一〇月には東幸してきた天皇を迎えたが、この頃になると借金は膨大なものになっており、ようやく一一月二五日に京都へ帰着したものの、因幡藩関係者への挨拶、山国からの面接者への対応のほか宴会でまた費用が嵩んでいる。結局、京都に残った部隊の経費も含め、総額七八〇〇両を支出し、三四〇〇両が借金として残っている。因幡藩から賞典として戦死者の相続人や東征参加者らに米や金が支給されることになったが、十分な額ではなく、結局賞典禄の返還（換金）と山林の売却代金を足しても不足することになった。

一八六九年（明治二）二月一八日、山国隊は、多くの出迎えのなか、軍列を組み凱旋帰郷すると、その翌日、一四条からなる「隊中規則」を定めている。今後も調練を続けたり、銃器の手入れをするほか、これまでの規則を守ること、大垣城下での「盟書」の趣旨を忘れず同志として（名主と非名主という）差別をしないで一体として行動するこ

郵便はがき

料金受取人払郵便

神田支店承認

2932

差出有効期間
平成24年9月
20日まで

101-8791

511

東京都千代田区
神田神保町1丁目17番地
東京堂出版 行

※本書以外の小社の出版物を購入申込みする場合にご使用下さい。

購入申込書

〔書　名〕	部数	部
〔書　名〕	部数	部

送本は、○印を付けた方法にして下さい。

イ．下記書店へ送本して下さい。
（直接書店にお渡し下さい）

（書店・取次帖合印）

書店様へ＝貴店帖合印を捺印の上ご投函下さい。

ロ．直接送本して下さい。

代金（書籍代＋手数料、冊数に関係なく1500円以上200円）は、お届けの際に現品と引換えにお支払い下さい。

＊お急ぎのご注文には電話、FAXもご利用下さい。
電話 03－3233－3741（代）
FAX 03－3233－3746

愛読者カード

本書の書名をご記入下さい。

(　　　　　　　　　　　　　　　　　　　　　　　　　　)

リガナ 芳名	年齢 歳	男 女

住所　　（郵便番号　　　　　　　　）

話番号　　（　　　　）

子メール　　　　　　　　@

職業	本書の発行を何でお知りになりましたか。 A 書店店頭　B 新聞・雑誌の広告　C 弊社ご案内 D 書評や紹介記事　E 知人・先生の紹介　F その他

書のほかに弊社の出版物をお持ちでしたら、その書名をお書き下さい。

本書についてのご感想・ご希望

今後どのような図書の刊行をお望みですか。

ご協力ありがとうございました。ご記入いただきました愛読者情報は、弊社の新刊のご案内、及びご注文いただきました書籍の発送のためにのみ利用し、その目的以外での利用はいたしません。

となどを決めたのである。多額の借金をし、七名の戦病死者を出したにもかかわらず、またいつでも従軍するつもりであった。実際、一八七七年（明治一〇）四月、西南戦争が始まると旧山国隊員とその兄弟二五名が京都府知事に出兵志願書を出している。しかし、徴兵令で国民諸階層からなる常備軍の整備が進むなか、こうしたもともとは農民出身の志願兵が認められることはなかったのである。

それでも、山国隊はふたたび思い出されることになったことに注目したい。日清戦争に勝利した一八九五年（明治二八）は、平安遷都千百年目にあたり、平安神宮が建立された。この平安神社の神幸行列に供奉する「時代行列」が計画され、一〇月二五日に第一回目の時代祭りの行列の行進が実施されたのである。京都府下からは桑田郡の山国隊、船井郡の弓箭隊が番外参加の応募に応じて、参加を認められ、山国隊は鼓笛を演奏し先頭で行進した。維新の勤王で活躍した山国隊は、日清戦後に新たな「武士道」（明治の武士道）が発明されるときに再発見・再評価されることになったわけである。そして、このちしばらくは自己負担で時代祭の先達を勤めたが、その負担に耐えられず、かつ世代交代もあって、大正八年を最後に山国からの参加はなくなる。にもかかわらず、戦前を通じて、時代祭りでは「維新勤王山国隊」が必要とされ続けることになるのである。

3　武士から「卒族」へ、そして「士族」回復を求めて

新しい武士身分

明治維新後、従来の身分は四民平等のスローガンのもとで再編される。一八六九年（明治二）の一連の改革で、従来複雑な階層構造を持っていた武士身分は、元大名は華族、武士は士族、下級武士は卒族へと平準化される。改革令の運用は各藩・直轄府県ごとに実施されたために、士族に対してさらに上中下の区分が付されたりするところも生まれたし、従来の家格をどこで士と卒に分けるかという規準が区々になった。また、華族・士族・卒族それぞれに、従来武士身分ではなかったものが編入されることにもなった。この一八六九〜七一年（明治二〜四）

にかけての身分編成の結果、武家や公家、僧侶・神官といった諸身分から、華族・士族・卒族という新たな身分が誕生することになる。

士族とは旧武士身分が新たな身分として編成されたものであるが、地域の実情や幕末期の功績、先祖以来の由緒などによって、他の身分の者も士族に編入される場合があった。一方、卒族とは、一八六九年（明治二）の版籍奉還（大名家）・禄制改革（旧幕臣）後に、旧武士身分が編成された新しい身分だが、大名家の場合は藩主が華族、藩士が士族（一部卒族）、藩士の家臣が卒族となるというのが一般的であり、幕臣の場合は、旗本が士族、御家人が江戸時代の格式により士族と卒族に別れることになっている。

この士族と卒族への二段階平準化は、数千から数万石を持つ大身の藩士が士族として藩主＝華族とは区別され、大身の藩士の家臣が、たとえ本来馬上の士分であっても「卒」身分とされるなどの問題を生んでいた。たとえば徳島藩の洲本城代家老稲田邦植家（一万四〇〇〇石）家中が、邦植のみ士族で邦植家臣はすべて卒族とされたことに反発し、徳島藩に家中の士族編入を出願、認められなければ分藩独立を維新政府に出願し、このことに憤った徳島藩士が一八七〇年（明治三）五月に稲田家屋敷を襲撃した稲田騒動（庚午事変）などのように、多くの藩に混乱をもたらした。卒族身分は明治六年に廃止され、世襲の卒族は士族へ編入されることになった。

亘理伊達家の敗戦と北海道移住　仙台藩伊達家中の亘理伊達家は、戦国武将伊達成実を家祖とする伊達家中でも名門の家柄で、一門筆頭として亘理郡に二万四〇〇〇石余を領有していた。一八六八年（明治元）に東北戦争が勃発すると、仙台藩主伊達慶邦は奥羽越列藩同盟の総督となり、亘理伊達家当主邦成は、降伏後の講和に奔走する。敗戦後、仙台藩は六二万石から二八万石へと大幅に削封されたため、これに伴い、亘理伊達家の家禄もわずか一三〇俵（五二石余）へと削減され、亘理郡は南部藩領となる。これにより、亘理伊達家中は北海道移住と開拓地の下賜を明治政府へ願い出て、一八六九年（明治二）八月に胆振国有珠郡の開拓を許可される。北海道移住は翌七〇年三月より開始され、以後、一八八一（明治一四）まで九次にわたり、計二六〇〇人余の武士とその家族たちが移住した。寒冷の未開墾地を農業に不慣れな武士とその家族たちが切り開くという過酷なものだったが、ようやく武士とその家族の手になる村が誕生した。しかし、亘理伊達家中は、当主の邦成のみ士族、家臣達は平民とされてしまうことになる（渡辺茂一九七二）。

明治の軍功と士族復籍

その後も北海道の開拓に従事した亘理伊達家中は、一八七四年（明治七）に屯田兵が募集されると、一部は琴似村や永山村などへ移住し、屯田兵としてさらなる開拓に従事する。さらに、一八七七年（明治一〇）の西南戦争にも従軍している。一八八五年（明治一八）三月、旧亘理伊達家臣団は、北門警備と開拓という「兵農両得」の役割を果たしてきたので、移住時の「素願」を実現したいとして士族復籍を出願し、同年七月に許可されている。士族復籍にあたっては、維新以前に武家であったことの証明（旧主伊達邦成による認定、分限帳との照合による家格や持高、役職の証明）に加えて、維新後の軍功が重視されたことに注目したい。屯田兵として琴似村等へ移住したため有珠郡の伊達家中よりも復籍が遅れた九三名が提出した「士族復籍願書綴」では、伊達邦成からの旧臣証明とあわせて、各人の様々な職歴に加えて、屯田兵への参加や西南戦争への従軍、その後の予備役や日清戦争への応召などの戦功が記されている(22)。こうして、再び士族となった亘理伊達家中はすぐに「士族契約会」という旧家臣団組織を結成する。この会則には「第壱条　朝廷ヲ尊奉スル事」「第弐条　伊達氏ヲ保護スル事」で、天皇と亘理伊達家への忠誠が誓われ、「第三条　同盟親睦ノ事」で、この組織が旧家臣団の互助組織であることが確認される。「第四条　節義ヲ守リ廉恥ヲ尊ム事」「第五条　家産ヲ励ミ節倹ヲ勉ム事」「第六条　子弟ヲ就学セシメ人材ヲ養成スル事」では、この集団の規範が示される(23)。

このうち第一条については「同盟諸氏カ北海道移住開拓ヲ志願ス所以ハ、勤王ノ素志ヲ全フセント欲スルノ一点ニ過キス、故ニ皇室ニ尊奉シ政令ヲ遵守スルノ心毫モ忘ル可ラス」と亘理伊達家の北海道移住と天皇との関係が再確認されたうえで、「郡役所戸長役場ハ政令ヲ奉行スル所、一令出ル必ス之ヲ守リ、召喚アル必時刻ヲ過ラス、租税ヲ収メ協議費ヲ辞シ必納期ヲ怠ラス、且党與ヲ結ヒ法律ヲ妨ケ官吏ヲ誹謗シテ私見ヲ主張スル等ノ悪風ナキ様心掛ルハ、皆朝廷ヲ尊奉スルノ心ニ外ナラサルナリ」と、北海道でも自由民権運動による政府批判が盛んになるなかで、自分たち家臣（武士）の集団は、勤王の精神を強調して、その天皇の政府への忠誠を尽くすことを求めるのである。第二条は「戊辰ノ変ニ際シ同盟諸氏ハ不可言ノ不幸ニ陥ル、於是乎旧主家ヲ奉シ北海道開拓ヲ企図ス、旧主恭クモ朝命ヲ奉シ本郡ヲ支配シ鋭意不撓今日ノ実蹟ヲ奏ス、一ニ旧主ノ指揮ニ依ラサルハナシ、旧主ニ依ラサレハ本郡ニ移住スル能ハス、旧主ニ依ラサレハ開拓ノ効ヲ成ス能ハス、旧主ニ依ラサレハ士族復籍ノ栄典ヲ受ク能ハス、累代世禄ノ旧恩ニ浴スルノミナラス戊辰以来今日アル皆旧主ノ恩ニアラサルナシ」と、戊辰戦争後の北海道移住の成功や士族復籍の実現が旧主伊達邦成によるものであり、それ故にあらためて旧主への忠誠を誓うなど、法的には主従関係が無くなるなかで、むしろ新たな恩に基づく新しい「主従」関係の在り方について表明しているのである。さらに第四条では、節義と廉恥が新たな士族の規範であることを示し、第七条では「同盟ニ背キ破廉恥甚シキ所業アルモノハ同盟説諭シ帰農出願ス可キ事」と、「士」の規範から逸脱した者は「農」へ戻すことが謳われるのである。第七条については「士族契約ノ如キハ法律制度ノ問フ所ニアラス、同盟諸氏カ互ニ結約シテ其志操ヲ固守スルニアリ、故ニ約ニ背キ破廉恥甚シキ所行アルトキハ、之ヲ盟主ニ訴ヒ、同盟説諭シ、罪ヲ悔ヒ帰農出願セシメ、契約ヲ除名スルニ止ルナリ」と、この集団の紐帯があくまで「士」としての規範におかれていたことが強調される。明治維新後の身分再編のなかでいったんは平民にされる（民籍に編入される）というつらい思いをしてきた亘理伊達家中にとっては、再び「士」となるには新たな戦功を主張することが求められ、旧主君を中心とする家中の武士たちの結合で開墾やこうしたつらい時期を乗り越えてきたのであった。その結果、ようやく獲得した「士」にふさわしい規範が何より重要だと考えたのであり、その違反者への罰は「士」の集団からの排除であり、それを「帰農」と表現するところに、彼らがよりどころとする「武士」意識を見て取ることができる。しかしそれは、すでに実態とかけ離れた「残影」であり、それゆえにこそ明治三〇年代前後に明確になる「明治の武士道」（菅野二〇〇四）にそのまま合流してゆく回路（契機）を孕んだものだったのではないか。

そして、この言わば「武士」として守るべき規範は、その後の戦争の際にも積極的に従軍するというエートスとして発現することになる。一八九四年（明治二七）の日清戦争勃発にさいして、旧亘理伊達家臣のなかで、「有志兵員」として郷土を防衛したり、従軍を出願したり、その準備にあたったりすることを望む者が記名調印した「有志兵員約束書」が作成され、計二八四名がこれに記名調印している(24)。ここでは自らを「吾カ有珠郡人ハ戊辰ノ変ニ處シ、開拓使創始ノ日率先移住シ兵農相兼自力ニ食シ北門警備ノ万一ニ当ランコトヲ請願シ許可セラレタルモノナリ、且西南ノ役起ルヤ、開拓日尚浅ク家産未タ立タサルノ時当奮テ屯田予備兵トシテ夥多ノ人員出征シタルニアラスヤ、今ニ当リソレ如何ソ奮発興起セサル可ンヤ」と開拓以来の「軍功」が誇らしげに語られ、「有志兵員タルノ目的ハ護郷兵トナリ、時機ニ当リ朝鮮従軍ヲ出願スルノ準備ヲ尽スニアリ」「不練ノ兵ハ用ユヘカラス、有志兵員ハ日中家業ニ就キ朝夕練習ニ勉励スヘキモノトス」と、戦時の「士」にふさわしいありかたを集団内の新たな規範とするのである。

このような、屯田兵への応召に始まる亘理伊達家中の従軍や、士族復籍後の規範の制定、予備役や日清戦争への従軍、戦時中における集団内の「有志兵員」としての新たな規範制定は、開拓使等から命じられたものではなく、あるいはイデオローグに煽動されたものでもなく、あくまで旧亘理伊達家中の集団を律する規範として、自発的に「士」を自覚し続けた人々たちの中から創出されたものである点が重要である。いったん平民に落とされたが故に、かつての武士としての矜恃を保とうとし、そこから「新たな武士」（士族）意識をや文化を生み出そうとしているのだとも言えよう。そう考えると、明治維新後にいったん落とされた農（民）（平民）から「士」族復帰を志向するなかで、新たな「武士」（士族）像を「下から」自らの力で創りあげようとしていくのだと評価することができ、とくに士族反乱が平民出身の兵士たちに鎮圧されて以後の全国レベルでの新たな戦闘者＝兵士たちのエートスは、こうした士族復帰を求める「下から」の動きの中で再発見（創造）される「武士」（士族）像とどこかで共鳴しあいながらつくりあげられることになるのではないか。

おわりに

1　近世の武士の「実態」と「家の由緒」

ここで、近世の武士について、その「実態」と「家の由緒」との関係を含めて、少しまとめておこう。まず「実態」の問題としては、「実態」それ自体が近世に大きく変容する。すなわち、近世には、①在地領主である武士が領地から切り離されて城下町に集住させられ、②参勤交代に象徴されるように江戸の将軍のもとに全領主階級が結集した。実際の戦闘がなくなる一七世紀半ばには、③主従関係が主君と家臣との人格的・感情的・直接的な関係から、家と家との間の組織的・間接的な関係になるとともに（藤井一九九九）、④戦闘者を本質とする武士から、戦争・戦闘の記憶が急速に喪失されるようになる一方でその記録化（戦功をベースにした「由緒」化）が進む、⑤一八世紀にかけて武士たちの役割が、番方から役方へと移動して、官僚制的な機構に編入され、そのなかで儒学的士道として治者としての道徳が重視されるようになり、⑥武家儀礼の整備によって、目に見えるかたちで新しい武士身分秩序が形成されることになる。さらに、一九世紀には、⑦都市生活者・消費者として、新しい都市文化を創出するとともに享受することが顕著になるとともに、⑧武士身分以外の出自から養子縁組みや功績などで武士身分を獲得する者がその能力に応じてではあるが、新しい官僚を構成するようになり、⑨農民のなかからも武芸を磨き、のちには戦闘（殺し合い）に加わる者が増えると、武士としての意識を強める者が生まれるようになった。⑩同時に、この武芸は町人・農民も含めて個人の「趣味」として修練されたのではないかとも考えられ、武芸が武士身分だけのものではなくなる可能性が生まれたことを示している。学問あるいは俳諧・蹴鞠・釣り・生け花・園芸などと同様に、武芸も自由に個人（余裕のある個人）が選択できるものとなったのだとも言えよう。たとえば、文武両道を武士身分に強制しようとした定信は、「集古十種」に象徴されるような尚古的な趣味を有していたのである。(25)

⑪幕末維新期の戦乱のなかで、「武」を担う多様な新しい「武士」が生まれる一方で、かつての「武士」は武士の家を維持できるかどうかが急務の課題となる。川路聖謨のように武家故実や武家諸法度を重んじ、当時の（という限定はつくが）作法どおりの格式にしたがった行列をたてることを誇り、「三河武士」を理想的な武士として再発見して自己規律のモデルとすること、あるいは過去の戦功をもとに古い「由緒」を強調したりすることで武士の家であることをなんとか示そうとすること自体は続くのである。

⑫それは、とくに明治初年以降、かつての「武士」たちが、華・士・卒族という新たな身分に分けられるなかで、とくに「士族」ではなく「卒族」とされたかつての武士（を強く意識するする者）たちにとっては深刻であった。その意味では、第二節第三項で紹介したように、明治初年、いったん士族ではなく平民にされ、北海道で開拓と北方の警備に従事する屯田兵の道を選ばざるをえなかった亘理伊達家の旧家臣たちの事例は興味深い。屯田兵をつとめ西南戦争に従軍するなかで、近世以来の由緒とともにその戦功を書き上げ、士族への復籍運動を起こすことである。彼らは、かつての「由緒」をさがすだけでなく、自らの新たな戦功をもあわせて強調することで、「戦闘者」としての武士であることを証明しなければならないと考えたのである。その意味では、この変容し、多様化した「実態」にもかかわらず、いやそれゆえに武士の家としての「由緒」を保証すべく継承してきた歴史的文書や物を蔵のなかから探し出し、同時に自らが戦闘者としてたてた「戦功」を強調することではじめて「武士」の家であることが認められた（認められるはずだと考えた）のだとも言える。もちろん、この実態と由緒の相関関係は決して一様ではな

く、ここでもきわめてラフなスケッチをしたにすぎない。統一的に把握することは今後の課題である。

2　近世から近代への移行のなかでの「変容」

次に、近世から近代に移行するなかでの「変容」と継承の問題については、さしあたり二百年に及ぶ「平和」な状態が解体し、各地で実際に戦闘が行われるなかで、否応なしに生死のはざまに置かれ、人を殺すことで自らが生きるという経験をする戦闘者たちが生まれたことに注目する必要がある。また、圧力をかけてくる外国勢力に対する敵愾心も、とくに新しく武士身分あるいはそれに準ずる身分を得た者たちには、自らを武士として意識することにつながった。たとえば幕府側の事例で言うならば、武士の周縁的存在から出世し、実際には戦闘に参加したことがなかったが、主君のための「人殺し」奉公こそが武士の本質だと子孫に言い遺し、病のため形だけではあったが「切腹」することで徳川将軍家に殉じた川路聖謨、同様に出自はともかく最後まで幕府と運命をともにした旗本・御家人たち、武術を学んだ農民出身者を含みながら鉄炮の打ち方を学び何度かの修羅場で人を斬り、実際の戦闘にも参加した新選組のような存在である。農兵隊でさえ、「禦外侮」をスローガンとしたのである。彼らは、いずれも「武士」＝戦闘者として死ぬことを誇った。また、武士身分を失いながらも、屯田兵として訓練に励み、兵士として西南戦争や日清戦争を経験した亘理伊達家の家臣たちは、自ら戦闘者であることを証明することで、「卒族」ではなく「士族」に編入されることを強く希望した。こうした動きは一見ばらばらのように見えるが、大きくは、戦闘者としての行き方を示す「近世の武士道」（菅野二〇〇四）を実践する農民出身の「武士」たち、あるいは士族身分を失ったがゆえに戦闘者として戦功をあげたことを強調するかつての武士たち、川路聖謨も含めて、武士の周縁的存在から武士身分を獲得したことで戦闘者としての武士の生き方を強調する者たち、ここではまったく触れることが出来なかったが、言わば維新の戦争のなかで「負けた」側の幕府や藩の家臣たちのうちかつての「武士の家」を強く懐古する者たち（岩淵二〇〇九・二〇一〇）に通底するものがあるのではないか。こうした流れのなかからは、漢詩で自らの強い感情を表現することを好むという幕末の志士（有志）たちとの共通点も含め、その後も広く共有されうる「武士道」が姿をみせるようになるのではないか。[26] それが一八九七年（明治三〇）前後に明確になる「明治の武士道」に絡め取られる程度のものなのか、下支えするようなものなのかについての検討はできていない。その意味では、近代以降にあらたに形成される「武士道」を「古来から変わらない日本人の心性であり、道徳であり続けるのではなく、明治以降につくられた「明治の武士道」」として捉えるべきだという菅野覚明（菅野二〇〇四）や中世以来の戦闘者としての武士の存在や意識をていねいにあとづけ、近代以降の「武士道の「誕生」」のありさまや、新渡戸稲造の「武士道」の歴史的性格を明確にした佐伯真一（佐伯二〇〇四）、両者に影響されて「明治の武士道」が「発明」される過程やその歴史的意味について考察したアレキサンダー・ベネットらの説に依拠しつつも（アレキサンダー・ベネット二〇〇九）、接合するには至っていないことを率直に認めざるを得ない。とりあえずは以下のようなまとめにとどめておきたい。[27]

西南戦争やそれに至る士族反乱の鎮圧過程で、武士の家以外から徴兵され、銃器の扱いや戦闘訓練を受けた兵たちが、士族たちとの戦闘に勝利すると、近世のこの武士の家を基盤とし、主君への忠義をむねとするありかたでは近代国民国家の強い軍隊にはならないことが、新政府の指導者たちにとって明確になる。文字通り国民（＝男子）皆兵であるが、そのためには、近世以来の武士の家に基盤を置いた規範ではなく、国民全体を統合する規範、道徳が必要になったのである。徴兵制以降、武士以外の国民男子を兵士にすることで軍隊を編成することが急務となり、徴兵した兵士に戦士としての心得を示す必要が出てくる。とくに、近衛兵の反乱であった竹橋事件は、陸軍卿だった山県有朋に、こうした兵士たちにかつての主従制的な関係や忠義の信条に基づくような武士意識に替わる規範が不可欠であることを痛感させる。一八八二年（明治一五）の「軍人勅諭」の起草に深く関わったとされる西周が、すでに一八七八年（明治一一）、陸軍の士官たちに「日本陸軍は日本固有の性習に基づからずを得ず」（『兵家徳行』）と述べたとき、

「日本固有の性習」で想定していたのは、日本人ならばだれでも持っているはずの「民族精神」（新渡戸稲造）である「大和魂」で、それは本居宣長の和歌「敷島の大和心を人問はば朝日に匂う山桜花」だった（国立歴史民俗博物館二〇一〇、田中康二　二〇〇九）。日清戦争に勝利したのち、日本国民の道徳教育について問われた新渡戸稲造が『武士道』で引用したのもこの和歌であり、武士道はその表象である桜花と同様に日本の土地に固有の花であるとした。「花は桜木、人は武士」という俚謡をとりあげて、支配階層である武士たちの専有物だった「武士道」が全国民に最良の道徳として敷衍していくことを強調したのである[28]（高木二〇〇五・二〇〇六）。日清戦争時には、戦争報道絵として個別の勇敢な兵士を戦闘場面とともに描いた錦絵が多く発行されたが、そのなかには『日本魂』と題されたシリーズもある[29]。その後、日露戦争での勝利もふまえ、軍人たる者が参考にすべく工夫されて編まれた『軍人読本』でも同様の叙述があり、兵としての日本男子像が、日清・日露という旧「非武士」身分から徴集された兵たちがはじめて外国を経験し「国威」を発揚する侵略戦争を経るなかで、しかも実際に戦闘を経験したことで、大和魂（心）＝武士（道）の実践者＝日本男子を中核とする日本軍隊ができるのである。一九世紀になって「発見」された武士なるものの規範やエートスが、この新たな日本男子＝武士とそれ以外の者という新たな「兵」の創出（新たな「兵とそれ以外の人々との分離」）に結実し、いまなおそのくびきからわたしたちは自由ではないということかもしれない。

※シンポジウム当日にも述べたように、この報告は、開催中だった企画展示『武士とはなにか』の紹介を兼ねて、展示図録の画像を使いながら組みたてたものである。レジュメにも、図録の久留島・三野執筆の解説をそのまま利用したので、正直のところ小稿にまとめること自体に躊躇したが、報告の記録自体は必要であると考えた。また、「展示」という性格上、幕末・維新期の多様な武士的存在の共通項について考えようという久留島・三野の議論の過程や結果がわかりにくくなったので、小稿の筋のように図録に掲載した解説を接合しなおすことに、展示図録とは異なる一定の意味があると判断し、図録との重複をおそれず成稿した次第である。

注

（1）宮嶋博史「東アジア世界における日本の「近世化」」（『歴史学研究』八二一）二〇〇六年。なお、宮嶋はここで言う「三つ目の道」を「儒教的近代」論として展開しており、そのもっともまとまった内容は「儒教的近代としての東アジア『近世』」（岩波講座『東アジア近現代通史1　東アジア世界の近代（19世紀）』）二〇一〇年で示されている。

（2）久留島浩編『支配をささえる人々』吉川弘文館、二〇〇〇年、谷山正道・平川新編『地域社会とリーダーたち』吉川弘文館、二〇〇六年、森下徹編『武士の周縁に生きる』吉川弘文館、二〇〇七年、白川部達夫・山本英二編『村の身分と由緒』吉川弘文館、二〇一〇年、宇佐美英機・藪田貫編『都市の身分願望』吉川弘文館、二〇一〇年など。

（3）「武士とはなにか」という問いかけ自体、古くて新しい問題である。この点ではすでに一九八五年に尾藤正英が、「明治維新と武士―『公論』の理念による維新像再構成の試み」（『思想』一九八五年九号、のち『江戸時代とはなにか』岩波書店、一九九二年に再録）ですでに、明治維新という「近代日本の出発点をなした大きな政治的・社会的変革」を「推進する上で最も重要な役割を果たした社会階層は、武士であった」とし、その「武士たちは、本務としての戦闘に自己の生命をかけたのと同様に、国家の政治組織の中で与えられた職務上の責任を果たすためにも、必要があれば生命をかける覚悟で是に臨み、私的な利害関係には全く捉われない態度を貫くことを、武士にふさわしい生き方の理想としていた。」と指摘していた。そして、それゆえに、実際の政局は、「様々な権力意志や私的な利害関心」が作用して、「複雑な様相を呈した」が、「その政局の基調に、『国事』のためには自己放棄を当然とみる武士的な公共的精神とでもいうべきものが流れており、それが幕府の当局者の政治的行動までも規制する力をもっていたことは、やはり否定できないであろう。」（一九二頁）と、その「公共的精神」とでもいえるものに注目した。さらに、この「公共的精神」が武士に限らず「庶民の社会にも様々なかたちで生きつづけた精神」（一九七頁）とする点も重要で、この点の解明が今なお大きな課題であると考える。

（4）近世の能力主義的な武士官僚制を高く評価した笠谷和比古は『武士道と日本型能力主義』（二〇〇五年、新潮選書）のなかで、川路聖謨の官僚としての出世を強調するためか「信じられないような微賤の出」であり、父親は「甲州出身の一介の庶民」であったとする。氏の言う「武士道」とは、あくまでも武士の個人としての完成をめざすための道徳であり、こうした個人の自立と組織への忠誠とが両立する所に特徴がある。そして、こうした武士道を持つ徳川時代の武士社会は、固定的な身分制社会ではなく、能力主義的な原理に裏付けられた官僚制を持ち、武士社会をささえてきた自立した武士たちが日本の近代化の達成のうえでおおきな役割を果たしたのだという。幕末維新期の武士の果たした役割を再検討することは重要な課題だと考えるが、自立した個人はすべて武士道に回収されかねない議論の仕方には疑問もある。

（5）この後の彼の評定所官僚としての活躍の一端については、久留島浩・宮坂正英「ブレーメン海外博物館蔵「江州蒲生郡庄村高木村検地図巻」について」（『滋賀大学経済学部附属史料館研究紀要　四〇』二〇〇七年）。

（6）藤實久美子・渋谷葉子「史料紹介『上総日記』翻刻―付 川路聖謨・高子史料目録」『学習院大学史料館紀要』一三　二〇〇五年。

（7）「天保九年　上石原村宗門人別帳」（NHK・NHKプロモーション編『新選組　展』二〇〇四年、三八頁所収）。

（8）「石田村宗門人別書上帳控」（日野市『新選組のふるさと歴史館叢書第一輯　特別展　新選組誕生』二〇〇六年、一三四頁以降所収）。

（9）「差出申養子一札之事（近藤勇養子縁組状）」（注8『新選組　展』三八頁所収）。

（10）「武術英明録」に名前が掲載されるような存在で、少なくとも一九世紀の関東では広くこうした武術を学んだ上層の村人たちがいたのである。

（11）太田和子「宗家上洛後の天然理心流」（大石学編『一九世紀の政権交代と社会変動』）東京堂出版、二〇〇九年。

（12）三野行徳「近藤勇の母「ゑい」と兄「物兵衛」」（小平市HP市史編さん担当「市史編さん　こぼれ話」11～13）。

（13）太田和子「宗家上洛後の天然理心流」、注11参照。

（14）中西崇「武力を担う百姓の意識―江川農兵の農兵人を事例として―」（『人民の歴史学　一八二』二〇〇九年）。

（15）茂木陽一「幕末期幕領農兵組織の成立と展開―多摩郡蔵敷組合農兵を例として」（『歴史学研究』四六四）一九七九年。

（16）田無市史編さん委員会編『田無市史　通史編』一九九五年。

（17）須田努『幕末の世直し万人の戦争状態』吉川弘文館、二〇一〇年。

（18）鶴巻孝雄「教育、文明・国家、そして民権―明治前期中間層の秩序観」（『人民の歴史学』一三七号）一九九八年。

（19）日野市『新選組のふるさと歴史館叢書第三輯　第三回特別展　新選組　戊辰戦争のなかで』二〇〇八年。

（20）小島資料館『小島資料館目録　改訂版』小島資料館、一九七八年。

（21）鶴巻孝雄「甲州鎮撫と多摩―助郷・日野農兵・堅甲会―」（『歴史読本』二〇〇四年一二月号）。

（22）「士族復籍願書綴」（伊達市噴火湾文化研究所所蔵）。

（23）「士族契約会則」（伊達市噴火湾文化研究所所蔵）。

（24）「明治二七年　有志兵員約束書」（伊達市噴火湾文化研究所所蔵）。

(25) とくに一九世紀に急速に自分の村や地域の歴史や地誌の編纂、あるいは国の歴史や文化への興味などが進展することについては、岩橋清美『近世日本の歴史意識と情報空間』名著出版、二〇一〇年。この時期のこの定信の新しい評価については、タイモン・スクリーチ（高山宏訳）『定信お見通し―寛政視覚改革の治世学―』青土社、二〇〇三年。

(26) 斎藤希史『漢文脈と近代日本―もう一つのことばの世界―』ＮＨＫブックス、二〇〇七年から、儒学をシステム化して日本に受け入れやすくした朱子学、あるいは寛政異学の禁によって学問が制度化することが子弟教育に与えた影響などのほか、幕末の志士たちが天下国家について悲憤慷慨するときの文体として漢文・漢詩を採用したことについても多くのヒントを得た。近代で儒学教育というより漢文教育が進展することの意味についても考えさせられた。

(27) 本来ならば、ここで武士道をめぐる研究史についてもまとめなければならないのかもしれない。しかし、直接には「武士道」そのものを対象としたわけではなく、また佐伯がすでに指摘しているように「武士道」そのものの定義もイメージも論者によって区々で、佐伯の簡にして要を得たまとめ以上のものは書けない（佐伯二〇〇四）。ここで取り上げた研究以外に、笠谷和比古、池上英子（池上二〇〇〇）、谷口眞子（谷口二〇〇七）、山本博文（山本二〇〇一）などのものを参照したが、小稿の構成に生かすことはできていない。また、「日本固有の文化」としての「日本の武士道」というとらえ方は、現在スポーツの世界でしばしば見られる「サムライジャパン」シンドロームの解明には参考になるとは思うが菅野・佐伯・ベネットが揃って指摘するように、近代以降に創られた思いこみ（受け手にとっては「刷り込み」）以上のものではないと考えている。この点では「武道」の「誕生」とも関わる（井上二〇〇四）。

(28) 日清・日露戦争の頃の藩祖三〇〇年祭も、近代の武士道が国民道徳と共に顕彰されるきっかけとなったこと、旧城下町の城跡公園に桜が植えられ市民に開放されることで、貴族の愛でる女性的な桜のイメージが武士の好む「男性性」へと転換されることについては、高木博志氏から御教示を得た。

(29) 国立歴史民俗博物館蔵、明治二八年、耕濤作、小林清親、水野万年、尾形月耕ら多くの画家も同様の戦争報道絵を描いている。

【参考文献】

アレキサンダー・ベネット『武士の精神とその歩み』思文閣出版、二〇〇九年。
池上英子『名誉と順応』ＮＴＴ出版、二〇〇〇年。
井上　俊『武道の誕生』吉川弘文館、二〇〇四年。

岩淵令治「「江戸史蹟」の誕生」（久留島浩・高木博志・高橋一樹編『文人世界の光芒と古都奈良』）思文閣出版、二〇〇九年。

岩淵令治「旧幕臣と武士道」（小嶋道裕編『武士と騎士』）思文閣出版、二〇一〇年。

氏家幹人『江戸奇人伝　旗本・川路家の人びと』平凡社、二〇〇一年。

氏家幹人『サムライとヤクザ』ちくま新書、二〇〇七年。

氏家幹人『これを読まずに「江戸」を語るな』祥伝社、二〇〇九年。

大塚武松・藤井甚太郎編『川路聖謨文書1〜8』日本史籍協会、一九三二〜三四年。

笠谷和比古『武士道と日本型能力主義』新潮選書、二〇〇五年。

川路寛堂『川路聖謨之生涯』吉川弘文館、一九〇三年。

川田貞夫『川路聖謨』吉川弘文館、一九九七年。

菅野覚明『武士道の逆襲』講談社、二〇〇四年。

久留島浩「近世の軍役と百姓」（『日本の社会史　第四巻』）岩波書店、一九八六年。

久留島浩・宮坂正英「ブレーメン海外博物館蔵「江州蒲生郡庄村高木村検地図巻」について」（『滋賀大学経済学部附属史料館研究紀要
四〇』）二〇〇七年。

国立歴史民俗博物館『企画展示　武士とはなにか』同館、二〇一〇年。

小島日記研究会編『小島日記　二八』小島資料館、一九八四年。

小島資料館『小島資料館目録　改訂版』同館、一九七八年。

佐伯真一『戦場の精神史』日本放送出版協会、二〇〇四年。

須田　努『幕末の世直し　万人の戦争状態』吉川弘文館、二〇一〇年。

高木昭作「「秀吉の平和」と武士の変質—中世的自律性の解体過程」（『思想』七二一）一九八四年。

高木博志「『郷土愛』と『愛国心』をつなぐもの—近代における『旧藩』の顕彰」（『歴史評論』六五九）二〇〇五年。

高木博志『近代天皇制と古都』岩波書店、二〇〇六年。

伊達市教育委員会『伊達家文書目録』伊達市、一九八〇年。

田中康二『本居宣長の大東亜戦争』ぺりかん社、二〇〇九年。

谷口眞子『武士道考—喧嘩・敵討・無礼討ち—』角川学芸出版、二〇〇七年。

塚本　学「士農分離と呼んでみたら」（『信濃』二〇〇四年二号）二〇〇四年。

辻本雅史『近世教育思想史の研究』思文閣出版、一九九〇年。

鶴巻孝雄「〈国家の語り〉と〈情報〉」（『民衆運動史4　近代移行期の民衆像』）青木書店、二〇〇〇年。

仲村　研『山国隊』学生社、一九六八年。

新渡戸稲造『武士道＝ｂｕｓｈｉｄｏ』講談社インターナショナル、一九九八年。

尾藤正英『江戸時代とはなにか』岩波書店、一九九二年。

平川　新「中間層論から見る浪士組と新選組」（平川新・谷山正道編『地域社会とリーダーたち』）吉川弘文館、二〇〇六年。

平川　新「庶民剣士と村山の農兵」（『西村山地域史の研究二八』）二〇一〇年。

藤井讓治『江戸時代の官僚制』青木書店、一九九九年。

藤木久志『豊臣平和令と戦国社会』東京大学出版会、一九八五年。

藤實久美子・渋谷葉子「史料紹介『上総日記』翻刻―付川路聖謨・高子史料目録」（『学習院大学史料館紀要』一三）二〇〇五年。

町田市自由民権史料館『武装する農民』同館、一九九八年。

水林　彪『封建制の再編と日本的社会の確立』山川出版社、一九八七年。

三野行徳「幕府浪士取立計画の総合的検討」（大石学編『一九世紀の政権交代と社会変動』）東京堂出版、二〇〇九年。

宮地正人『歴史の中の新選組』岩波書店、二〇〇四年。

藪田　貫『武士の町大坂』中公新書、二〇一〇年。

山本博文『葉隠れの武士道―誤解された「死狂ひ」の思想』ＰＨＰ新書、二〇〇一年。

横田冬彦「近世の学芸」（歴史学研究会・日本史研究会編『日本史講座第6巻　近世社会論』）東京大学出版会、二〇〇五年。

吉田伸之「日本近世におけるプロレタリア的要素について」（『歴史学研究』五八四号）一九八五年。

吉村　昭『落日の宴』講談社、一九九六年。

渡辺　茂『新稿伊達町史』伊達町、一九七二年。

幕末・維新変革とアジア
――急進開化論の系譜をたどるために――

井上勝生

はじめに

幕末維新期の開国から尊王攘夷運動までのあいだ、有力に登場していた開化論のなかでも、急進開化論と漸進、あるいは穏健開化論の二つが見られ、激しく交錯していた。東アジアにおいて、前者は大国主義、後者は小国主義の主張に傾くものであった。欧米が到来する一九世紀、東アジア諸国の欧米への対応は、共通してこの二つの開化論が並び立っているように思われる。日本の欧米と東アジアへの対応は、やがて急進開化論と大国主義、脱亜へと進んでゆく。この報告は、その出発点となる時期における多様で交錯した動向を、欧米と東アジアを視野に入れながら再検討する、そのための基礎的考察の一つである。

I　一九世紀の日本・欧米外交の世界

幕末期、欧米と日本の外交の様相について、一事例を見よう。アメリカ合衆国からハリスが下田に来航した一八五六年（安政三）、ハリス外交、最初期の一場面である。ハリスは、領事江戸駐在を要求し、領事の重要性を説明するために、次のように発言した（史料は、『大日本古文書　幕末外国関係文書』一四、五三一頁である。以下同書は、『幕末外国関係文書』と記す。なお本稿は、比較史を目的とする報告であり、原文を読み下して漢字およびカタカナも適宜、平仮名に直して引用する）。

一、官吏（ハリス）上陸の上は、その居所に平日、旗を建て、猥りに人の立ち入りを許さざる程の官職に御座候あいだ、右等の差別は御心得下されたく候。

七月二六日、下田奉行所における組頭若菜三男三郎との交渉記録、「亜人対話書」に記されたハリス発言である。ハリスは、領事館に国旗を建てる権利と、「猥りに人の立ち入りを許さざる」権利、つまり治外法権を要求した。

一方、約四ヶ月後（一二月一七日）に、柿崎村玉泉寺仮領事館でもたれた交渉で、ハリスは、下田奉行所役人を激しく非難する。奉行所経由の諸支払い金額が高すぎるという不満で、奉行所を「割り増しの盗賊」とまで述べた。非難は、他にもおよんだ。ハリスは、市中散歩の途、野菜や魚を商う商人が、寺院に入るのを見かけて、なぜ「玉泉寺に限り」商人が入ってこないのかと抗議する。「右は、御奉行様より、御差し留めの儀には、御座なく候や」と非難した。組頭若菜の反論を見よう（『幕末外国関係文書』一五、三二三—三三五頁。左の発言は三三一頁）。

一、野菜ならびに魚類など、商ひ候ものども、あえて玉泉寺に限り、立ち入り候儀を差し留め候儀はこれなし。しかしそこ許、最前上陸のみぎり、たとえ仮官舎（玉泉寺）にても、土地の者など立ち入り候儀は、一切なりがたき由、申し聞き候儀これあり。

若菜の反論は、前述の治外法権を説明したハリス発言を想起したものである。ハリス発言は、「猥りに人の立ち入りを許さざる程の官職」であった。この発言を想起した若菜は、「土地の者など立ち入り候儀は、一切なりがたき」とハリスが主張したと指摘した。組頭という奉行下役の若菜は、四ヶ月前にもなるハリス発言の趣旨をまちがいなく引用した訳である。

ついでハリスは、玉泉寺の日本側警護役人の撤廃も要求する。応酬は、双方の交渉能力の一面を端的に示しているので左に引用しよう（同右、三三二—三頁）。

ハリス

一、夜分は、（警護役人）一同、寝伏せ居られ候様子、右にては、盗賊、非常の警衛は出来申すまじく……（下田奉行所を指して）割り増しの盗賊、日々立ち入り候には困り申し候。

若菜

一、非常警衛等の儀は役人の心得にこれあり。そこ許など、関係いたし候儀にこれなし。かつ割り増しの儀は、決してこれなき段申し聞き置き候を、なお相疑い、右躰不法の言葉を相発し候は心得がたし。通弁等の行き違いに候はば格別、今一応申し聞くべく候。

ハリス

一、戯れに申し上げ候までに付き、御聞き流し下さるべく候

ハリス発言は皮肉に満ちているが、対峙した若菜三男三郎の交渉に注目したい。警護役人の「心得（勤務態度）」に、ハリスが関与できないという反論は必要である（内政干渉の問題である）。また若菜は、「割り増しの盗賊」という「不法の言葉」を見逃さず、再確認を求めて、ハリスの弁解と発言撤回を引き出した。幕末日本と欧米の外交史は、あまりに偏見をもって叙述されてきていると思う。

今少し、この交渉を掘り下げてみよう。実は問題点は、日本側が仮領事館玉泉寺について、ハリスの主張する「土地の者など立ち入り候儀は、一切なりがたし」という治外法権の特異な空間を容易に受け容れたことにある。当初、ハリスに本堂貸与の交渉がされていたが、七月二九日交渉で、庫裡《くり》も含めた玉泉寺全体の貸与が合意される（同書、五七〇—一頁）。現在、玄関前の高く聳えるはしご付き木柱に翻る巨大な星条旗と、寺院および庫裡という、ヒュースケン描く有名な仮領事館玉泉寺全景のスケッチが残された訳である。

領事は、現在も外交官ではなく、行政官の位置にある。欧米地域では、一九世紀においても、公使館とちがって、領事館には治外法権という特異な空間は存在しなかった。執務室ないし、執務室文書に治外法権が認められるだけ、というのが欧米外交慣例であった。一八六二年（文久二）オランダへ留学した幕臣西周助（西周）は、こういう近代国際法（当時「万国公法」）を正確に学んで、開成所で教え、一八六八年に西周助『万国公法』を刊行した（『明治文化

全集』一三、一七—六三頁)。

西自身は、中国漢訳の「領事」という訳語をあえて使用しないで、「商正」(商人の取締役という意味)と和訳し、「商正は、遣外官員の下等なる者にして」と説明する。商正は、「干犯を受けざるの権と、度外の権を有することなし」と記す。領事は、歴史的にも、商事仲裁人に由来するのであり、治外法権や外交権はないのである。西の訳語「商正」(商を正《ただ》す)は、今日に伝わらないが、彼の見識を示したものであった。ただし、このような法の展開が重要だが、アジア・アフリカの非欧米地域へ派遣された領事は、異例の権限、治外法権をもった。西は、「欧羅巴諸国より、東方土耳其、波斯等、諸国を斥す等、併に波波里《バーバリ》諸国に派定する商正は、その職守・権利はるかに異にして係る所、甚だ広し」と記す。東方のアジア、アフリカ(波波里諸国は、北アフリカ)では、欧米の領事は、特殊に強い権限をもった。西の説明によれば、「此諸国(アジア・アフリカ)の交際(外交)、未だ全然、泰西公法の基礎に準して律す可らさればなり」、つまりアジア、アフリカ諸国は、欧米のような「文明の法」がないと扱われたからである。西は、アジアは、国際法が適用されないグレーゾーン(「泰西公法の同盟たらざる諸国日本、唐、暹羅《シャム》、波斯等」)だと明確に説明している(同書、二六頁、五八—六〇頁)。

ハリスは、下田奉行に、合衆国が世界「二五〇余ヶ所」に領事を派遣していることを説明したのだが、もちろんアジア、アフリカには、特異な非文明国向けの領事館があるとは説明しなかった(『幕末外国関係文書』一四、六四一頁)。ここに、当時の欧米と日本、アジアの位相に係わる問題がある。しかし一方、注意深く外交史の細部を見ることも必要である。

一二月一七日交渉で、ハリスが、商人が玉泉寺に立ち入らないと咎めた際、ハリス発言には、治外法権がない欧米の領事館のあり様が伏在していたのではないか。そういう可能性を推測させることも含めて、治外法権を再確認した若菜発言は、出入り禁止の領事館はアジアの仕組まれた「虚構」だという、アジア向けハリス外交の秘密に迫る手筋の上にまちがいなく在ったのである。

交渉の筋道を正確にたどる文書主義的な、実証的手法によって組頭若菜の外交が可能になった。そうした実証的な外交が、日本側で可能になった基礎の一つとしては、幕府が、「亜人対話書」など、「各国対話書」の子細な外交文書を作成したことが重要であろう。「対話書」は、在地の下田奉行から在府の下田奉行を通じて老中へ送られ、そこに集積され、また各関係役局（評定所や三奉行など）へと配布された。他の外交文書、たとえばハリス書簡や下田奉行上申書、それに添付された老中達書なども、同じように集積され、配布された。文書主義的な、実証的な外交は、近代外交への筋道の一つである（これは欧米でも同様である）。

当時、一九世紀において、アジアに対する欧米外交は、それ自体、矛盾に満ちた政治文化に拠っていた。当時の国際法は、幕末以後に「万国公法」と翻訳されて流布したのだが、現在は「近代国際法」と呼ばれており、現代国際法とは、違う点が多いものである。近代国際法は、「平時国際法」と「戦時国際法」に截然と分かれる。平時国際法は、主権国家、内政不干渉、国家平等権など、近代世界の法理の根幹をつくった。アジアの儒教文化圏では、理由のあることだが、理想主義的に解釈されることも、しばしばあった。一方、戦時国際法は、その基調の一つは、「戦争を是認する文明」であった。近代国際法では戦争権は、そもそも原則的に、あらゆる主権国家に認められていた。

戦争権是認の歴史の要点は、次のようである。近代以前、中近世の戦争法では、正戦理論と呼ばれる法理が原則であった。戦争は、かならず正義と不正義の戦いであった。それゆえ正義の側は、不正義の相手を容赦なく殲滅する戦争を展開した。それが神意に叶う戦争であった。正戦の法理は、当時の「傭兵の軍隊」という決定的要因も加わって、ヨーロッパ大陸に殺戮と掠奪の時代をもたらした。傭兵は、女性、子供、老人、病人も殺戮し、顕著な人口の減少すら起きた。法制史家が指摘するように、中近世ヨーロッパ大陸のこの流血と悲惨のなかから、近代国際法という「文明」が生まれた（山内進『掠奪の法観念史』など）。

近代国際法では、戦う双方は、理非、つまりどちらが正義か不正義かを問わないことにされた。戦いが起こるという事実を認めて、戦い方の規則がつくられたのである。戦時、非戦闘員の生命や財産が保護され、捕虜の保護も認められる。局外中立の規則もきわめて人為的に決められた。たとえば、中立港から交戦国双方の軍艦が外海へ出る場合、二四時間の間合いを置くなどの実定法である。近代国際法は、半面では、戦争を不正とし、戦争そのものをなくそうとする法理をもつことができなかった。戦争の権利を認める、徹底的に現実主義的な、理想主義を留保した文明を形成したのである。

西周助（漢学者）は、こうした戦争権是認の歴史の要点を理解していた。双方に戦争権を認める法理は、現在は近代国際法の「無差別戦争の法理」と呼ばれている。西は「泰西公法にては自主の国相戦ふは、彼此とも其理直なりとす、是を以て両国共に其権また匹敵なる也」と法理のかん所を明快に説明した。往時の正戦理論が、流血の悲惨をもたらしていたことも、「彼（古代中世人）皆敵を殲滅するを以て戦争の本意とす。其土地を蹂躙し其所有を掠奪毀摧しかして手に触るゝの人民を殺戮し、婦人少子老羸病残を論することなく是を殲すこと勁漢壮夫に異ならず」と記した（『明治文化全集』一三、四一頁）。

第二次大戦の前、戦間期から、国際法は現代国際法に移行し、無差別戦争の法理が否定されて、ふたたび正戦理論に戻っている。近代国際法の無差別戦争の法理のもとで、戦争権が認められた結果、夥しい戦争が起きたのである。戦争の害悪を減らすために、戦闘をルール化した法理が、殲滅戦争の悲惨を否定しようとしたものであって、中世的思惟から開放され、世俗化をたどった、欧米における人類の英知の所産であったことは明瞭である。だが、戦争権を認めたことは、「文明」と自称しながらも、理想主義とほど遠い、矛盾に満ちた文明であることも明らかであった。まして、それが、非文明と見なすアジアへ向かったとき、矛盾は、きわめて激しいものになったのである。

ハリスの外交も、軍事力の優勢に傾いた外交であった。事実しばしば戦争をもって日本側を脅迫した。下田来航の翌年、一九五八年（安政四年）五月二九日、下田協約が合意されるなかで、アメリカ商人の日本滞在問題をめぐって、下田奉行井上清直らの強い巻き返しに会って、ハリスは、激怒して反撃した（この協約交渉全体は、いまだ正確に叙述されていない）。ハリスと井上清直の、「戦争」をめぐる交渉の一場面を見よう。

同日の「対話書」の朱書によれば、ハリスは、「傍らに有り合わせ候紙、引き裂き、対席の間へ投げ出し、居丈け高に相成り、面色を変じ、憤怒甚だしき様子に相見え」た（『幕末外国関係文書』一六、一六二頁。次のやりとりは一六四頁）。

ハリス

一、改めて御全権の廉へ対し申し上げ候。日本にては両国の懇篤をお望みなられずとの御書付、下さるべく候。戦争、御好みの義に候はば、右の心得にて帰国申し立つべく候。

井上清直

一、一旦和親取り結び候上、いかでか戦争など望み申すべきや。両国へ渉り候事件は、たがいに誠実を尽くし、永世まで差し支えこれなき様、取り計り候こそ相望む所に候。

ハリスは、協約交渉の不満を戦争で解決する、そのために帰国すると圧力を加えた。日本側、井上清直の発言は、ペリーが結んだ日米「和親」条約の主文（第一条）によっている。「誠実を尽くし」、「永世まで」、いずれも和親を述べた和親条約主文である。交渉はハリスの戦争を使った脅迫から、ふたたび条文の交渉、つまり外交へと変わってゆく。

さらに検証するならば、ハリスの戦争発言が、ペリーが永世和親の「条約」を結んでいたのにも係わらず、公式交渉の場でためらうことなくなされたことに気付く。戦争発言は右のように日本側の対話書に記録された。ハリスはこの後、江戸での幕閣への演説で、条約の戦争を防ぐ有効性をくり返し説いたが、無駄であった。幕臣は、後で掲げる一覧のようにそれを条約に条約を求めたものと実証的に批判できた。近代国際法では、戦争権は、条約に係わらず、無前提に承認された法理なのであり、幕臣は欧米のアジア外交の実体を正確に衝いたのである。

Ⅱ　漸進開化派と急進開化派

一八五七年一〇月、江戸城に登城したハリスが、かねて予告した「重大事件申し立て」をする。ハリス演説である。演説は、一七二項目に及ぶのであり、一九世紀の欧米とアジアと日本の情勢を説明した。アメリカ平和友好論を基調として掲げる演説を順に、項目を挙げて並べよう（『幕末外国関係文書』一八、一〇四―一二五頁）。以下、項目だけを並べる。

近時五〇年来の西洋の変化（産業革命、軍事技術など）、スターリング来航以来のイギリスの脅威、英露対立の脅威、清国におけるアヘン戦争・アロー戦争の展開、アメリカ友好外交、アヘンとイギリス、イギリス脅威論、日本の危機、条約とアヘン禁止、キリスト教と信教の自由、ポルトガルとスペインの旧外交批判、貿易の利益、条約とインド情勢、大統領の日本への好意、英仏来航の脅威、である。

ハリス演説について、老中が、評定所、大目付・目付と勘定奉行などに諮問する。この諮問で、勘定奉行と大目付・目付が、開国方針では一致しながら、違う趣旨の上申をする。大目付・目付の急進開国論と、勘定奉行の漸進開国論である。

急進開国論は、ハリスの外交官江戸駐在と自由貿易の要求を、幕府中興の「一大好機会」ととらえる。大坂に七・八分は取られている経済の利権を、江戸へ奪い取る絶好の機会なのである。中心になったのは、目付岩瀬忠震の開国論であった。私は異る見通しをかねてから述べているのだが、石井孝の労作『日本開国史』などを含めて、この目覚ましい積極開国論が、幕府外交の主流だと見なされてきている。

開国論自体は、幕府がしばしば諮問をくり返すなかにおいて、大名のなかで有力になっていた。たとえば同年一一月二六日、越前藩の老中への上申は、「方今の形勢、鎖国致すべからざる儀は、具眼の者、瞭然と存じ奉り候」と言いきる。「我より航海を始め、諸州（世界）へ交易に出る」ので、ハリスの要求は受け容れるべき、「御拒絶これなき筈」であり、「強兵」と「富国」を計り、我より無数の軍艦を製造し、「近傍の小邦」を兼併し、ヨーロッパ諸国に「超越」すると述べる（『幕末外国関係文書』一八、四四四―七頁）。

朝鮮近代史において、急進開化論と穏健開化論の位相の分析が進んでいる。欧米文明摂取を中心とする急進開化論（代表的には、金玉均から独立運動家申采浩、申采浩は後にアナーキストに転ずる）と、儒教的思惟を守ることに基軸を置く穏健開化論（代表的には、波瀾万丈の政治家金允植）である。趙景達が分析するように、通例として前者は大国主義であり、後者は小国主義の主張をもっている。しかし、朝鮮では大国主義は例外的にしか出てこず、儒教的な政治文化のなかで成長することがなかった（趙景達「朝鮮の国民国家構想と民本主義の伝統」など一連の論文）。この点において大国主義の表われ方が正反対に違うが、欧米に対峙した東アジアで、少なくとも急進開化論と穏健開化論が出てくるのは、共通する政治基盤もあるのだと思われる。上の、一八五七年の越前藩の上申は、急進的開化論であり、顕著な大国主義であり、すでに（きわめて早期に）侵略志向であり、脱亜主義に向かっている、そういう武威の政治文化が存在した。

幕府の大目付・目付の急進開化論は、実際に、外交実務を担う幕臣勢力のそれだという点が重要である。穏健開化論との対立も、具体的である。この急進開化論をあぶり出すために、まず穏健開化論を主張した勘定奉行の上申（一一月五日）から見てゆこう。

勘定奉行の上申は、ハリス演説の徹底した実証的検証であった。「西洋の事跡を記し候諸書」などで取り調べた。多用されたのは、中国で翻訳された地理書「海国図志」、そしてオランダ別段風説書や、唐船風説書、またそれまで幕府が外交実務で集積した外交文書、とりわけ「対話書」などであった。長文のハリス演説本紙下部に、「下ヶ札」の覚書を貼りつけて上申した。また書籍の内、主要のものについて、「書抜」という資料編を添えた。勘定奉行の「下ヶ札」は、次の一覧のように、一八枚であった（上の番号は下ヶ札順序、次の条数は勘定奉行が付けた全部で一七二の通し番号、次はハリス申立の趣旨、下段は勘定奉行の検証の要点である）。

ハリス申し立て「対話書」に対する勘定奉行の「下ヶ札」

一　9・10条　米国非侵略国論（東方に領土を求めない）　メキシコ戦争で米国が領土掠奪

二　11条　米国非侵略国論（遠方に領土を求めない）　キューバ・ハワイへ米国の野心

三　13条　米国非侵略国論（武力で領土を得ていない）　メキシコ戦争の事例
四　14条　米国条約・合盟に武力を使わず　ペリーの江戸湾や琉球での武力的行動
五　22条　西洋、世界中一族の論　日本にはもっての他
六　23・24条　世界一族へ非加入国へ武力行使　米国も武力行使の側に居る
七　25–32条　公使駐在・自由貿易の要求　米国大統領書簡の要求を越す強願、英国をもって恐喝
八　33–42条　英国の脅威、英露対立　事実だが、使節が江戸に居ても無効
九　45–60条　アヘン戦争・アロー戦争展開　恐喝。清国の事例によれば、公使駐在で防止できない
一〇　62–69条　同右戦争に米国は参戦せず　23条と矛盾する申し立て
一一　70–93条　アヘン・英国の中国への害悪　米国もトルコアヘンを商う。取飾りの申し立て
一二　108–110条　大統領の好意　条約に条約を求む。条約は、戦争防止に役立たず
一三　117条　大統領は普通の要求　根拠ない説明
一四　118–127条　信教の自由　西洋宗教戦争や琉球での宣教師の活動
一五　142条　シャム条約は英国を防ぐもの　条約の日付や地理書の点検によれば事実無根
一六　143–145条　東インド、無条約のため植民地化　西洋、条約あるが亡国数多、保国は戦守の力
一七　147条　日本、鯨漁の利を取られている　道理
一八　150–151条　大統領が外交の仲立ちに立つ　甘言、西洋各国の手段

一と三の検証については、拙著『日本の歴史18開国と幕末変革』（講談社、二〇〇二年）や、『幕末・維新　日本近

現代シリーズ①』（岩波新書、二〇〇七年）で簡単に説明した。ハリスが、「合衆国の政府に於ては、他方に所領を得候義は、禁じ申し候」と説明するのに対して、オランダ別段風説書などを根拠として、メキシコとの戦争でカリフォルニアなどを略取したことを挙げて、「全く偽り」と指摘していた（『幕末外国関係文書』一八、二五九頁）。イギリスがアヘンを密売して巨利を得たことを批判する一一についても、「海国図志」の記事によって合衆国が、トルコアヘンを密売していることを挙げて、「御為に託し、取り飾りの申し立て」と指摘していた。情報集積の深さを示すものとして、二が注目される。合衆国がサントイス島（ハワイ）に野心を示したという情報は、一八五五年箱館に来航したフランス軍艦から箱館奉行が得て、江戸幕閣へ送られたのであった。実際の合衆国のハワイ併合は、一九〇〇年であり、遙か以前の合衆国の太平洋における動静の情報を江戸幕府は集積していたのである。

一八の大統領が外交の仲立ちに立つというハリス申し立てへの反論も重要である。ハリスは、一五〇条で「一大統領願には、西洋各国ともし確執等これあり候節は、格別大切の取り扱い、媒《なかだ》ちに立ち置かれ候様、兼て申し唱え、心掛けまかり在り候」と説く。具体的には、当時、予測されたイギリス艦隊来航の際に、大統領が仲立ちをするという、特別な友好条約の設定である。勘定奉行の検証は、次のようである。「書面、百五拾ヶ条、百五拾一ヶ条の儀、かくの如き甘言は、西洋各夷の手段に付き、聊か御油断相成りがたき儀哉に相聞き申し候」と。一五一ヶ条は、合衆国との通商条約が、他列強と結ぶ条約の基準になるという点を指摘したものである。その指摘自体は、妥当とも考えられるが、問題をはらむのは、これらの前の一四九条の「大統領の好意」の説明である。「一、軍船、蒸気船その外、何様の軍器にても、御入用の品は、持ち渡り候様致すべし。海軍の士官、陸軍の士官、歩軍の士官、幾百人成りとも、御用に候はば、差し出し申すべく候」という。合衆国のような列強との、特別の友好関係の設定が、軍事援助にまで発展することは、アジアの小国にとっては危険である。大統領が日本の国際的困難のために別段に尽力するという申し立ては、ハリスの誇張（外交テクニック）であって、勘定奉行が、アメリカ平和外交論を批判したと同じ見地から、「甘言」と批判するのは、穏健開化派に相応しいものである。

このような検証をした穏健開化派の勘定奉行に、老中から再度の諮問がされて、再上申がなされるが、その前に順序として、大目付・目付の上申（一一月四日）、及び旅中だったため別に提出された目付岩瀬忠震《ただなり》の上申（一一月六日）をあわせて見よう。急進開化派の大目付・目付は、外交官江戸駐在と自由貿易を容れるよう上申する。

岩瀬忠震の上申は、きわめて具体的である。ハリスとの通商条約交渉は、やがて急進開化派の岩瀬忠震も、（中間派の井上清直とともに）担うことになる。最初に、岩瀬の上申を見ておこう。岩瀬は、ハリスが領事江戸駐在を要求したのを、かえって「一大好機会」（『幕末外国関係文書』一八、三三二頁。同日、江戸同役への書翰）として、横浜開港をして、日本全国の経済利権七八分が集まった大坂から、利権を江戸に取り返そうとするのである。それは、幕府「中興一新」の策でもあった。アジアの中での比較史を考える際に特に重要なのは、岩瀬上申書の、次の部分である（同書、三三〇頁）。

眼前に（横浜に）万国の船々、入津致し居り候儀に付き、英国龍動（ロンドン）等の振り合いにて、武備の精錬、自然怠慢相成らざる気分に推し移り、士気も一層凛然と罷り成り、内海・陸手とも御備向きも自然厳重に相立ち、又は外国の船々渡来の内、軍国の利益筋、新奇発明の品もこれあり候えば、江都（江戸）近の儀故、誰にも手軽に相学ばせ候儀も出来、すべての精美、まず江府（江戸）に御採り成られ候て、闔境（全国）へ推し及ぼし候手順に相成り、天下の権勢いよいよ御掌握に帰し候実事これあるのみならず、上は京師（京都、朝廷）へ対せられ、天下の難とする事を御手許に御引受成られ候て、宸禁（天皇の心）を休んぜられ候御大義、御美徳相顕は

れ、諸藩末々まで、一言も申し上げ様これなく、下は天下の利権を御膝元に帰し、万世の利福を興し、中興一新

眼前に万国の船々が入港している地勢を、英国のロンドンにたとえる。ユーラシア大陸沖合の島国という地勢から、日本を「東方の英国」とする考え方がある（後述）が、それと同様である。江戸は、ロンドンの振り合いを模範とする。そうして「武備の精錬」以下では、江戸の軍事力を強くすると言う。「軍国の利益筋、新奇発明の品」以下で、欧米最新の軍事技術の導入に着手する。これは、ハリス演説の一五〇条、合衆国からの軍事援助にも期待したものである。「士気も一層凛然」など、まさに武士的な上申書である。末尾に天皇・朝廷が出てくる点については、やがて実現する急進開化論と天皇・朝廷との親和が生まれてくる歴史的背景なのであって、本報告では触れられないが重要な研究課題なのである。

注目されるのは、「すべての精美、まず江府（江戸）に御採り成られ候て、闔境（全国）へ推し及ぼし候手順に相成り、天下の権勢、いよいよ御掌握に帰し」の部分である。江戸で、欧米軍事技術の導入をおこなってから他の大名へ及ぼす、という意見である。経済の利権を握っている大坂が発展するのを防いで、あえて江戸から着手するという急進的開化論も岩瀬の上申書であった。

大目付・目付の上申でも急進的開化論が述べられる。英国がやがて数十艘の軍艦で来航することを予想して、その際に、ハリスが予告した、アメリカ大統領の仲介を信頼しようと述べる意見書なのである。大目付・目付の意見書は、次のように述べる（同書、二五二―三頁）。

右一条（イギリス艦隊の来航）に付いては、大統領も、御国（日本）の為に深く心配致し、兼て（ハリスに）申し

付け候趣も御座候あいだ、（ハリスの）申し立ての趣、御取り用い相成り候儀に御座候はば、自分（大統領）紹介に相立ち、外国筋におゐて、御不都合の儀これなき様、取り扱い申すべき段、天に誓って申し立て候えば、これもって虚談にはこれあるまじく、たとひ虚談に候共、此方にては、偏にその言葉を踏まへ、義理を以て相詰め候はば、人心これある者は、幾重にも御国の為、骨折申さず候はでは、相成るまじく候あいだ、かたがた申し立ての趣、御取り用い成られ、二ヶ条の願意、御聞届成られ候様

アメリカ大統領が日本のために深く心配しており、通商条約を結べば、大統領があいだに立って、イギリス艦隊来航という情勢のなかで、日本のために尽力すると言っていることを「虚談」ではないと、大目付・目付は判断している。たとい「虚談」であっても、此方は、その「言葉」を踏まえ、「義理」をもって迫れば、「人心」ある者は、日本のために「骨折」と言う。この判断は、何とも不可解である。合衆国に対する見方が、甘いといわざるをえない。なぜ、甘いのであろうか。

同意見書の後半に、次のように述べられていることに注目しよう。文末に記されているように、「成るべく丈、早々御決定の御挨拶（ハリスに）仰せ達せられ候方然るべく」であり、「成るべく丈、早々」にハリスの二ヶ条の願意を聞き届けたと「挨拶」を伝える、という意見である。その前の文章が、「成るべく丈、早々」でなければならない理由を述べている。要点は、江戸へ領事の駐在を認めると、流言流布や人心疑惑が予想される、諸大名の不平が広がっては「もっての外」であるので、たとえ「異存の者」（大名など）が居ても、一応説諭だけはして、「成るべく丈、早々」に決定するのである（同書、二五三頁）。

岩瀬忠震の上申書を想起しよう。ハリスが江戸の開府を求めたのは、「一大好機会」であった。好機会というの

は、短期的なものなのである。危機を機会にして、江戸の開府を決めてしまおうという訳である。大目付・目付の意見書の場合も、同じ構造である。イギリスのボーリングが数十隻の軍艦を率いて来航する、そのためアメリカ大統領が日本のために仲介になろうと言っている、この情勢の危機切迫こそが、好機会なのである。大名の反対が出ても、この危機感が背景になって、それを押し切ることができる訳である。

　江戸で、まず軍事技術の導入をして、他に及ぼすと言っているが、これは、他の大名を圧倒すると同じであろう。そういう軍事技術の導入のあり方だから、大名の反対も予想されるわけである。急進開化論にとっては、対外的危機切迫が、反対する世論を押し切って大改革をする好機だと捉えられている実情が分かる。

　一方、急進的開化論と異なる、穏健開化論の場合、国内世論や、対外的危機との関係はどのようになっているのだろうか。前述した老中の再諮問に応える勘定奉行の再度の上申をここで見てみよう。勘定奉行の再上申書（一一月一〇日）は、ハリスの願意を、戦争を避けるために、「枉《ま》げて許す」というものであった（同書、三四四―七頁）。

　勘定奉行は、ハリスの演説に対して、「勘弁の上にも勘弁を尽くし」て、「繰り返し熟考」し、ハリスの演説には、つじつまがあわないところが見え、「御国（日本）の御為に忠告いたし候と計りには相聞こえず候あいだ」、あえて論争はせず、それを含んで交渉を行うべきである、と述べる。従って、ハリスの要求は、全然、好機ではないのである。「彼等（欧米の）志願の儀、枉げて御差し許し」であり、できるだけ譲歩すべきではない。ハリスに対しても、警戒を緩めない。だから、決定は、「衆議」に寄らなければならない、と勘定奉行は述べる。勘定奉行の上申書の後半の要旨は次のようである。

　決定した後で大名に達したのでは、大名から「勝手侭《まま》に評論」や「品々存寄り」がでて、「御手数」になる。決定しない内に（大名に）「御尋ね」をする（諮問する）と（大名は）「料簡」を言えない場合より一層、「承伏」するであろう。たとえ「戦争等の論」を言う大名が居ても、「衆議」に従って決定するのだから、いささかも懸念はない。「御尋ねの前後」は「人心の向背」に係わる重大なことである。大名に諮問してから決定されたいと。

勘定奉行は、「諸大名は、国家の藩屏」であり、有事の際は、「御遣ひこれなく」てはならないと述べており、大名の「衆心一致」の体制をつくることにこだわっている。欧米に対する警戒をいささかも緩めないのであって、そのために、やむを得ず、枉げて許すのであり、国内の合意もしっかりとつくるわけである。その諮問の順序論は、紛れもなく、大目付・目付の急進的開化論に対する批判である。

また、勘定奉行の大名の「衆心一致」をつくり出す手順が、事前に大名に諮問をするというオーソドックスな手法にだけ拠っていることも重要である。従ってこの手順の意見には、岩瀬忠震と違って天皇・朝廷や京都がまったく言及されていない。

他方、急進開化論の岩瀬忠震や大目付・目付の上申は、大坂ではなくて、江戸に近い横浜で貿易の利益を挙げたり、江戸で、軍事技術の導入を進めるという、幕府中興一新の政策があり、それは、通商を一大好機として、幕府が他の大名を圧倒する政策でもあったのである。江戸はロンドンにならう、という岩瀬の意見は、前に見た。

ハリス自身は、翌月の条約交渉における発言のなかで、自分は、江戸城での申し立て（演説）で、次のように述べたと発言していた。「国を治むる活路は、交易に止り申し候。英国は欧羅巴中の小国なれども、即今世界の強国と相成り、日月の照らす処、英の国旗を見ざる処これなし。……只今申し上げ候義、御採用相成り候えば、日本は東方の英国と相成り申すべく候」と（『幕末外国関係文書』一八、六七九―八〇頁）。

ハリスは、日本が「東方の英国」になると説く。そして、申し立てのなかでも、「大統領考え候には、日本人は、世界中の英雄」と言い、貿易の利益を説き、大統領が日本に好意を持っているとして、軍事援助を持ち出した（前掲九八条、同書、二七四頁)。穏健開化論の勘定奉行は、こうした説得を「甘言」や「偽り」などと検証していた。

大目付・目付は、こうした勘定奉行の検証は、承知していた(ともに評定所で議論していた)。それで大目付・目付の前に見た文言が、重要であろう。「(大統領の好意というハリスの説明が)たとひ虚談に候共、此方にては、偏にその言葉を踏まえ、義理を以て相詰め候はば、人心これある者は、幾重にも御国の為、骨折」と。勘定奉行の「虚談」という検証が妥当なことを大目付・目付も知っているのである。「偏にその言葉を踏まえ」とは、「虚談」であっても、そういう発言をハリスが繰り返した事実を捕らえて、という意味である。「義理を以て相詰め候はば」とは、発言をした既成事実をどこまでも追及するのである。そうすれば、ハリスも、「人心これある者」であり、発言したように、日本のために尽力させると、このような主張である。大目付・目付の主張は、「甘言」と言いきった勘定奉行より正反対に甘いのだが、反面で、「東方の英国」になるというハリスの申し立てに大きく反応し誘引されたのであって、その分だけ強引な、冒険的でもある外交意見なのだと考えられる。

諮問をした老中は、勘定奉行の上申が出た翌日、三家、三卿、溜間詰大名へ、五日後には、諸大名へ達を出した。それは、次のような内容であった(同書、三五六―八頁)。

「近来、世界の形勢一変」し、中国の昔、戦国時代に、「七雄」が四方に分立した姿になった。日本も古来の制度にのみ従っていては、国政挽回の期はない。「中興の大業」を立て、「御国威御更張の機会」もこの時にあり、「御大変革」をしたいのだが、当時、国内の人心の折り合い方もあり、内外、「何様の禍端を引き出」すかも分からない。まずは使節ハリスの申し立ての趣を「成るべく丈け、取り縮め候つもりで、(交渉を行う)」、気付いたことがあれば上申するように、と。こうして老中は、以後も、大名への説明と諮問をくり返した。

結局幕府は、文言にあるように、急進開化論を捨てはしなかった。しかし江戸がロンドンにならう(岩瀬忠震)とか、日本を「東方の英国」にする（ハリス）、という開化論も採らなかった。ハリスの要求をできるだけ縮めるという老中達は、穏健開化論を中心に採ったのである。

その後、条約実務交渉の最初の会談（一二月一一日）で、井上清直と岩瀬忠震は、冒頭において、「大商売あい開き候儀は何分行届きがたし」と前置きして次のように発言した。「貿易盛大ならざれば、国力強旺の期もこれなき趣は、よく会得いたし居り候あいだ、諸事漸を追って取り行い候積もり」、「しかし、日本は小国の儀、数港と相成り候ては、必ず勢ひ取り続きがたき事もこれあるべし、何れにも、漸を追ひ、人心居り合い候上、それぞれ取り計り申すべし」と。「日本は小国」という発言が象徴的である（『幕末外国関係文書』一八、五四八頁）。

こうして、開港は、長崎・箱館・横浜の三港から始まった。当時、欧米がアジアに求めたのは自由貿易帝国主義であった。自由貿易、無関税または低関税による輸出入であり、欧米との生産力格差による在来産業の破壊を伴うものであった。事実、日本では、三港で貿易が始まり、外国商人の活動を限定した居留地貿易の形態で、しかも幕末期全般には日本側の貿易黒字という、比較的有利な状況の貿易が展開した。それでも、輸入の第一位となった綿織物（薄手木綿）の流入のために、在来の木綿織物業が地域的に衰退した（たとえば銘柄であった越中新川木綿）。発展していた絹織物業も、生糸がたちまちに輸出の第一位になって、原料（生糸）の高騰のために、やはり地域によって衰退したのである（西陣では織工の打ちこわしも起きた）。発展していた日本在来の綿花栽培は、アジア種で繊維が短いために衰滅する。欧米と日本との産業の生産力格差は、機械織り製品の大砲によってミイラがたちまちに朽ちるような、当時イギリス産業家たちが待望していたような影響ではなかったが、やはり破壊的影響を与えたのであって、こういう点からも、穏健開明派の政策はむしろ十分すぎる妥当性があった。

勘定奉行の中で、「慎重」で知られ、この後も幕府外交を主導した勘定奉行水野忠徳《ただのり》は、この時、老中の求めに応じて、遅れて一一月一八日に上申書を出した（同書、三八四―九二頁）。大坂・江戸・横浜の開港も否定した水野は、紀伊・伊勢・志摩辺、あるいは浦賀の開港を主張した。この上申書は、あまりに保守的と思われ、これまで問題にもされないが、私は、十分の理由があると考える。現実に、横浜など三港の開港でも、上に述べたような日本の主要産業であり、日本の自生的産業近代化の基盤となり得た在来紡績・織物業に重大な悪影響が発生したのである。当時のアメリカ南北戦争で惹起した日本原綿流出も悪影響を加速した。日本の織物業は、それを自力で乗りこえたが、それは偶々、織と紡の分業が進んでいて、たとえばインド産紡績綿糸を輸入するなどして在来織業資本に再生する力が在ったからであった。当初は、どれほどの悪影響が進行したかは予測できないことであった。水野忠徳が述べたようなさらに慎重な開国は十分に根拠のある議論なのである。しかも、水野は、交渉によってやむをえない場合は、「江戸の外、近港」の開港も妥協策としては考えられると述べていた（同書、三九〇頁）。貿易によって「殊には、物価沸騰仕るべきや」と予測した（同右）が、後に現実に起こったこの経済混乱（物価沸騰）を文書で適格に警告したのである。

Ⅲ　急進開化論の登場―下関攘夷戦争―

一八五八年（安政五）、幕府の急進開明派は、危機を使って急進的改革を強引に進める勢力であった。しかし幕府の中で主導権をとったのは、漸進、穏健開明派であった。急進的開化派を切り捨てはしなかったが、総体的には、欧米、とくにイギリスへの警戒をゆるめない漸進的な開国を進めたのである。急進開明派が、政治史に主導的に登場するのは、一八六三年（文久三）と六四年（元治一）の下関攘夷戦争と、四国連合艦隊下関砲撃事件である。一八六三年と六四年が政治史のこうした大きな転換点と見られる。ここでは攘夷戦争に始まる経過自体を再構成する余裕はないので、これまで見逃されてきた問題点のいくつかを指摘しておきたい。

下関攘夷戦争の前年、一八六二年八月に生麦事件が起きていた。中国の太平天国農民戦争が終息にむかったので、イギリス艦隊十数隻が六三年三月に横浜港へ入港する。生麦事件の償金交渉が幕府とイギリス公使館のあいだですんだ。本国のイギリス外務省からの訓令は、一一万ポンド（四四万ドル）の賠償金要求などで、横浜のイギリス公使館をもたじろがせるほどの、きわめて強硬なものであった。イギリス公使館は、集結した艦隊の威力を使って幕府に迫り、幕府も償金には合意したものの支払条件などで、瀬戸際の抵抗をした。香港に司令部を置くイギリス海軍部は、日本との戦争と三つの居留地の防衛を同時に遂行することは、戦力的問題からきわめて困難と判断しており、実際には、幕府と同様、戦争勃発を何としても避ける方針であった。しかしちょうど、京都で攘夷運動が盛んに起きており、京都からの攘夷実行という圧力を抑えることができない幕府を、ふたたび開国を進める道へ戻すためにもできる限りの圧力を加えた。こうして何度か、戦争目前と称される状況すら迎えていた。とりわけ幕府にとって、戦争をできる態勢はなかったのだが、過重な償金支払いには、可能な限りの抵抗を示す必要があった。そういう外交的な抵抗は、時には攘夷運動をも利用する、高度に政治的なものであった（萩原延壽『遠い崖』1、一七六―一七七頁など）。

一方、京都で攘夷実行方針が、尊王攘夷派の政治工作と孝明天皇の、政治的には幕府に依頼するが、攘夷は待望する政治姿勢もあって、決められていった。

幕府は、攘夷実行を朝廷から請けたが、一貫して、「策略」は幕府に委任という一線で実質的には攘夷を先送りした。つまり幕府は、攘夷実行は、条約「拒絶」交渉に入る外交問題として、打ち払いの実行を避けたのである。四月二〇日の幕府命令は、五月一〇日に条約を拒絶（その外交交渉に入る）、列強が「襲来し候節は掃攘」、つまり列強が武力行為するなら反撃せよ、であった（『維新史』三、四〇六頁など）。朝廷は、打ち払い実行策で、とりわけ長州藩が、攘夷期限の五月一〇日に攘夷を一旦実行してからは、「無二念打ち払い」を明言した（『孝明天皇紀』四、六九二頁など）。長州藩は、幕府が拒絶したら、外国船を応援しないで打ち払う方針を布告した（『防長回天史』4、七八・九頁）。

長州藩の実権を握る周布政之助、木戸孝允、高杉晋作ら、藩主のもとに結束した周布政権の政治方針は、内実は急進開明派の政策であった。かつて通商条約締結の年に、藩内抗争を経て藩政の実権を執った周布政権は、石高一〇〇石以内の、従者を持たない「一騎働き」の、練達した実務役人たちであって、早くから藩政を藩主のもとに集中させ、幕府には対抗的で、軍事的には「戦用意一途」、つまり洋式軍制改革の実行に着手していた。だが、改革は複雑な身分制にある家臣団の激しい抵抗で進まなかった（拙稿「幕末における御前会議と「有司」」『幕末維新政治史の研究』一四一―一五七頁など）。

航海遠略策という積極開国策を当初進める。欧米の外圧を好機にする急進改革策であったが、薩摩藩との対立で破綻する。危機に瀕した周布派は、京都で朝廷に攘夷の工作をすすめる。その政治方針は、長州藩を「死地に入れ」るという言葉がよく示すように、攘夷によって自ら危機切迫をつくり出して、それを「好機」にして「攘夷」のための急進的改革を進めるという政治であった（『吉川経幹周旋記』一、一九四頁、長州藩主歎願書など）。きわめて武断的な、武士的な政治なのである。宮嶋博史が、近世史における武威の側面が近代へ継授されることを強調するのは、正当と思う（「東アジア世界における日本の「近世化」」『歴史学研究』八二一号）。研究史としては、遠山茂樹や芝原拓自が、尊王攘夷運動や討幕運動のこうした武威にもとづく権謀術数性、マキァベリスト的面を強調していたのであり、それを受け継いで、視野を東アジアや世界に拡げて再構成する必要がある。

紙面も限られており、後に譲らねばならないが、これまで見逃されてきた下関の攘夷戦争における注目される事実を、とりあえず『防長回天史』を中心に、研究の手掛かりとして、さらに確かめておこう。

五月一〇日、下関の攘夷実行は、東から海峡に接近して、長崎から上海へ向かった二四一トンのアメリカ小型商船に向けて実行された。京都から移動してきた久坂玄瑞を指導者とする尊攘激派が、逆潮と風雨を避けて碇泊した商船を、総指揮をする総奉行の応接した上での制止をさえぎって、深夜、洋式スクーネル軍船で密かに接近して無警告砲撃したのである。皆殺し、または捕獲をねらい、砲撃を命中させせなお連射した（『防長回天史』4、二四五—五三頁）。世界の反植民地戦争は、侵略した軍事力と戦うのが原則である。大砲をもって小型商船を夜襲するのは、日本の道理にも、国際法にも違反した攻撃であった。

全体的な国際情勢から言えば、前述のように、当時、日本に危機的な軍事圧力を加えていたのは、江戸湾で幕府が外交的に厳しく対峙していたイギリス艦隊十数隻であった。合衆国は、前々年から南北戦争に入っており、小型商船が砲撃された五月には、最も激しいゲティスバーグの戦いがくりひろげられたのであって、対日戦争の可能性がまったくない国であった。もし現実にイギリス艦隊との戦争をするのであれば、戦略的にも、合衆国は、長く反英志向であった故に、対立を避けねばならない国のはずであろう。しかしながら長州藩の砲撃や交戦は、そのあと、フランス海軍の報知艦、オランダ軍艦、アメリカ軍艦、フランス軍艦（二隻）と戦われ、当のイギリス艦とではなかった（『防長回天史』4、二五三—八二頁）。

長府藩の「毛利家乗」によれば、下関海峡は当時、外国の商船も軍艦も、下関を頻繁に通行しており、日本の内水（領海）であったものの、航海可能な海域になっていた。フランス軍艦セミラミスが長州藩と交戦し、前田村を砲撃し焼亡させた一週間後、六月一一日、対日戦争の危機にあるイギリス軍艦（測量船）が、下関海峡、長府沖合の小島に投錨し、長州藩側が斥候に、海軍の指導者、福原清助（大組士、癸亥丸総督）らを出して応接、同艦は、四時間後、午後二時に東へ去った。長州藩は、当時軍事的な危機が現実に想定されていた唯一の国、イギリスの軍艦に対しては、周布派要人が応接してなお見逃した（『資料幕末馬関戦争』四二頁）。

五月一一日（下関攘夷戦争の翌日）、横浜から、井上馨（志道聞多）、伊藤博文（俊輔）ら五人が、イギリスへ向けて出発した。東アジア最大のイギリス商社ジャーディン・マセソン商会と同支配人ガウアーに依頼した英国行きであった。五人は、航海術を学ぶための渡航で、秘密にするために「五年の暇」を与えられ、費用六五〇〇両は、藩主の手許金支出であった。横浜商人伊豆倉の手代が世話をした。京都で、周布は手代に尊王攘夷は、「一旦、日本の武を彼に示すのみ、後必ず各国交通の日至るべし」などと留学生派遣の戦略を語った。手代佐藤貞次郎は、京都茶屋で藩主から終日の馳走になったが、その席に居たのは、「御取り待ち」（世話役）の藩士（大組士、後述）、そして桂小五郎（木戸孝允）と久坂玄瑞であった。久坂は、激派の攘夷戦の指揮もとったが、密かにイギリスへ洋行する藩士を世話する横浜貿易商人接待の席にも陪席したのである（『防長回天史』4、一七二頁）。

攘夷戦争実行を前にして、藩主毛利敬親は、京都を離れて長州に入る途中、岩国藩の吉川氏を訪れる。京都派遣という重責を担う岩国藩主吉川経幹に、長州藩主が送ったのは、ブリジマン著述の漢訳「海国図志」であった。その後、藩地から鷹司関白に、施条銃（ライフル銃）一挺と弾薬を送る（『防長回天史』4、四二・五四頁）。

高杉晋作が、前年に上海を訪ねており、そこで、日誌「遊清五録」に、当時、世界最新の画期的な施条（ライフル）大砲一二ポンド砲を観察した事を記す。一二ポンドアームストロング砲であり、一八五九年に英国が採用したばかりで、合衆国の南北戦争で実戦使用されていた。高杉は、「遊清五録」に、アームストロング砲と銃架をスケッチしていた。砲には、ラセンの線、ライフルが描かれ、日誌に「英人、珍宝する所の大砲を見る」と記す。急進的開化の必要を記したのである（『日本近代思想体系1　開国』二二二頁）。長州藩周布派は、危機切迫をつくって、急進的開化を強行する政治へと進んだのである。

長州藩の動向で、東アジアの観点から注目されるのは、アメリカ軍艦ワイオミングと戦った翌日にあたる六月二日、久坂玄瑞や長州藩京都藩邸留守居が朝廷に出したオランダと清国についての伺いである。『防長回天史』4に収録された原文を掲げよう（同書、一五三頁）。

外夷拒絶の叡旨、下田、神奈川の両条約、御破却成らるべきとの御事は、兼て窺いたてまつり居り候処、唐・蘭（清国とオランダ）の儀は、往年より和親交易仕来たり候国柄に御座候へば、癸丑・戊午の御取り締まり（和親条約と修好通商条約）は、素より御違変仰付らるべく候へども、其余は、癸丑・戊午前通りにして、差し置かれ候に御座候哉、追々仰せ出られ候趣にては、外夷は、何国も同様、右二国とても拒絶仰付らる儀にてこれあるべしと察し奉られ候、かたがた御問申し上げ候あいだ、御差し図下さるべく候、以上。

これに対して朝廷は、「唐の儀は、往年より貿易の国柄、戊午以前の通り、先ず差し置かれ候事、蘭に於いては、癸丑・戊午条約取り締まり、諸蛮同様に候あいだ、今度、破約の事」と答えた（同右）。朝廷が、長年通信の国であったオランダ艦の打ち払いを、然りと答えるのも、普通の道理においては、理解困難である。それ以上に理解困難なのは、唐（清国）船の打ち払いを認めるべしとする長州藩と尊王攘夷派の思想と行動である。欧米列強に対する反侵略の戦争をいささかでも現実に構想するのであれば、東アジアにおいて、英仏と戦いを続けてきた、イギリス艦隊の日本来航を阻害してきた清国への「拒絶」は、あり得ないことであろう。朝廷は清国拒絶を否定するのだが、清国を「外夷」と呼び、拒絶を当然とした長州藩と尊王攘夷激派のあり様には、下関攘夷戦争の、東アジアのなかでの位置づけ、つまり「脱亜」の志向の存在などが示されていると思われる。

おわりに──「一旦、日本の武を彼に示すのみ」──

長州藩が、井上馨らのイギリス派遣を、ジャーディン・マセソン商会に依頼し、その世話全般を託された横浜貿易商伊豆倉店手代佐藤貞次郎が、長州藩主から終日の馳走を受けたこと、その席の「御取り持ち」に大組の藩士があたり、木戸孝允と久坂玄瑞も陪席したことを、前節で紹介した。馳走された手代「佐藤貞次郎筆記」によれば、この「御取り持ち」を担当した藩士は、前出の福原清助であった（『防長回天史』4、一七二頁）。大組、一〇〇石の福原清助こそは、下関攘夷戦争において、来航し碇泊したイギリス艦（測量船）に乗艦して応接した長州藩士でもあった。応接の後、イギリス艦は退去した。このようにして、長州藩は、横浜に集結して軍事的圧力を加え、日本に現実的な戦争の危機をもたらしていた、もし攘夷実行をするのであれば、何を措いても戦わなければならない、肝心のイギリス艦には、意図的にか、あるいは結果としてか、いずれにせよ攘夷戦争を避けたのであった。

福原清助は、歴史上、まったく注目されたことがない人物であるが、下関攘夷戦争を指導し、長州藩洋式軍制改革を担ってきた藩士なのである。もともと、蘭学を学び、長崎海軍伝習生になっていた。長州藩の洋式艦船購入にたずさわった後、下関攘夷戦争では、購入された癸亥丸の総督をつとめ、合衆国の小型商船ペンブローグ号を、久坂の乗艦する庚申丸とともに豊後水道に追跡し、その後、下関攘夷戦争の海上戦全般を指揮していた。

福原清助を総督（艦長）とする癸亥丸は、旧名をランリック号といい、イギリス、ジャーディン・マセソン商会から、一八六三年一月に、二万ドルで購入されたブリッグ型の二本帆船、二八三トンである。同藩が購入した西洋船には、他に壬戌丸があり、旧名ランスフィールド号という蒸気艦、四四八トンで、癸亥丸よりはるかに高価な一二万ドルで、やはりジャーディン・マセソン商会から、癸亥丸より半年前の六二年閏八月に購入された（同右、四五一―六一頁）。しかし、この蒸気船壬戌丸は、下関攘夷戦争で活動しないまま、合衆国北軍のワイオミング号、一四五七トンに正面から肉薄され、撃沈されてしまった（同右、二六六―二七一頁）。

実は、蒸気船壬戌丸購入後、詳細はなお不明だが、航海操縦術習得のために、操縦五科と指揮官に一人ずつ、六人のイギリス人が長州藩に雇われたという。イギリス人雇用は、さすがに攘夷方針と「自家撞着」との反対があり、井上馨らが、「胡服征胡」（欧米の軍器をもって欧米と戦う）を唱えて押し切った。しかし、同艦は、蒸気罐破損事故を起こすなどして、長州藩士らは、これを有効に操縦できなかった（同右、四五五―六、四五八―九頁）。そのために、攘夷戦争の最中に井上馨ら五人の藩士を、航海術の習得のためにイギリスへひそかに派遣せざるを得なかったのである。藩士五名のイギリス派遣も、紹介したように横浜貿易商伊豆倉とジャーディン・マセソン商会に全面的に依存しなければならなかった。

ジャーディン・マセソン商会が壬戌丸を一二万ドルで売却する当時、同船の簿価は、五万ドルであった。癸亥丸も、売却価格二万ドルに対し、簿価、七千ドルである（石井寛治『近代日本とイギリス資本』一三六―七頁）。藩士イギリス派遣費用も、六五〇〇両が支払われた（これははるかに少額だが）のであり、これらの巨費の支払い、洋銀への両替は、横浜貿易商伊豆倉店を長期間「長州藩の詰処」のようにして機密に行われた。井上馨は、「町人に扮し」て、「紺更紗風呂敷」、「頸に巻掛」で横浜貿易商伊豆倉店に出入りした（『防長回天史』4、四五二―四頁）。石井寛治によれば、一八六三年までの時点で、長州藩等は、こうしてジャーディン・マセソン商会に他の輸入品、繊維製品や砂糖などの利益を凌駕する巨利（純益が簿価の二倍に迫る）をもたらしたのであり、とくに長州藩は、同商会の、最大かつ最良の顧客であったのである。長州藩に次いだのが薩摩藩であった（石井、同上）。長州藩江戸藩邸が営々と備蓄してきた巨額の藩資金、藩主しか開封できない「穴倉宝蔵金」が、ジャーディン・マセソン商会に注ぎ込まれた（兼重慎一談話『長州藩財政史談』九三―五頁）。

萩原延壽によれば、下関海峡において、攘夷戦争のさなかに、イギリス艦だけが長州藩の攻撃をうけなかったとの情報が、横浜外国人居留地で流布したという。萩原延壽『遠い崖』1に、ジャーディン・マセソン商会支配人ガウアーが香港本店へ宛てた手紙が紹介されている。ガウアーは、六月五日に横浜を出帆したイギリス軍艦コケット号が、長州藩の攻撃を受けなかっただけでなく、同艦をおとずれた長州藩の役人から、「貴艦はイギリス国籍であるから、下関海峡の通過をゆるす」と告げられたというはなしが、そのころ横浜の外国人社会で流布したと報じた。萩原は、この長州藩士が福原清助だと記し、『防長回天史』に記述があると、次のように紹介している（萩原、前掲書1、二六七頁）。

「英国軍艦一艘」が「長府沖」に姿をあらわし、「測量」を開始したので、長州藩士福原清助らが同艦におもむき、「詰問」したところ、まもなく立ち去ったとなっている。おそらくこれがコケット号のことであろう。

萩原が、参照した『防長回天史』4の原文は、次のようである（同書二九〇頁）。

本藩の士、福原清助長府の浪士興膳昌蔵、軽舸に乗じて、英船を訪ひ、贈るに薬餌を以てし、且つ議する所あり、蓋し之れを慰諭して、退帆せしめんとせしなり、言語通ぜざるが為めに、其要領を得ずして帰る。其日、午下、英船、東駛して去る

両者をくらべると、萩原の紹介文と、『防長回天史』の文章では、出来事の内容のとらえ方が違っている。『防長回天史』の、贈り物をした上での（友好的な）「慰諭」が、萩原の紹介文では測量に対する（敵対的な）「詰問」にされている。ここがポイントであろう。推測するに、『防長回天史』の記述が、通説の攘夷主義の長州藩のイメージとあまりにずれているので、萩原は、あえて直して、『遠い崖』に紹介したのであろう。しかし、それは妥当な修正ではなかった。通説の長州藩のイメージがまちがっているのである。『防長回天史』の記した、福原清助のイギリス艦への（友好的な）「慰諭」は、ガウアーの報じた「貴艦はイギリス国籍であるから、下関海峡の通過をゆるす」という藩士、福原の発言に、内容的に一致しているのである。私は、このガウアーの手紙と『防長回天史』4の一致は、偶然ではないと考える。福原の友好的な応接は、事実である可能性が高い。

『奇兵隊日記』にも、イギリス艦来航の記載があり、福原に同行した浪士は、尊攘激派の隊士に、「臆病」、「英艦へ乗込、軍法を乱し」たとして暗殺された（同書、上、八―一〇頁、奇兵隊は、英艦来航の四日前に結成）。周布は、福原を萩で「慎み」にさせた。もし、内通、軍規違反だとすれば、あまりにも微罪である（逃れさせたのであろう。『周布政之助伝』下、五一八―九頁）。

攘夷のためと正当化されて、急進開化策が強行されたのであり、攘夷ではなく、急進開化策に重点のあることが長州藩周布派の実態としての姿だと思う。そうして周布派は、藩内の反対を押し切って（江戸留守居兼重慎一は命がけで

穴倉宝蔵金の開封に抵抗した、前掲、兼重談話九四頁）、巨額の藩財を投じて中古蒸気艦を購入した結果、藩士の操縦能力がまったく不十分なために藩士イギリス派遣などに迫られ、ますますジャーディン・マセソン商会というイギリスの東アジア第一の外商に依存せざるをえなくなっているのである。そのために、イギリスとの戦争を避ける十分な理由があったのである。

福原清助が総督をつとめ、米・仏・蘭艦と戦った長州藩の中心となったのは癸亥丸であるが、癸亥丸、ランリック号は、もともとジャーディン・マセソン商会の「清国、沿海阿片貿易用の風帆船」だった（『防長回天史』４、四六〇頁）。同商会は、中国でアヘン貿易で巨利をあげた商社であり、清国とのアヘン戦争をはじめたと言って過言でない貿易商社でもあった。

幕府の穏健開化派と急進開化派の論争で紹介したように、穏健開化派は、アヘンをめぐる欧米の動静を実証的に検証して、欧米に対する警戒を緩めなかった。一方、急進開化派は、「東方の英国」になるというような言説、そして、軍事援助などに大きく反応し、誘引されていた。長州藩の攘夷は、当時、日本へ侵略する可能性がまったくない合衆国の小型商船を夜襲するような面があった。また、もしイギリス艦隊との戦争を現実的に構築するのであれば、当然、列強全体を相手にするのではなく、国際情勢を見きわめて戦略をつくる必要がある。このころ、反英志向の強いことで知られていた合衆国は、当然、戦争を避けるべき相手である。しかし、そういう戦略も皆無であった。前述したように、オランダへの条約拒絶を想定したり、清国との対決を想定したりするのも、戦略の欠如である。攘夷がそのように、戦略なく実行されていたということは、注目すべき事である。逆に言えば、急進的開化策の実現の手段としての攘夷であり、攘夷自体は、可能なところであれば、どこでも―オランダ艦でも、清国船（唐船）でも、小型商船でも―選択可能であったと思われる。国土を侵略から守るような切実な戦争―もしそうであれば、世界史の事例は、年単位におよぶ長い戦争、一時敗北してもゲリラ戦でも戦う―ではなく、攻勢のスタンスを執るための、機会主義的な戦争といえようか。指導者周布政之助が、攘夷戦争を、前引のように「一旦、日本の武を彼に示すのみ」と言ったのは、誇張や比喩だったのではなくて、厳密にその通りで、「武」を示すこと、戦争をすること自体が目的であった。事実、長州藩の、小型商船夜襲に始まり、イギリスを避けたと推測できる下関攘夷戦争は、そういう、外交戦略を欠いたままで、戦争と侵略自体を目的とする武断的な対外政策の、初発の「原型」になってはいないだろうか。近代日本へ継承されてゆく、武威の政治文化として、さらに検討する必要があるように思う。

こうして、長州藩は、欧米の報復戦必至という「死地に入」った。士庶混成の、洋式軍制改革に沿った奇兵隊が結成される。一方、萩を拠点とし、藩士多数を基盤とする「俗論派」（保守的改革派）は、激しく強訴する（「第二回俗論派沸騰」）。俗論派の領袖で、周布政之助と長年権力抗争をし、大局的には、ともに藩政改革を進めてきた坪井九右衛門が死罪に処されるのは一〇月下旬のことである。保守改革派多数が処断された（『防長回天史』5、五七―七〇頁）。そうして、三日間で終わった四国連合艦隊砲撃事件・欧米連合軍との戦争、全面降伏、講話によって開国への転換か起きる。法外な、維新政府最大の外債となる三〇〇万ドル下関賠償金即時承認などは大きな検討課題であろう。イギリス軍艦の甲板上でアーネスト・サトウ（大英帝国の若い通訳生）と伊藤博文（俊輔、登場したばかりの開化派下級武士）は、ともに通訳としてこの日本側に法外に過重な償金合意の場面において意気投合した。この劇的な出会いは偶然ではないであろう。幕末期の急進開化派の歴史としてそれらを再検討する必要がある。

【参考文献】

石井寛治『近代日本とイギリス資本―ジャーディン＝マセソン商会を中心に―』東京大学出版会、一九八四年。

石井　孝『日本開国史』吉川弘文館、一九七二年。

井上勝生「幕末における御前会議と「有司」」『幕末維新政治史の研究』塙書房、一九九四年。

同　『日本の歴史18　開国と幕末変革』講談社、二〇〇二年。

同　『幕末・維新　日本近現代シリーズ①』岩波新書、二〇〇七年。

兼重慎一談話『長州藩財政史談』マツノ書店、一九七六年。

下関文書館編『資料幕末馬関戦争』、「毛利家乗（長府藩日誌）」三一書房、一九七一年。

末松謙澄『防長回天史』4〜6、マツノ書店（並製版）、二〇〇九年。

周布公平監修『周布政之助伝』下、東京大学出版会、一九七七年。

高杉晋作「遊清五録」、田中彰編『日本近代思想体系1　開国』岩波書店、一九九一年。

田村哲夫校訂『定本奇兵隊日記』上、マツノ書店、一九九八年。

趙景達「金允植における民衆観の相克」『アジア史研究』一一号、一九八七年。

同　「金玉均から申采浩へ―朝鮮における国家主義の形成と転回―」歴史学研究会編『講座世界史7』東京大学出版会、一九九六年。

同　「朝鮮の国民国家構想と民本主義の伝統」、久留島浩・趙景達編『国民国家の比較史』有志舎、二〇一〇年。

東京大学史料編纂所編『大日本古文書　幕末外国関係文書』巻一四、巻一五、巻一六、巻一八、東京大学出版会復刻、一九七二年。

西　周「和蘭畢酒林氏万国公法」『明治文化全集』一三、法律編、日本評論社、一九五七年。

日本史籍協会編『吉川経幹周旋記一　日本史籍協会叢書68』東京大学出版会復刻、一九七〇年。

萩原延壽『遠い崖　旅立ち　アーネスト・サトウ日記抄1』朝日新聞社、一九九八年。

宮嶋博史「東アジア世界における日本の「近世化」」『歴史学研究』八二一号、二〇〇六年。

山内　進『略奪の法観念史―中近世ヨーロッパの人・戦争・法―』東京大学出版会、一九九三年。

江戸時代中期　民衆の心性と社会文化の特質

――日朝民衆芸能の比較から――

須田　努

はじめに

二〇一〇年一一月二七日、「比較史的にみた近世日本―東アジアの中の日本」のシンポジウム当日、わたしは総合討論の司会を担当したが、江戸時代の民衆芸能の分野で儒教的言説・教諭が語られることはないか、との質問を受けた。当日、時間の制約から不可能であった応答が本論となる。

若尾政希は『太平記』の解釈本などの書物分析を通じ、江戸時代民衆の社会通念を解明している（若尾一九九九・二〇〇六）。わたしは、浄瑠璃・歌舞伎をメディアとして捉え（須田二〇一〇）、これらの民衆芸能に描かれた世界から、江戸時代中期（一八世紀前半）の民衆の心性や当時の社会文化の様相を考えてみたい。その際、同じ時期の朝鮮の状況とも比較してみたいと思う。

一八世紀のはじめ頃に登場し、一九世紀に民衆音楽のパンソリとして演じられた『春香伝』――パンソリのタイトルは『春香歌』――という朝鮮を代表する民衆文芸作品がある。これを比較の対象としておさえ、江戸時代中期の民衆芸能としては、近松門左衛門の浄瑠璃・歌舞伎作品を選択した。近松の作品には、民衆教諭に繋がる言説が多く見受けられる。「忠義」と「孝行」、そして「義理」という語彙が多くの作品で使用されている。とくに近松の「義理」に関しては、国文学研究のなかで多く論じられている。たとえば、廣末保は近松の作品を評して「〈義理〉の浄瑠璃、〈義理〉の芝居とも言えそうだ」と語っている（廣末二〇〇〇）。

しかし、「因果」という仏教用語が多用されている一方、「礼」「徳」がごくわずかであるという事実への言及は歴史学の領域ではもちろん、国文学研究でも、管見の限り見つからなかった。

『春香歌』では、忠義・孝行という儒教的言説はもちろん多く登場するが、「義理」「因果」という語彙はまったく発見できなかった。つまり、近松作品で使用された「義理」「因果」というキーワードに、江戸時代中期の民衆の心性と社会文化の〝日本的〟特質が表象されているではなかろうか。

なお、近松作品の分析は『近松全集』（岩波書店、一九八五年から九六年）全一七巻を対象とし、「義理」という語彙を使用した作品は表1に、同じく「因果」に関しては表2としてまとめた。[1]

Ⅰ　『春香歌』が語る朝鮮民衆の心性

1　『春香歌』の概要

『春香歌』には各種の異本があるが、ここでテキストとして使用するのは、申在孝作による『春香歌』である（姜・田中一九八二）。申在孝（一八一二〜一八八四）は、全羅北道高敞郡高敞邑の中人階級の出自であり、パンソリの研究と創作を行っていた。この『春香歌』は、一八世紀に登場した『春香伝』をパンソリに移植したもので一八六七年から七三年の間に創られたとされる。本論では、『春香歌』が一八世紀に創作された『春香伝』の内容を踏襲しているという研究評価を前提とした(2)（姜・田中一九八二）。

物語の舞台は朝鮮王朝時代の全羅道南原府、主人公は妓生《キーセン》の春香《チュニャン》である。彼女の母も元妓生であった。南原府に両班が息子（おぼっちゃん、以下、道令）を伴って守令として赴任した。この道令は、南原府で評判の妓生春香を見初め、深い関係となるが、父とともに漢陽へ戻ることとなってしまう。彼は立身出世をして、再び南原府にもどってくることを誓う。

南原府に新任の守令（以下、新任守令）が着任した。彼は権力を嵩に、美人の春香を我がものにしようとする。しかし、春香は道令との約束をまもり、新任守令の誘いを拒絶する。新任守令は守節を貫く春香を監禁し、拷問にかける。「烈女」たらんとする春香は、この拷問に堪えている。強権的な新任守令は、民政の面でも苛斂誅求の限りをつくし、南原邑は荒廃してしまう。

一方、漢陽に戻り音沙汰がなかった道令は、科挙に及第し、暗行御史（隠密の地方査察官）に抜擢され南原府に帰ってくる。彼は新任守令を罷免して善政の道を開き、拷問に堪えた春香と再会、天下晴れて彼女と添い遂げることとなる。後、二人の間には一男一女が生まれ、道令も立身出世をとげる。

主人公春香は「賤民であるが、美しくかつ正義と理想を持った娘」として描かれ、「悪に屈したり悪を肯定したりもしない。ひたすら忍耐と克己によって、内面的葛藤を越えようとする」と評価されている（姜・田中一九八二）。崔宰焚は近松門左衛門の作品と比較して、『春香歌』には、朝鮮女性の守節意識が貫かれ、同時代民衆の同情とエールをもたらしたと論じている（崔二〇〇〇）。

2　忠義と守節

春香は美人であるだけでなく、才能をもった「烈女」として描かれている。一八世紀における朝鮮民衆の理想的女性像なのであろう。その彼女が両班の道令と恋に落ちる。春香は妓生であるが、道令との約束を守り、拷問のなかでも守節を貫くのである。

春香は、情交を強要する新任守令に対して「二度目の男に操をば立てよと仰せらるるとなら、使道もそれを見習いて、二君に仕うるおつもりか」と答えている。ここでは、守節と忠義とが重ね合わされている。身分制度・社会的観点からは一君万民の下における官吏の忠義と民衆の守節、ジェンダー的視点からは、男の忠義と女の守節、という二元論の倫理観が示されている、とも理解できる。

一八世紀、忠義という儒学的倫理観が守節という形をとり、民衆の世界に下され、女性もここに包摂されているのである。守節という行為を、社会から賤視される妓生のものとすることによって、その主体が浮かび上がり、人びとのなかに共鳴が起こったと考えられよう。おそらく、女よりも男たちの中に。

3　儒教的民本主義

『春香歌』のなかには、暴政をなす新任守令を批判する言説が多く出てくる。暗行御史に抜擢された道令は、南原邑の農民に、「御政道」＝地方政治のあり方を尋ねる。これに対して「富者は敗亡、衙前は逃亡、百姓は怨亡、出牌は両亡、それで四亡じゃ、非道なことが、まだあるぞよ、…この報復、必ず使道は受けようぞ」という農民の返答が記されている。また、道令（暗行御史）の言葉として、守令をトップに地方官吏はすべからく牧民官たるべきであり、暴政をおこなうものには報復が行われる、という見解が示されている。

民を欺き虐げる国家官吏は社会からの批判をうける、という認識が人びとの間に根付いている。一八世紀、朝鮮社会では、儒教的民本主義の理念がひろく浸透していたと考えられよう。

4　恨《ハン》という思惟

恨と呼ばれる朝鮮民族独特の思惟がある。被支配者である民衆の恨はパンソリの原点であり、「一つの宿命と同義語」であり「幻想的理想にその根」があり「一貫した忍耐によって、彼方に理想の勝利を思う」とされている（姜・田中一九八二）。また、崔吉城は、恨を「永久的な絶望が生んだ諦念と悲哀の情緒」と理解している（崔一九九四）。日本人のわたしが恨を語ることは難義であるが、二人の論に従うと次のように解釈できる。

春香は退妓の娘という宿命に生まれたが、文章・音律などに秀で、『内則篇』等を学び、その振る舞いは「士大夫の娘にも異ならず」とされ、自ら「烈女」たらんとしていた。新任守令が、春香を我が者にしようとして失敗し、彼女を拷問にかけるが、春香は痛いと泣いては「烈女にあらず」として、半月におよぶ拷問に耐えるのである。『春香歌』は、賤民の宿命に絶望し、また最上位階級の両班である新任守令の強権と道令に対する貞節との苦悶から、春香を自害させる、というストーリーにはなっていない。春香は苛政に屈せず、「烈女」への憧憬と道令への守節に生きる女性として描かれる。彼女をささえているのが恨である。

恨とは、暗く内向的な思惟ではなく、立場・階級の劣位の者が上位者に対抗しつつ、そこから抜けだそうとする力をもつものである。現状への不満よりも、よりよい状態への幻想的理想＝憧憬を背景にしているかぎり、単純な諦観ではなく、自らの宿命を変えていく、あるいは、変えられるとする心性である。一八世紀の朝鮮民衆にとって、宿命と逆境とは諦観に直結しないのである。

5　そしてハッピーエンド

『春香歌』の終幕で、暗行御史となった道令は春香を救い出し、その後二人結婚して息子・娘が生まれ、彼は栄達していくと語られている。恨を基底に守節を貫き拷問に耐えた春香は、幸を手に入れるという典型的なハッピーエンドとなっているのである。

Ⅱ　近松門左衛門が描く日本民衆の心性

1　近松が語る「義理」

先述したように、近松が語る「義理」に関しては、さまざまな方面から言及されている。源了圓はこれを分析し、①法律上の近親関係ならびにそのゆえに生ずる道徳的義務、②世間の義理、③人間として他人に行うべき道（儒教に言う義理にほとんど同じ）、④パーソナルな人間関係の信頼・約束・契約に答えそれを守る義理、と細分化・類型化し、近松戯曲の特質を「義理と人情の葛藤」と捉えた（源一九六九）。

これに対して、国文学者の廣末保は、近松の語る義理を、①あるべき筋道、道理という意味、②倫理的な、他に対して守るべき道、と二通りに分類し、これらの多くは「自発的な義理」となっていると論じた（廣末二〇〇〇）。

わたしは、分類のための細分化をし、ア・プリオリに儒教的影響を取り入れる源了圓の「義理」論ではなく(3)、廣末の「義理」論に着目したい。また、後述するように国文学研究の領域において、近松の戯曲を〝義理と人情の葛藤・対立〟として理解することはもはや行われていないことも付け加えておきたい。

では、屋上屋を重ねることを避け、近松の「義理」に関する論点を提起してみたい。表1のうち初演年が不明な『賀古教信七墓廻』『盛久』を除くと、一六八六年（貞享三）竹本座初演の『主目判官盛久』と『薩摩守忠度』とが、「義理」という語彙を使用した最初の作品となる。この二つの浄瑠璃作品は、近松三四歳の時の戯曲であり、創作活動初期のものである。

鳥居フミ子は、「情に裏づけられた心情的な義理、世間への義理を内に包み込んだ情、そういう義理と情とを併せ持つ人間の姿が近松によって感動的に描かれている」と論じ、近松は「『人情』という言葉は一度も使っていないようである。彼が使っているのは『情』という言葉である」とした（鳥居一九六九）。わたしは、近松の全作品を解析してみた。人情という語彙の使用は皆無であった。また、「情け」を用いた事例はわずか五点であったが、その多く（『吉野都女楠』『けいせい懸物揃』『浦島年代記』『薩摩守忠度』）では「義理」と「情け」とが併記されていた。近松は「情け」という心性を「義理」と関連させて表現していたのである。

近松の「義理」の用法・語り方を分析し、そこから、江戸時代中期の社会文化、民衆の心性を理解するためには、近松が「義理」という行為・発言もしくは思惟の主体を誰においているのかを分析する作業が必要となる。その結果、以下のような特徴が浮かび上がった。

①時代物・世話物という分類上での特質はない。(4)

表1を見ると、時代物作品での使用例が多いことが分かる。しかし、近松の作品総体において、時代物の点数が世話物を大きく上回っていることを考慮すると、近松は時代物において「義理」という語彙を特別に多用していたとは言えない。

②おおむね宝永期から享保期の作品に多く見られる。

例えば、近松の代表作の一つで、彼の名を不動のものにした『曾根崎心中』の初演は、宝永期よりもはやい一七〇三年（元禄一六）であるが、この作品の中に「義理」という単語は一切出ていない。

③町人・武士が主体の中心となる。

「義理」の主体として、天皇・公家・鄭柴龍の娘や、女性（遊女、武士の妻・母・娘、町人の妻）なども登場するが、町人と武士とが多い――歴史的事実では公家であるが、「侍」と表現されている人物をふくめれば、武士の事例はさらに増加する――。近松は「義理」という観念を町人・武士に仮託して語っていたのである。以下この問題を考えていきたい。

町人の世界での「義理」：『心中天の網島』

すでに国文学の分野において論じ尽くされた感があるが、やはり一七二〇年（享保五）竹本座で初演された近松晩年の最高傑作『心中天の網島』を取り上げたい。「義理」の主体は紙屋の治兵衛、その妻おさん、そして、治兵衛と起請文を交わす関係にある曾根崎新地の遊女小春の三人である。

小春の「義理」　治兵衛の妻おさんから治兵衛と別れてくれ、と手紙で頼まれた小春はそれを承諾する――女同士の「契約」の成立――。彼女はこの「契約」を「引かれぬ義理合い」と意識して、愛する治兵衛を諦めるとの返事をおさんに出す。そして、治兵衛に嫌われるために、彼に聞かれていることを承知で以下のように語る。

いつそ死んでくれぬか、アア死にましよと引くに引かれる義理づめに、ふつといひかはし

小春は治兵衛と起請文を取り交わし、心中までの約束をしたが、それは、なじみの客との関係を壊したくない、という当然の道理＝稼業の義務からの成り行きであったというのである。それを近松は「義理づめ」と表現している。

次は、治兵衛との心中までの道行きの場面における小春の台詞である。

大事な男をそそのかしての心中は、さすが一座流れの勤めの者よ、義理知らず偽り者と世の人千万人より、おさん様ひとりのさげしみ、恨み妬みもさぞと思ひやり

おさんから別れてくれと頼まれ承知したはずなのに結局、おさんの「大事な男」治兵衛と心中することになった小春は、強い後ろめたさを感じている。彼女はおさんとの女同士の「契約」を破ってしまったことに煩悶し、自らを「義理知らず」と語っているのである。

おさんの「義理」　小春は身請けを企図する太兵衛を毛嫌いし、太兵衛に身請けされるくらいなら死ぬと語っていた。しかし、治兵衛を諦めたことによって、太兵衛身請け話は現実となる。これを伝え聞いたおさんは焦躁する。彼女が小春に頼んだ治兵衛と別れるという、女同士の「契約」が発端となり、太兵衛身請け話が持ち上がったのであるから。

おさんは「小春ほどの『賢女』が太兵衛の身請けを受けるはずはない、きっと死ぬ」「ああ　悲しやこの人を殺し

	享保６年	1721	『信州川中島合戦』	時代物	12
武士　母妻・娘	不明		『薩摩歌』	世話物	6
	貞享３年	1686	『主目判官盛久』	時代物	1
	宝永３年か	1706	『加増曾我』	時代物	4
	宝永７年	1710	『傾城吉岡染』	時代物	5
	宝永７年	1710	『吉野都女楠』	時代物	6
	宝永７年か	1710	『源氏れいぜいぶし』	時代物	6
	正徳２年	1712	『嫗山姥』	時代物	7
	正徳３年	1713	『殩静胎内捃』	時代物	8
	享保４年	1719	『傾城島原蛙合戦』	時代物	11
	享保４年	1719	『本朝三国志』	時代物	11
	享保６年	1721	『信州川中島合戦』	時代物	12
その他	元禄５年か	1692	『天智天皇』①	時代物	2
	元禄６年か	1693	『融の大臣』②	時代物	13
	宝永２年か	1705	『用明天皇職人鑑』③	時代物	5
	宝永４年	1707	『松風村雨束帯鑑』④	時代物	5
	宝永５年か	1708	『けいせい反魂香』⑤	時代物	5
	正徳元年	1711	『大職冠』⑥	時代物	7
	正徳４年	1714	『持統天皇歌軍法』⑦	時代物	8
	正徳４年	1714	『天神記』⑧	時代物	8
	正徳４年	1714	『釈迦如来誕生会』⑨	時代物	8
	正徳４年	1714	『嵯峨天皇甘露雨』⑩	時代物	9
	正徳５年	1715	『国性爺合戦』　⑪	時代物	9
	享保２年	1717	国性爺後日合戦⑫	時代物	10
	享保３年	1718	『傾城酒呑童子』⑬	時代物	10
	享保３年	1718	『日本振袖始』⑭	時代物	10
	享保４年	1719	『平家女護島』⑮	時代物	11
	享保５年	1720	『井筒業平河内通』⑯	時代物	11
	享保７年	1722	『浦島年代記』⑰	時代物	12

⑩３人：天皇、公家　「勝藤の父」　時代設定では公家であるが「侍」と表現、公家の妻　「花世」
⑪経錦舎（国性爺の子）
⑫２人：「鄭柴龍」の娘、「錦祥女」
⑬２人：長者　「ひいらぎ屋の長」、「ひらぎ屋の客」
⑭神話上の人物　巨旦将来・蘇民将来
⑮亡霊　「東屋」と「千鳥」
⑯公家の妻「紅梅」
⑰２人：公家および公家の妻　時代設定では公家であるが、「武士」と表現、またその妻

表１　義理　行為・思惟主体による類型化

主体者	年代	西暦	題名	ジャンル	『全集』
町人	宝永元年か	1704	『吉祥天女安産玉』	世話物	16
	宝永３年か	1706	『心中二枚絵草紙』	世話物	4
	宝永４年	1707	『心中重井筒』	世話物	5
	正徳元年	1711	『冥途の飛脚』	世話物	7
	正徳元年か	1711	『今宮の心中』	世話物	7
	正徳４年	1714	『栬狩剣本地』	時代物	9
	享保３年	1718	『山崎与次兵衛寿の門松』	世話物	10
	享保５年	1720	『心中天の網島』	世話物	11
	享保６年	1721	『女殺油地獄』	世話物	12
	享保７年	1722	『心中宵庚申』	世話物	12
町人妻	享保５年	1720	『心中天の網島』	世話物	11
遊女	元禄末年か		『日本西王母』	時代物	3
	享保５年	1720	『心中天の網島』	世話物	11
武士	不明		『盛久』	時代物	1
	不明		『賀古教信七墓廻』	時代物	9
	貞享２年か	1685	『千載集』	時代物	1
	貞享３年	1686	『薩摩守忠度』	時代物	1
	貞享３年	1686	『佐々木先陣』	時代物	1
	元禄10年か	1697	『曾我七以呂波』	時代物	2
	宝永３年か	1706	『加増曾我』	時代物	4
	宝永７年	1710	『吉野都女楠』	時代物	6
	宝永７年	1710	『傾城吉岡染』	時代物	5
	正徳元年	1711	『百合若大臣野守鏡』	時代物	7
	正徳２年	1712	『けいせい懸物揃』	時代物	7
	正徳４年	1714	『相模入道千疋犬』	時代物	8
	享保３年	1718	『曾我会稽山』	時代物	10
	享保３年	1718	『傾城酒呑童子』	時代物	10
	享保４年	1719	『傾城島原蛙合戦』	時代物	11
	享保４年	1719	『平家女護島』	時代物	11

①亡霊　獄門となった「金輪五郎」が蘇り「松岡氏長」と合体した者
②２人：長者「邑の郡司」、僧侶「羽黒山の法印冷泉坊」
③公家
④４人：公家、「浦島太郎」、「浦島太郎の六世の孫」、「田夫」
⑤遣手（女性）「みや」
⑥豪族　時代設定では豪族であるが「武士」と表現
⑦豪族　時代設定では豪族であるが「武士」と表現
⑧公家
⑨釈迦の弟子　「富楼那尊者」

データ作成にあたり、佐々木久春『近松文芸の研究』和泉書院、一九九九年も参照した。

ては、女同士の義理立たぬ」として、紙屋の経営資金と、自分と子供の着物を質に入れた金を治兵衛に渡し、小春を身請けしてほしいと頼む。おさんの「義理」とは、女同士の「契約」から生まれた小春の「引かれぬ義理合い」＝侠気に対して、当然答えるべき道義として提起されている。おさんは、治兵衛に次のように語り、小春を身請けした後、自分は子供の乳母か飯焚にでもなる、というのである。

わたしや子供はなに着いでも、男は世間が大事、請け出して小春も助け、太兵衛とやらに一分立てて見せてくださんせ

近松は、この場面に「夫の恥とわが義理を、ひとつにつつむ風呂敷の中に、情けをこめける」という語りを入れている。ここに、おさんの決断の心性が語り尽くされている。決断の直接の動機は、もちろん小春に対する「義理」であるが、その背後には「世間」の視線があり、夫に恥をかかさせずに男の「一分」を立てさせてやりたい、という思いもある。そして、近松はこれらに「情け」までも込めたのである。

治兵衛の義理　治兵衛は従姉妹のおさんと結婚し、紙屋を継いだが、商売はおさんに任せきりで、女房・子供を顧みず、遊女の小春に入れあげ、おさんの父親の介入によって小春の身請けにも失敗する。諏訪春雄は治兵衛を「まったく取柄のない男」であり、思慮分別もあり決断力もある美しい小春がなぜ、治兵衛のような男に命がけで惚れたのか「まったく不可解事」であるとしている（諏訪一九七七）。その治兵衛が心中への道行で、頼もしく変わっていく。

小春はおさんへの「義理」をはたすため、治兵衛とは別々の場所で死にたいと言う。これに対して治兵衛は、自分の元結を切り、髪を切ったから法師であり「おさんといふ女房なければ、お主が立つる義理もなし」と小春のおさんに対する「義理」を封印してやる。小春もこれにならって髪を切り尼となる。治兵衛は「浮世を逃れし、尼法師、夫

婦の義理とは俗の昔」と語る。
最期に治兵衛は行動力を見せるが、小春の「義理」の解決には至っていない。ゆえに、やはり小春と治兵衛とは枕を並べて死ねないのである。治兵衛の「義理」とは、浮世の夫婦という社会制度上における倫理観に基づくものである。ゆえに離別という手続きによって、苦悩することもなく解消できるのである。

そして、女同士の「義理」

『心中天の網島』の主人公は、心中する男女ではなく小春とおさんである、と理解されている（廣末一九八九／白方一九九三）。メイン・テーマは、女同士の「義理」である。廣末保はこの女同士の「義理」を「制度的な秩序・差別を越える」対等の関係に立ったもの、と評価している（廣末二〇〇〇）。鳥居フミ子は、小春・おさんの「女の義理」を「儒教道徳的な規範ではない」「人情の涙に支えられた義理」として捉えている（鳥居一九六九）。炯眼といえよう。
近松は『心中天の網島』で「義理」を男社会に限定したものではなく、女性をも含み、江戸時代中期の社会全体を包み込む規範として提起したのである。

武士の「義理」:『薩摩守忠度』

次に、国文学研究ではほとんど注目されていない近松の時代物作品を対象に「義理」の問題を考えてみたい。一六八六年（貞享三）、竹本座で初演された『薩摩守忠度』を分析する。
源平の争乱の時代、歌人でもあった平忠度（薩摩守）は、勅撰和歌集『千載和歌集』への和歌入選の望みを捨てきれない。都落ちの途中、忠度は源氏方に化け、編者の藤原俊成の館を訪れるが、源義経配下の岡部六弥太に見破られ、討たれそうになる。忠度は名乗りを上げ、和歌を俊成のところまで届けたいので見逃してもらいたい、後日命はやる、と六弥太に頼み込み、後日討たれることを「契約」し見逃してもらう。

一の谷の戦闘が始まった。源氏方の岡部弥五郎（六弥太の弟）は、平氏方となってしまった衆道の相手、越中前司盛俊に会いに来たが、二人は源平の武士たちが見ている前で勝負することになってしまう。すでに深手を負っていた弥五郎は「今生の名残惜しみたく」会いにきた、討ってくれと語る。しかし、盛俊は尋常に勝負すべきと返す。弥五郎が苦悶しているところ、源氏方から進みでた猪俣小平六が、盛俊を討ち取ってしまう。

『薩摩守忠度』のここまでのストーリーに「義理」という言葉が登場する。これはすべて武士の語りのなかで「情」と並列して使われている。

六弥太の「義理」　忠度が六弥太に見逃してもらいたい、と懇願する場面に源氏方の稲毛別当道善が介入し、次のように六弥太を諭す。

忠度ほどの大将が歌の望みかなふうち、命をくれよと宣ふに、そも偽りの有べきか、情け知らぬは猪武者、只今助けて、後日の契約相定め、尋常に討つてとれ

これに対して六弥太は、なるほどそれは「義理」＝道理であり、「岩木を結ばぬ」＝情を解した、として忠度を助け再会を約束するのである。六弥太は、忠度の願いを聞き入れることを「義理」と理解している。「義理」とは、「情け」を解する武士の当然取るべき行為として提起されている。

弥五郎の「義理」と「武士の道」　以下は、一ノ谷の合戦場で盛俊に語る弥五郎の台詞である。

いや〳〵血をわけし六弥太は恩・愛の縁ばかり、貴殿は情けの兄上なれば、恩・愛といひ義理深かし。年来の契りを捨て何とて太刀があはされん、たゞ〳〵討つて給はれ

弥五郎は「契り」を結んだ盛俊に対して、実の兄よりも「情けの兄上」なので「義理」が深いと思いをこめ、「契

り」を捨てるくらいなら、いっそ討ってくれと語る。彼の決断は早い。ここに見る「義理」は「情け」「恩」「愛」に支えられた「契り」を守る行為として語られている。一方これに前後して、盛俊は以下のように語っている。

やい侍はな、親にもせよ兄にもせよ、敵と見ば引組んで刺違ふるを武士といふ、血を分けし汝が兄の六弥太なりとも、敵とならば討たんとは思はぬか、さあ某と太刀打せよ、いかに〳〵…、

愚かなり弥五郎、戦は大将と大将の励み、私の遺恨ならず、たとへ討つとも、討たるゝとも、契りはたがへじ

盛俊は、兄弟・親子でも敵となれば討つのが武士であり、ゆえに、弥五郎が自分＝「情けの兄」に挑むことは「契り」を破ったことにはならないとして、弥五郎の了簡を正している。この盛俊の語りの直後に、近松は「日比は命にかはらんと契りし仲も、武士の道、今日は修羅の晴れ戦」という一文を入れている。ここでは「所領をうくる身」＝所領安堵を受ける武士ならば、実の親・兄弟や、衆道の相手＝「情けの兄」であっても敵味方に分かれた場合、殺しあうのは当然である、という壮絶な「武士の道」が語られている。

「武士の道」と町人の「一分」　観客＝民衆は「武士の道」に恐れおののいても、それに共感し、それを共有することはできない。近松は物語を敷衍して行くことを忘れていない。覚悟をしたはずの盛俊は、次のように語り慟哭するのである。

日本無双の盛俊が後れたりとや笑はれん、口おしさよ、無念さよ、あさましきは武士の道、馴れまいものは色の道、敵も味方も某が心底さつし給へ、

取り巻く源平の武士たちも、盛俊のこの発露を「道理」としてもらい泣きしている。近松は、武士の心性を多面的に描く一方、物語を進めるため、この場の撞着を破る存在として猪俣小平六を登場させ「兄分とて容赦するは心得

ず」と言上させ、盛俊を討ち取らせている。

この複雑な展開を「義理」という視点から分節すると、「義理」とは私的関係において「恩・愛」や「情け」に支えられた、多分にウエットかつエロチックな「契り」を守る道義として位置づけられていることが分かる。

ここで、わたしが注目したいのは「武士の道」を語る際に、近松が「忠義」という語彙を一切使用していない点である。一ノ谷の合戦場で、盛俊が六弥太と戦うのは平氏に対する忠義からではなく、戦場で「後れ」をとったら「笑はれ」るからなのであり、周囲の武士たちもこれに共感しているのである。このコンテキストは、『曽根崎心中』の徳兵衛や『心中天の網島』の治兵衛の「一分」として描写した町人の心性と通底するものがある。これらは、儒教的倫理観とは相違する、江戸時代中期の日本社会特有の規範意識といえよう。

「契約」と「情け」の「義理」

『心中天の網島』のメイン・テーマは、「契約」と「情け」による女同士の「義理」であった。治兵衛の「義理」はこれの対局におかれたドライな倫理観であり、そこに苦悶は見られない。わたしは、近松の語る「義理」を細分化する必要はないと考える。近松は「義理」を、町人も武士も自己の「一分」＝プライドにかけ、命とひきかえにしても守らなければならない「情け」を含んだ道義として提起しているのである。この「義理」の背景には、信頼関係に基づく私的な「契約」があった。しかし、公的な社会関係に基づく予期せぬ外的要因によって、この私的な「契約」を破らねばならない場面が訪れる。近松は、その時の人びとの苦悶と葛藤を描き、観客＝民衆の共感を得たのである。

「武士の道」という問題

近松の「義理」との格闘から、期せずして「武士の道」という問題が浮かび上がってきた。近松が多くの作品を残した時代物の叙述の中心は、武士とその家族の生き様である。

『薩摩守忠度』創作とほぼ同じ時代、井原西鶴が『武道伝来記』（貞享四年／一六八七）・『武家義理物語』（元禄元年／一六八八）で、「義理」と武士との関係を叙述していた。広嶋進は『武家義理物語』に描かれた「義理」を「忠義よりも一分（個人の対面）や面目を保つことに価値を置」いたもので、契約や約束を守る話や、相手の信頼にこたえる信義の話として叙述されている、と整理した（広嶋二〇〇〇）。西鶴の義理は、近松の「義理」に近似している。

近松が「義理」を語る最初の作品を世話物ではなく時代物として、「義理」の主体を町人ではなく武士とした意味は大きい。治者であり社会の亀鑑たる武士を通じて「義理」という道義を民の世界に持ち込んだのである。武士が戦闘者であり、親兄弟でも殺し合うという暴力の担い手である限り、武士の「義理」は、儒教的教諭、五倫の道からはかけ離れたものとなっていく。武士に仮託して、命にかえても守るべき道義として提起された「義理」は、その後、命をかけた町人の恋愛＝心中を語る世話物にも導入され、その主体に女性をも加え、より普遍化され人びとに伝えられ、江戸時代中期の社会的規範となっていったのであろう。

2　近松が語る「因果」

表2は、「因果」という語句がどのように使用されているかを示したものである。これらのうち、前世の悪因と現世の悪因という使用例として『せみ丸』を、親の悪因と不運・不幸という事例では『日本西王母』を取り上げ、他の作品も補助的に登場させたい。

前世の悪因と現世の悪因

『せみ丸』は一六九三年（元禄六）竹本座で初演された。以下が概要である。

表２　『因果』使用例

使用例	年代	西暦	題名	ジャンル	『全集』
前世の悪因	不明		『賀古教信七墓廻』	時代物	9
	元禄６年	1693	『せみ丸』	時代物	2
	元禄末年	1703	『日本西王母』	時代物	3
	宝永７年	1710	『孕常磐』	時代物	6
	正徳４年	1714	『嵯峨天皇甘露雨』	時代物	9
現世の悪因	元禄６年	1693	『仏母摩耶山開帳』	世話物	15
	元禄６年	1693	『せみ丸』	時代物	2
	元禄12年	1699	『けいせい仏の原』	世話物	15
	元禄15年	1702	『けいせい壬生大念仏』	時代物	16
	宝永２年	1705	『用明天王職人鑑』	時代物	4
	宝永４年	1707	『丹波与作待夜のこむろぶし』	世話物	5
	正徳３年	1713	『傾静胎内捃』	時代物	8
	正徳４年	1714	『弘徽殿鵜羽産家』	時代物	9
	正徳５年	1715	『国性爺合戦』	時代物	9
	享保２年	1717	『聖徳太子絵伝記』	時代物	10
親の悪因	元禄末年ヵ	1703	『日本西王母』	時代物	3
不運・不幸	不明		『薩摩歌』	世話物	6
	延宝７年	1679	『他力本願記』	時代物	13
	元禄末年	1703	『日本西王母』	時代物	3
	宝永元年	1704	『春日仏師枕時鶏』	時代物	16
	宝永２年	1705	『用明天王職人鑑』	時代物	4
	宝永３年	1706	『心中二枚絵草紙』	世話物	4
	宝永３年	1706	『卯月紅葉』	世話物	4
	宝永６年	1709	『心中刃は氷の朔日』	世話物	5
	宝永７年	1710	『孕常磐』	時代物	6
	宝永７年	1710	『碁盤太平記』	時代物	6
	正徳元年	1711	『曾我虎が磨』	時代物	7
	正徳３年	1713	『傾静胎内捃』	時代物	8
	正徳４年	1714	『釈迦如来誕生会』	時代物	8
	正徳４年	1714	『栬狩剣本地』	時代物	9
	正徳４年	1714	『相摸入道千疋犬』	時代物	8
	正徳５年	1715	『生玉心中』	世話物	9
	享保２年	1717	『聖徳太子絵伝記』	時代物	10
	享保２年	1717	『鑓の権三重帷子』	世話物	10
	享保４年	1719	『本朝三国志』	時代物	11
	享保５年	1720	『心中天の網島』	世話物	11
	享保５年	1720	『双生隅田川』	時代物	11
仏教用語	正徳５年	1715	『国性爺合戦』	時代物	9

延喜の時代、女性にもてる蝉丸（醍醐天皇の第四皇子）という浮気男がいた。彼には北の方（正妻）以外にも直姫・芭蕉という二人の恋人がいた。北の方と芭蕉は、嫉妬から直姫を呪詛する。しかしことが露見、北の方は入水し、大蛇となり恨みを残して没し、芭蕉は左衛門督清貫（蝉丸の忠臣）によって殺害される。

北の方の恨みから逃れる中で、蝉丸は眼病にかかり盲目となってしまう。そこに、逆髮（蝉丸の姉）が登場して、北の方の供養を勧める。供養が終わると幽霊となった北の方が現れ、いまは恨みも晴れたので、これからは蝉丸の「護持の仏」になると語り、如意輪観音となり光を放ち去っていく。この光明に照らされた蝉丸の両眼は開かれその後、蝉丸・直姫は都に帰り、子孫は繁栄、物語は「千秋万歳万歳」として終わる。

物語の後半、父親の醍醐天皇は蝉丸が盲目となったことを「前世の悪業深きゆへ」「過去遠〳〵の悪業」であるとして、蝉丸を逢坂山に捨て置けと命じる。蝉丸は、この父の命を「此世にて因果を果たし後世を助けん御はかりこと」と理解して、自らの不幸は前世の「因果」であるから、これを受け入れなければ後世の幸福はない、と語り逢坂山に赴く。蝉丸は「因果を果た」すべきと言うが、積極的に善業を積むような行動をとっていない。醍醐天皇・蝉丸ともに、いかに前世の「因果」を乗り越えるか、といった発想はない。二人の親子に共通するのは、現世の不幸を前世の悪業の「因果」として受け入れる諦観である。

ところが、逢坂山で「因果」に対する解釈は変容していく。近松は、物語の最初から、浮気男蝉丸の身の上には女達の嫉妬が渦巻いている、という伏線を張っていた。とくに、死んで大蛇となった北の方の恨みはまだ深く残っている。逢坂山にある関寺の稚児が、蝉丸に「あまたの女を迷はせし、因果の霞心をくらまし、盲目と成給へども」と語りかける。蝉丸の不幸は、前世の「因果」ではなく、自らの現世の報い＝女達の恨みなのであった。そこに、逆髮が登場し以下のように語り始める。

妾は逆髪とて蝉丸の姉なるが、因果の片端に髪逆さまに生へしゆへ、父帝にも嫌はれて、かゝる侘しき住居ながら是は過去の因果なれば、祈るべき力なし、又蝉丸の盲目は嫉妬に命を失ひし、北の方の一念現世の報ひばかり也…、かの亡魂を和めなば、蝉丸の目も開け

自分は、髪が逆に生えてしまい醍醐天皇にも嫌われたが、これは過去の「因果」の報いなので諦めるしかない。しかし、蝉丸が盲目になったのは北の方の怨念なので、これを鎮めれば盲目も直るであろう、というのである。『せみ丸』が描く「因果」には二種類あり、現世の「因果」には回避する術がある、という文脈も面白いが、わたしは、過去＝前世の「因果」による不幸は逃れられない、諦めるしかないという語りに注目したい。

近松は終盤で「父母の所行所念に引かれ、善をなせば善人、悪をなせば悪人となる」と述べている。この世に生まれおちた個人は、父母の行いによって、善人にもなり悪人にもなるのであって、それは自己の責任ではない、というのである。この語りには親の悪因という発想の端緒が見受けられる。

親の悪因

元禄末年（一七〇三）頃、竹本座初演『日本西王母』から、親の悪因といった用例を確認したい。

その昔、方童仙人（播州観音寺開基）が中国から持ち帰り、播州観音寺に植えたという西王母の桃（長寿の薬）が実った。播州に土着するも、先祖の「官禄」の再興を望む桃園染五郎豊舟は、この桃を内裏に献上すべく上京し、その途上、二位の姫（故大納言藤原元方の次女）と出会い契りを交わす。

西王母の桃は天皇に献上され、その功により豊舟は民部卿に補任され、さらに薄雲御前（故藤原元方の長女）と結

婚して故藤原元方の所領三千町を相続するように、との綸旨を受ける。「官禄」と美人姉妹を得られると喜んだ豊舟であったが、はじめて見る薄雲は「肥太り」の「化物」であった。驚き恐れた豊舟は綸旨に背き逃げ出そうとする。そこに二位の姫が現れ、豊舟の子を産んだことを告げ、豊舟の不実を歎く。一方、豊舟と妹二位の姫の関係を知った薄雲は激怒、二人を恨み悪竜になるとして屋敷を出ていく。この場面で、薄雲は以下のように語る。

扨もく昔より、美女は悪女の敵とは、よくもく伝へたり、恨めしの妹や、情知らずの豊舟殿や…、かたちこそ悪女なれ、心は美女に劣るべきか、親の因果か、身のむくひか、かゝる姿に生付、鏡のかげも恨めしく、我身ながらもうとましければ

悲しく惨めな台詞である。薄雲は自らを「悪女」と認めつつ、美女に生まれ豊舟の子を産んだ妹（二位の姫）を恨み、自らの容姿を「親の因果」と歎くのである。薄雲は語る、容姿は「悪女」でも「心」は「美女」に劣らないと。「心」は自らの修養で向上可能であるが、生まれながらの容姿は親のしでかした悪因の結果であり、どうしょうもない不運・不幸であり「うとましい」というのである。親の「因果」とはまさに、自己に責任のない事象であり、諦めるしかないのである。

不運・不幸

『日本西王母』には二位の姫が姉薄雲に殺害され、その薄雲も豊舟主従に殺される、という陰惨な場面があるが、近松はその直後に「刹那が間に、兄弟は討つて討たるる邪淫の死に、因果の程こそあさましけれ」との語りを入れている。ここに見る「因果」とは、単なる不運・不幸と同義である。

著名な『本朝三国志』（享保四年／一七一九、竹本座初演）には「武家の因果は、主命にて親子別れ合戦する」との語りがある。『心中天の網島』にも「貴様もよい因果ぢや、天満大坂三郷に男も多いに、紙屋の治兵衛ふたりの子の親」という太兵衛の台詞がある。子持ちの治兵衛に惚れた小春はなんと不運・不幸かというのである。多分の揶揄をこめて。これらには、現世の不運・不幸そのものを「因果」と語ることによってそれを受け入れる、という意識が見られる。全体に流れているのはやはり、諦観である。この「因果」が『心中天の網島』に見るように、次の不運・不幸を招くにもかかわらず。

3　「因果」の原義

周知のように「因果」の原義は仏教信仰の因果応報という理にある。その理は、前世の行為（原因）により現在の境遇は規定され、さらに現在の善悪は必ず死後の世界に影響するというものである。因果応報とは「徹頭徹尾自己責任を免れることができない」「自業自得の原則」に基づくものなのである（末木一九九四）。

日本における因果応報受容の原初的なあり方は、『日本霊異記』と『今昔物語集』に記述されている。古代末期（一二世紀前半）に成立した『今昔物語集』では、悪因悪果・善因善果の説話が集められ、因果応報の理は自業自得・自己責任論として貫徹されている。

鈴木正三（天正七年／一五七九〜明暦元年／一六五五）の法談を編集した『因果物語』[5]（一七世紀後半成立）は、当時巷間で流布していた噂話や唱導説話を収録したもので（中嶋一九九四）、多くの悪因悪果と、ごくわずかの善因善果の話から構成されている。わたしが、注目したい『因果物語』の特徴は次の三点である。①収録の法談は自業自得・自己責任論となっており、「親の因果」が子の不幸を招く、といった語りはない。②『因果物語』のテーマは悪業の戒めと善業の勧めであり、「因果」を不運・不幸として諦めるという発想はない。③親殺し（未遂）の説話が収録されている。①②に関しては後述するとして、まず③の事例を簡単に紹介したい。

親殺しの事例

「おやを打ちころして、罰あたりし事」に登場する九郎兵衛（大坂の天満の「農人」九左衛門の息子）は、困窮のため嫁がいないことで親を恨み、鍬で父親を打ち殺し、母親も殺そうとしたところ「公儀」に捕縛され「大罪人」として鋸引きとなったが、雷にうたれ「微塵にくだけ」てしまったと言うのである。

「母を打ころさんとして、盲目に成たる事」に出てくる母を打ち殺そうとした江州の下人佐藤は、臼の中の米が目に飛び入り両眼がつぶれ座頭となり、「父を殺さんとして、斧の柄、手に取付たる事」では、父親を斧で打ち殺そうとした息子（美濃国滝郡の住人）の手が斧の柄と一体化してしまい、後にこの息子は病死している。

戒めとしての親殺し

親殺し（未遂）の大罪人は人智のおよばぬ力によって報復を受けている。この意味で、親殺しの説話にも因果応報の理は貫徹されているといえる。わたしは、因果応報の戒めとして、親殺しが素材になっているという事実に着目したい。三つの事例とも、「因果」の主体は、武士ではなく「農人」「下人」などの民衆である。たとえ教諭のための比喩だとしても、親殺しを素材にするなど、同時代の朝鮮社会ではありえないであろう。

『因果物語』が成立した頃の紀州で、藩儒李梅溪(6)（一六一七〜八二）が、わがままな親を殺して何が悪いと開き直った親殺し犯を諭し、その後、藩主徳川頼宣の命をうけ一六六〇年（万治三）藩内に親孝行の教諭（父母状）を出した

という。(7)

『因果物語』の説話に紀州の事例も勘案すると、一七世紀後半、日本の民衆世界には儒教的孝という教えは定着していなかった、と言えそうである。

近松のズレ

先述した『因果物語』の特徴①②の問題に触れたい。『因果物語』は法談であり、唱導説話である。そこに描かれた因果応報の話が、自業自得・自己責任論となっているのは当然であろう。以上を確認した上で、近松の世界にもどろう。

近松は「内外の古典の知識が豊富」であり（松平二〇〇二）、「仏教の教養も相当なもの」であったとされている（鳥越一九八九）。近松が『今昔物語集』や『因果物語』を読み、影響を受けていた可能性は高い。しかし、先に分析した近松の「因果」の語りは、仏教の因果応報の理からズレ、『今昔物語集』や『因果物語』の世界からも乖離したものとなっている。輪廻の思想が基底にある仏教思想に、「因果」を親の悪因としたり、単なる不運・不幸と同義とするような発想はない。

おわりに

近松の浄瑠璃・歌舞伎作品にハッピーエンドはほとんどない。世話物はいうまでもなく、時代物も多くは敵討ち・

謀叛などが題材となった悲劇である。観客＝民衆は、主人公が悲惨な最期を遂げることを最初から了解している。観客は結末ではなく、悲劇へと向かう過程と「義理つまり」の様相に共感していった、と理解されている。わたしも、これを民衆芸能の常態として了解していた。しかし、朝鮮における民衆芸能の作品『春香歌』と比較してみると、あまりにもその差違は大きい。

『春香歌』の特徴を示すキーワードは、守節・忍耐・儒教的民本主義・恨・ハッピーエンドなどであった。宿命をあきらめない主人公が、苦難に耐え抜いてハッピーエンドを迎える。この忍耐を支えているのが恨という通念であった。ここに、一八世紀の朝鮮民衆の心性が表象されているといえよう。

一方、近松の戯曲には『春香歌』にあるキーワードはどれも当てはまらない。近松は「義理」を、自己の「一分」にかけ、「情け」を込めて守らなければならない道義として提起した。そして、その背後には「世間」から恥辱をうけることや、「一分」が廃ることを極度に恐れる意識があった。このような心性は、形而上学的に形成された高度な儒教的倫理観ではない。

江戸時代中期、元和偃武から半世紀が経過し、社会は安定して人びとは社会集団ごとに一定の組織に所属し生きる時代となった。近松は、日常的人間関係を包摂し、治者の武士から被治者の町人まで通底する規範を「義理」として提起したのである。

近松は「義理」を貫くために、苦悶しつつも次の行動を決断していく人びとを描いた。それは身を切る、そしてまさに「情け」による決断であるがゆえに、観客＝民衆は涙する。しかし、その決断はあまりにも性急ではなかったか。近松はあえて、劇中で切迫した状況を作り出すのであるが、理性を排除したその「情け」の決断は、死へと直結していく。

「因果」の原義は、仏教信仰の根元である因果応報であり、自己に責任がある自業自得の理であった。この論理は、江戸時代前期の『因果物語』でも貫徹されていた。因果応報の理は、前世・現世・来世に関わるものであり、仏教信仰の輪廻と関連するが、儒教はこれを否定する。もちろん、朝鮮儒学も同じである（裴二〇〇七）。

近松は「因果」を自己責任の及ばぬ不運・不幸として語った。『大覚大僧正御伝記』『釈迦如来誕生会』『賀古教信七墓廻』などの作品から、近松の仏教に関する教養はかなり高かったことが分かる。近松は、因果応報の何たるかを知った上で、独自の「因果」論を展開し、観客＝民衆に語りかけた、といえば言い過ぎであろうか。近松の語る「因果」には、儒教はもちろんのこと、仏教的要素も欠落しているのである。

『因果物語』には、民衆の親殺しの話が収録されているが、「因果」を語る近松作品では、親殺しは武士特有のものとして限定されていた。一六八二年（天和二）、公儀は諸国に忠孝奨励の高札を出した。井原西鶴はこれを意識し、孝行を表彰するという時代風潮への対応として一六八六年（貞享三）、『本朝二十不孝』を出版した、と考えられている（暉峻一九九六）。西鶴の『本朝二十不孝』には、親殺し――子が直接手をかける――の話はない。西鶴から時代が下がり、近松が活発な創作活動を展開していた江戸時代中期、親殺しという〝ネタ〟は、メディアとしての浄瑠璃ではもはや題材にできない――すれば、観客が〝ひく〟――ものとなっていたのであろう。近松は親殺しを武士の世界に封印したのである。ただし、これらが時代物に限定したものであり、その時代設定は、当代（江戸時代中期）ではなく、古代・中世である点に留意する必要がある。また、先述したように、近松が多くの作品に忠孝の話を入れていたことも加味すると、江戸時代中期に至り、儒教的教諭のうち忠孝の教えは当時の民衆社会に広がっていた、と言い得るのではなかろうか。

ここまでの分析をふまえ逆接的に言えば、江戸時代中期、忠孝以外の儒教的教諭はほとんど民衆社会には定着していなかった、とも言えるのである。その中で、近松は人間関係と社会関係とを円滑・良好に形成、維持するうえでの規範として「義理」という道義を提起していたのである。それは、儒教的倫理観ではなく、理性よりも「情け」を、忍耐よりも性急な決断を重視したものであり、現状の打開よりも、極端な場合には自死の選択を迫るものであった。

江戸時代前期以降、儒教的教諭にくらべ、仏教的戒めのほうがはるかに社会文化として定着していたと思うが、それからおよそ五〇年後、近松は「因果」から仏教的理を取り去り、「因果」を自己の責任の及ばない諦観の心性へと組み替えていったのである。

江戸時代中期、元和偃武以降の平和は続き、確かに社会は安定した。しかし一方、身分の枠が固定され、支配の網の目が細かく張り巡らされ、人びとはこの閉じた社会関係の中で、「世間」の目を意識して生きていくしかなかったのである。人びとは、現状の不運・不幸を歎くが、忍耐して難儀を解決していくよりも、それを自己の責任外の「因果」として受け入れ、恥辱を受けることをひたすら避け、自死を選択する心性に共感し、それを基調にした美意識をも生み出したのである。戦国という乱世は終わったが、こうした心性に担保され、均質的に規律化された社会が到来した。その基底に、澱のように溜まるのは〝諦観と無責任の体系〟である。江戸時代の人びとが平和・安定と引き替えに失った物も多かったのかも知れない。

〝無責任の体系〟とは、いうまでもなく丸山眞男によって、近代天皇制下に形成され現代社会まで連続する日本の市民社会＝日本人がかかえる問題としてえぐり出されたものであるが、民衆レベルでは天皇制などとは関わりなく、より深淵へ、江戸時代中期へとさかのぼるのではなかろうか。

注

（1）本文中で使用した作品の出典に関しても表1・2を参照されたい。
（2）本来、一八世紀に創作された『春香伝』をテキストとして使用すべきであったが、わたしの語学能力の限界から、日本語版としてある申在孝『春香歌』を選ばざるを得なかった。
（3）白方勝の研究もこのような傾向にある（『近松浄瑠璃の研究』風間書房、一九九三年）。
（4）浦山政雄「作品の種類」『国文学　解釈と鑑賞』昭和四〇年三月号、一九六五年を参考にしたが、江戸時代以前を物語の舞台としたものはすべて時代物とした。
（5）『古典文庫』第一八二冊、古典文庫、一九六二年。
（6）文禄の役で日本に強制連行され紀州藩儒となった李真栄の息子。
（7）和歌山県立博物館ニース http://kenpakunews.blog120.fc2.com/blog-entry-45.html

【参考文献】

姜漢永・田中明訳注『パンソリ』平凡社、一九八二年。

白方勝『近松浄瑠璃の研究』風間書房、一九九三年。

末木文美士「因果応報」『岩波講座　日本文学と仏教　第二巻　因果』岩波書店、一九九四年。

須田努「江戸時代　民衆の朝鮮・朝鮮人観」『思想』一〇二九、二〇一〇年。

諏訪春雄『心中』毎日新聞社、一九七七年。

崔吉城『恨の人類学』平河出版社、一九九四年。

崔宰焚「近松の世話物と春香伝」明治大学大学院文学研究科『文学研究論集（文学・史学・地理学）第一三号』、二〇〇〇年。

暉峻康隆「解説」『井原西鶴集二』小学館、一九九六年。

鳥居フミ子「近松における『義理と情』」『実践文学』三八、一九六九年。

鳥越文蔵「第一回　近松の登場」鳥越文蔵他編『近松への招待』岩波書店、一九八九年。

中嶋隆「因果物語」今野達他編『岩波講座　日本文学と仏教　第二巻　因果』岩波書店、一九九四年。

広嶋進「解説」『井原西鶴集四』小学館、二〇〇〇年。

廣末保『近松序説　廣末保著作集　第二巻』影書房、一九九八年。

『心中天の網島　廣末保著作集　第九巻』影書房、二〇〇〇年。

裵宗鎬『朝鮮儒学史』和泉書館、二〇〇七年。

松平進『近松に親しむ』和泉書院、二〇〇一年。

源了圓『義理と人情』中公新書、一九六九年。

若尾政希『「太平記読み」の時代』平凡社、一九九九年。

「歴史と主体形成——書物・出版と近世日本の社会変容」『歴史学研究』二〇〇六年増刊号、二〇〇六年。

東アジア「近世化」の比較史的検討
――中国大陸・朝鮮半島・日本列島――

山田　賢

はじめに

比較史的に東アジアの近世を考察すること――本論において取り上げる課題については、ひとまずこのように記述できるであろうが、この短い表現のなかにも、不安定で危うい環がいくつも含まれている。あるいは、このような言明自体が、そこからただちにいくつもの問題群を立ち上げる不穏当な響きを孕んでいると言うべきなのかもしれない。それら予想される問題群のうち、ここではまず「近世」と「比較」について取り上げておこう。

i　「近世史」という問題

「東アジアの「近世」」という問題については、つとに岸本美緒が幾度も論及している（岸本一九九八、二〇〇六）。

岸本の述べるように、中国史においては宋から明清の時代を、「近世」と見るのか、それとも「封建制」（中世）と見るのか、という論争が存在していたゆえに、「近世」という言葉は「気軽に使えない」。つまり、無前提に「近世」という語彙を使用することは、そのような意図の有無に関わりなく、ある時代区分論への同意、あるいは反対のいずれかに与する選択として解釈される可能性があるからである。もちろん、時代区分という発想の枠組み自体が、あるべき高みを一元的に設定した上で、その高みを基準としつつ過去の社会の到達度を測定する試みであり、発展段階論の退潮とともに時代区分論もまた歴史学の後景に退いていったという見方もできるだろう。とは言え、歴史的な時間の流れから「区分」という発想を放棄し、時間をただのっぺりとした切れ目のない連続に返してしまうことが望ましいことだとも思われない。ある中長期的な傾向が広い地域を覆いながら継続した〈ひとまとまりの時間〉を括り出すことによって、私たちは過去のそれぞれの段階における特徴的な動勢をより明示的に記述することができるようになるだろうからである。

ただし、そのような時間「区分」を行うに当たり、単一の尺度に基づき、それぞれの社会における共通の内実を見いだすことによって〈ひとまとまりの時間〉を括り出すことはおそらく極めて困難な試みなのだ。だとすれば、広域的に地域を横に貫いて生起した現象としての変動、ないし波動に着目して時代区分を再定立する方法が考えられよう。岸本美緒の提起する「東アジアの「近世」」という「区分」論は、まさに「「近世性」」の実体的定義を断念し、むしろ当時の世界の多くの地域がともに広域的変動の衝撃を受け、それに対応する新しい秩序のあり方をそれぞれ独自の方法で模索した、という動的過程そのものに着目する方向」から導き出されたものに他ならない。

そして小稿もまた岸本「近世」論の視角を基本的に継承するところから出発する。「近世」のはじまりである一六世紀は、所謂大航海時代の到来とともに、アメリカ大陸から持ち去られた大量の銀が地球規模で循環し、商業の活性化を促した時代であったと考えられている。なかでも世界中の銀が構造的に滞留した東アジアでは、中国大陸を中心に空前の活況が出現していた。

こうした状況の中で、東アジア世界においては、時間的な前後や量的規模の違いなどはあったものの、㈠地域をまたぐ広域的な商業交易の活性化、㈡社会内部における流動性の増大と旧社会秩序の解体、㈢商業化を背景とした新興勢力の登場、㈣人口の増加傾向と人の移動、など、共通の傾向が出現していた。ただし、一六世紀に出現したこうした過剰なまでの流動性が、旧秩序の解体の後に出現、ないし再建された政治体制のもとでソフト・ランディングへと誘導されていくことも東アジア各地に共通する現象だった。換言すれば、一六世紀の激しい副作用をともなった商業化を制御しつつ、それぞれの地域がそれぞれのかたちで安定的な社会秩序を再構築していく動態的過程こそが、「東アジアの「近世」」というひとまとまりの時間の内実となる。

以上のような前提に立つならば、「近世東アジア」の「比較」という方法を通して明らかにすべき照準は、共通の尺度から見て取れる共通の到達度を持った社会構造ではない。むしろ、歴史の共通のリズムの中で、それぞれが共通の課題にいかに対処し、結果的に如何に異なった持続的な社会秩序を形成していったのかを検討することが「比較」の目的となろう。すなわち、小稿の課題は、世界史上の一六世紀に出現した共通の変動に対処しつつ、中国大陸・朝鮮半島・日本列島の社会が、それぞれ固有のかたちを持った持続的社会秩序＝「伝統社会」を形成していった過程を、先行研究の成果に基づいて素描することにある。

ii　「比較史」という問題

中国大陸・朝鮮半島・日本列島の三つの地域に生成した「伝統社会」を比較の俎上に載せる、という言明にもただちにいくつかの疑問が浮上するだろう。第一に、そもそも、近現代における政治的統合に基づく空間区分である「中国」「朝鮮」「日本」という枠組を、過去にそのまま投射して比較の「単位」とすることの妥当性が問われるだろう。近代に成立した国民国家の枠組は、それがあたかも過去から一貫して延続する生命体のような有機的統合であることを顕示しようとする機制を持っているため、過去を考察する際にその空間区分の枠組を自明の前提として利用することは、国民国家のもとで培養された感性への無自覚的な従属ではないのか、という批判は当然あり得るだろう。

ただし、一六世紀の過剰な流動性という危機に対処する過程において、それぞれの地域において恒常的安定システムが探求され、それとともに、近代に成立する国民国家に吸収されていくような緩やかな統合が成立していった過程にも留意しなければなるまい。たとえば、境域を越える移動の抑制がはかられた海禁の時代＝一七世紀には、朝鮮半島・日本列島において、それぞれ常平通宝・寛永通宝といった内部貨幣の循環が成立し、現在私たちが「朝鮮」、「日本」という語彙によって想定する空間的範囲を覆う政治的・経済的な統合が新しいレベルで実現されていく。そしておそらくこの変化は、基層社会における人と人との社会的結合の在り方が、地域ごとにそれぞれ特色ある様式化を獲得していく過程と連動している。いわば、地域的統合の成立と見える現象が存在したとするならば、それは、政策、貨幣といった手段を通しての「上」からの働きかけとともに、そのような権力の志向と適合的な社会的編成の自己組織化によって、「下」からその社会を満たしていく基層社会の変容との相互作用が想定されるのではないか。

言うまでもなく、「比較史」を試みようとする際、比較すべき単位が自明に存在しているわけではなく、比較すべき対象はあらかじめ、ある仮説的な見通しに基づいて、連続する時間と空間の中から切り出されている。結論を先取りして述べるならば、小稿が近世の中国大陸・朝鮮半島・日本列島の比較史という観点を提示することは、それぞれの地域において内側からも満たされていくような緩やかな統合と個別化の動きを、東アジア「近世」の内実としてあらかじめ想定している、ということに他ならないのである。

「比較史」の方法についてはもう一つ付け加えておくべき問題がある。これも今さら言うまでもないのだが、比較に際してはある指標を設定した上で、比較する対象諸地域がその指標に照らしてどれほど近似し、あるいはどれほど懸隔があるのかを論じることになろう。既に言及したように、小稿の課題は、一六世紀に出現した世界史的変動に対処しつつ、中国大陸・朝鮮半島・日本列島の社会が、それぞれ固有のかたちを持った持続的社会秩序＝「伝統社会」を形成していった過程について比較史的な整理を行うことにある。換言すれば、この課題設定は、近世の中国大陸・朝鮮半島・日本列島といった三つの比較対象地域において生成、ないし増幅された差異と懸隔に焦点を当てたものとなっている。そして比較すべき三者の共通性よりも異質性を前提にした場合、どのような比較の指標を設定するかによって、描出される近似と懸隔の様相は異なってくることになるだろう。つまり、ある指標を設定した場合には、中国大陸と朝鮮半島の近似と、そこから懸隔した特異な日本列島の社会というイメージを導くことも可能であろうし、別の指標を設定した場合には、中華の周辺世界としての朝鮮半島と日本列島の近似と、それらとは大きく懸隔する中国大陸の社会というイメージを語り出すことも可能なのだ。

すなわち、「比較史」とは比較する対象、比較の指標のいずれにおいても、あらかじめ設定された論者の方法的仮説、あるいはプロットに大きく依存する危うい試みなのである。以下、小稿は、開発、「家」制度、知の土着化とイデオロギー、という三つの指標から比較の叙述を行っていくことになるが、それらの指標を選択するに当たって想定されたプロットについては、最後にあらためて触れることにしたい。

I　開　発

一六世紀から一七世紀前半にかけて、東アジアが「開発の時代」を迎えていたことはよく知られている。日本列島については、その内実や影響をどの程度に見積もるかはともかくとして、一七世紀には人口・耕地面積とも大きく増大したであろうことはほぼ共通の認識になっていると言ってよいであろう。人口の増加と耕地面積の増加は、当然のことながら人の移動と開発をともなっている。ならば、人はどう動き、開発はいかに進められたのだろうか。

日本列島のみならず、中国大陸も含め、東アジアにおける初期定住拠点は、丘陵を後背とした河谷平野、扇状地に求められたケースが多い。こうした丘陵と平野の交界地域は、河谷や湧水の利用が容易であると同時に、氾濫による水害は及びにくいからである。常に水害・旱害の危険にさらされる低平地の開発は、水を利用するための用水路の掘鑿、水から耕地を守るための堤防の築造など、一定の技術水準に裏打ちされた工学的対応と、劣悪な環境でも生育する品種の導入など農学的対応のいずれか、ないしそれぞれの順次的実現が欠かせない。日本列島の場合にも、開発は上流から下流へ、河谷平野・扇状地から低平地へ進んだと考えられる（斎藤一九八八）。

ただし、当時の技術水準において可能な開発が一通り終了して、いわば飽和状態を迎えれば、人口の伸張も停滞を迎えるだろう。日本列島において開発と人口増の時代が転機を迎えるのは、一七世紀の末から一八世の初頭にかけてであったと推測されている。一八世紀に入ると日本列島ではほとんど人口の増加傾向が見られなくなることは、現在ほぼ承認されているところであろう（速水一九九七）。ところで、人口の増長に見合うほどには生産が増長しないとするならば、相対的に過剰になった人口を何らかの手段で吸収し、貧困の共有化が進むことによってもたらされる危機――社会の不安定化――を未然に防止しなければなるまい。すなわち、一七世紀の後半以降における日本列島の各地域では、大開発と人口爆発によって生じた歪みを吸収し、これをソフト・ランディングさせるための社会的対応が現象していたはずである（山本二〇一〇）。

やや先を急ぎすぎたが、次に朝鮮半島に眼を転じよう。朝鮮半島においても一五世紀から一七世紀にかけて開発と耕地面積の拡大が進んでいる。李海濬によれば、朝鮮初期の村落が山谷に位置していたのに対して、一六世紀から一八世紀に開かれた新たな定住拠点は、次第に海抜の低い地点に拡散している。このような低平地の開発を可能にしたのは、水利施設や堰堤の築造など、工学的対応による自然環境の改造と制御であったと考えられる（李二〇〇六）。なお、宮嶋博史は、慶尚道北部では山間平地の開発が、全羅道海岸部では干拓による海浜地帯の開発が進められたこと、地域ごとに開発の具体的な様相は大きく異なっていたことを指摘しているのだが、いずれにせよ一七世紀までの朝鮮半島もやはり大開発の時代だったのである（宮嶋一九九五）。しかし、一七世紀後半には開発は行き詰まり社会膨張も終わりを告げる。つまり、朝鮮半島においても、一七世紀までの人口増、開発の飽和とともに出現する相対的過剰人口、一七世紀後半以降における危機回避のための社会的対応、という軌跡がほぼ日本列島とパラレルに出現したと想定できるだろう。

これに対して、中国大陸における総体としての人口動向は前二者とかなり異なったかたちを見せるのだが、まず中国大陸にて一六世紀頃から出現したと考えられる人口の急伸傾向について、その要因の一つと思われる事象について言及しておこう。岸本美緒をはじめ、一六世紀の社会変容を取り上げる中国史研究者がほぼ共通して注目しているのは、はじめにも触れたようにこの時期における「銀」の流入である。アメリカ大陸から持ち去られた銀、そして日本列島から採掘・精錬されるようになった銀が、大量に中国大陸に流入したのが一六世紀であった。ここに出現した銀の一撃――貨幣流通量の突発的増大――により、貨幣によって裏付けられた購買力と欲望の解放、モノ・貨幣（銀）・人の移動をともなう激しい商業化と、社会全体の流動化という現象がもたらされることになる。つとに岩井茂樹が指摘しているように、明朝末期に活発に動き始める辺境勢力――北辺のモンゴル・女真、東南海域の倭寇――もまた、まさしくこうした商業化のうねりに乗って台頭した武装商業集団であり、中国大陸から発信された好況は、朝鮮半島や日本列島などの周辺地域も包摂しながら東アジア全域に波及していたと考えることができよう（岩井一九九六）。

中国大陸の人口が一六世紀頃より増加傾向を見せ始めるのも、商業化・好況による所得の上昇、その結果もたらされた出生率の上昇と死亡率の低減、商業化が後押しした開発移住という過剰人口排出システムの循環に原因の一つを求めることができるのだが、この仮説に基づくならば、朝鮮半島・日本列島・中国大陸――ほぼ東アジア全域――において、若干の時間差はあれ、一六世紀から一七世紀前半にかけて同時的に出現した大開発と人口爆発の背景には、中国大陸発の銀の一撃を想定してもよいだろう。もちろん、朝鮮半島・日本列島、それぞれに開発と人口増を支えた内的条件は異なっているのだが、大きな変動のなかった定常的な社会を揺さぶる最初の一撃は、やはり中国大陸からの商業化の波だったのではないだろうか。

中国大陸・朝鮮半島・日本列島における開発と人口増は、一六世紀頃から相前後して始まったにもかかわらず、一七世紀後半頃にははっきりとした分岐点を迎えることになる。一七世紀後半以降、朝鮮半島・日本列島の人口増長傾向は次第に低下したと考えられるのだが、中国大陸では二〇世紀に至るまでほとんど一本調子の人口増が継続した。その理由は、アヘン戦争前夜に至るまで中国大陸には潤沢な銀流入が続いたこと、そのため短期的な振れ幅はあっても長期的には好況基調であったこと、そして何よりも中国大陸には東北寒冷地帯、西南山岳地帯をはじめとする膨大な隣接辺境が存在し、好況が持続する限り、常に商業化の波に押されるかたちで隣接辺境への開発移住が持続できたからである。ある一地域の人口が相対的に過剰になったとしても、そこからの安定した出路が確保されているならば、人口増が続いたとしてもただちに危機には至らない。すなわち、近世の中国大陸では、「人口増↓移住と開発↓定住化↓人口増」という終わりなき循環のもと、周縁部を埋め尽くす拡大が進展することになる（山田一九九八）。

Ⅱ　生成する伝統——近世東アジアの「家」制度

一七世紀後半、朝鮮半島と日本列島ではその後の社会に継承されていく「伝統」が姿を現しつつあった。「家」、ないし血縁に根拠を置く社会関係が定型的なかたちを獲得していくのがこの時期である。

この時期、日本列島では「家名」、「家産」、「家業」、祖先祭祀を一体的に単独相続させる小農経営が広範に姿を現したと考えられている。祖先から子孫へと永続的に継承されるべき「家」という意識、継承と連続を担保するための単独相続の定着とともに、こうして成立した「家」を単位とした「村」もまた形成されることになるだろう。また、晩婚化や出生のコントロールによって、家族員数の調節という事態も見られるのだが、ミクロ・レベルで見えてくるこのような「家」の存続戦略が、マクロ・レベルでは一八世紀の人口停滞をもたらしていたと言えよう（大藤一九九六、二〇一〇）。

以上のような日本列島の「家」制度の定着が、大開発と人口爆発の終わりとともに現れるのは当然であったのかもしれない。開発による外延的膨張が見込めない状況の下では、第一に、獲得した耕地を分散させることなく永続的に守っていくことが重要な課題となる。つまり、分割相続ではなく、単独相続の方が状況に適合的なのである。第二に、耕地の量的拡大が見込めない以上、既に増加した人口を扶養していくためには、集約的な農法によって単位面積あたりの収穫量を上げていかねばならないだろう。そのためにも、夫婦を核としながら「家」意識を紐帯として結集されている小規模集団が経営の母体となることは、やはり細やかな集約農法に適合的であったと言えよう。

一方、同族組織（「門中」）が重要な意味を持っていた朝鮮半島の社会は、一見したところでは日本列島とは大きく異なっていたように見えるのだが、「門中」という「伝統」的血縁組織が形成されていく時期が一七世紀後半頃であったことは日本列島と軌を一にする。そもそも「門中」とは「ある同族集団の中で、始祖よりはるかに下った世代の特定の人物を共通の祖先とする子孫たちによって構成される、同族集団の下位組織」（宮嶋一九九五）である。それが一七世紀後半になって形成される理由は、日本列島がそうであったように、マクロ・レベルにおける開発の飽和とともに、ミクロ・レベルでも個々の在地集団の経済的発展が見込めなくなってくるからである。こうした状況の下では、血縁ネットワークや文化的シンボルなどの資源を結集しながら、既に獲得した資源をある社会集団の枠の中に囲い込んで護持していこうとする動機が優越することになるだろう。「門中」とは、在地エリートとしての両班層が、それまでに獲得した社会的地位を維持しようとする意志によって登場したと考えられる。

なお、この時期に朝鮮半島における相続慣行が変化し始めたことにも留意しなければならない。宮嶋博史によれば、変化の大すじは、「男女均分相続→男子均分相続→長男優待相続」であるという。均分相続は、数世代にわたってこれを継続すれば、総体としての家産が膨張し続けない限り、世代を重ねて子孫の数が増えれば増えるほど、一人あたりの継承分は減少していく。言い換えれば、すべての子孫が均等に貧しくなっていくシステムである。したがって、「開発」という膨張手段が閉ざされた後に、「家」の安定的な継続のために長男を優待する差等相続の慣行が定着していくことは、環境への適応のかたちなのである。

一七世紀後半に「単独相続」、「差等相続」という長男優待に基づく相続慣行が成立していく日本列島・朝鮮半島に対して、中国大陸では一貫して均分相続が維持されていた。近代に入ってから中国の均分相続を調査した日本人の調査者たちは、長幼・賢愚にかかわりなく、たばこの一本まで完全に男子均分相続にて財産分割を行う中国の慣行に驚嘆し、かつ日本の伝統社会において形成されていた自明の相続慣行（単独相続）との落差を理解することに苦しんだ。先に述べたように、もし全体のパイの大きさが変わりないならば、均分相続では世代を重ねて子孫が増えれば全員が貧困化するわけであり、その意味で極めて不合理なシステムに見えたからである。ただし、単独相続・差等相続という慣行が、開発による経済膨張の停止とともに歴史的に出現したものであったこと、そして、同時代近世の中国が、開発・人口増・移住という止まらない循環の過程にあったことを想起しておく必要がある。

確かに、もはや総体としての財に増加が見込めない状態にあっては、単独相続、ないし長男を優待する差等相続によって、家産の分散化を防止するのは合理的な選択肢の一つであろう。開発と人口爆発が終焉を迎え、社会が安定的な定常システム（「伝統」）のもとで冷やされていく時代には、たとえ凡庸であろうがあるルール（たとえば「長男」）に基づいて優先的に家産の継承を委ねたとしても問題は生じないかもしれない。逆に言えば、徹底的な均分相続が合理的な選択肢であり得る社会とは、流動性の高い熱気に満ちた、つねに膨張の可能性が開かれていると同時にリスクも大きい、言い換えると成功と没落が背中合わせであるような社会である。このような環境のもとでは、先祖から受け継いだ「家」集団の財産を単独子に継承させることは危険きわまりない。予期できない大きな変動に遭遇してすべてが失われてしまう可能性があるからである。むしろ、あたかも植物の種子が風に乗って広範囲に散らばることで適切な繁殖地に遭遇するように、すべての男性子孫に均等に財産を配分し、どこからでも膨張が始まるように、上昇機会との接触の可能性を広げておいた方がよい。

近世中国において同族ネットワーク（「宗族」）の範囲が、時に莫大な人数と空間と包摂するのは、ここに述べた終わらない社会の膨張と高い社会的流動性に由来する。先に朝鮮半島において、「門中」という地域に根ざした下位レベルの同族組織が成立したことに触れたが、近世中国における「宗族」は、その範囲に限定がない。「門中」は「始祖よりはるかに下った世代の特定の人物を共通の祖先とする」限定的な同族組織なのだが、近世中国の宗族は、しばしば遼遠なる過去まで遡って、古代の伝説的な人物を共通の祖先として担ぎ出すことさえある。言うまでもなく、共通の祖先をより遠い過去に設定すればするほど、共通の祖先をいただく血縁集団の範囲はほとんど無限定的に拡大していく。つまり、血縁組織をある限定的な範囲で閉じようとする動機を持たなかったばかりか、むしろそれを開いていこうとする方向性を示していたのが一六世紀以降の中国大陸における「宗族」血縁ネットワークだったのである。上昇戦略としての移動を繰り返す人々が織りなす流動性の高い社会の中では、どこにでも接続可能な広域的ネットワークの端末が存在することは望ましい事態である。空間をまたいで移動する人々が頼みとした社会関係は、まず何よりも共通の祖先を持つ（と相互に信じる）同族のネットワークであり、次いで盟約に基づく擬制的血縁関係としての結社のネットワークだった。

Ⅲ　「中国」知の土着化とイデオロギー

一六世紀から一七世紀にかけて東アジア全域において発生した大開発と人口爆発の要因が、中国大陸に潤沢に流入した「銀」と、それが誘引した中国発の好況・商業化にあったとするならば、一七世紀以降、朝鮮半島や日本列島の社会が過剰な流動性を抑制しつつ社会の再秩序化を図っていく過程において、「中国」との交流回路を注意深く管理しつつ、それと慎重に距離を取っていこうとする動機を発生させるだろう。すなわち、一七世紀以降の朝鮮半島・日本列島における再秩序化は、東アジア世界を巨視的に視野に収めた場合、「中国」からの遠心的離脱をともないつつ進行していたのだと言えよう。

もっとも、このように事態を捉えることにはただちに異論が寄せられるかもしれない。周知のように、東アジアの近世こそ、「儒教」イデオロギーをはじめとして、中国発の様々な知識・技術が普及した時代だからである。だが、「脱中国化」の趨向とともに地域固有の「伝統」が形成されていく過程と、「中国」の知を受容しつつ社会を「中国化」していく過程とは、相反するように見えながら実は一枚のメダルを両面から眺めた結果に過ぎないのではないか。

技術的な知の受容という観点から農書を例に考えてみよう。一七世紀後半から一八世紀は、日本列島でも朝鮮半島でも「農書の時代」を迎えている（宮嶋一九九五）。その理由の一つは、繰り返し述べてきたことだが、開発の時代の終焉とともに集約的な農法によって単位面積あたりの収穫量を増大させ、相対的に過剰になっている人口を扶養していくことが求められていたからである。ここにおいて、実践的な農業技術を指南する参考書が必要とされることになり、それに応えたのが一八世紀の日本・朝鮮において刊行された農書だった。

もちろん、「農書の時代」を迎える前において、東アジア世界における知のスタンダードであった漢籍―中国の農書は当然伝来していた。しかし、中国大陸の風土を前提に記述されている農書は、そこにいかに優れた農業技術が記載されていようと、そのままのかたちで朝鮮半島や日本列島に移植することはできない。そこから学びながら、それぞれの地域に最適化するための改造が、すなわち知の〈土着化〉のプロセスが必要なのだ。たとえばこの過程を、中国伝来の技術が咀嚼され受容されていく過程であると記述することも可能だろうし、中国伝来の技術から脱化して地域固有の「伝統」農法が誕生していく過程であると記述することも可能だろう。

いまここでは農業技術を例に取ったのだが、このような「中国」の受容、ないし「中国」からの脱化は、知のあらゆる領域において並行的に進行していたのではなかったか。たとえば、一七世紀の末から一八世紀にかけて活躍した日本の儒学者――つまり中国の知の体系を祖述する者――の一人として貝原益軒がいる。益軒のあまりにも著名な著作群――『大和本草』、『和俗童子訓』、『養生訓』などを紐解けば、「中国」と「和」（「大和」、「和俗」）の相違を前提とした上で、「中国」の知を「和」の現実に最適化するための実用的処方への関心が、それらすべてを貫通していたことが理解できよう。益軒の場合、「中国」の知の土着化は、農業技術であれ、医療技術であれ、家族制度であれ、等しく日常生活のあらゆる方面において同様に試みられるべきものだったのである。

儒教という規範によって律せられている中国大陸の同族関係は、あるいは中国大陸における生活の現実に根ざした規範としての儒教は、朝鮮半島・日本列島における「家」、ならびにそれを支える道徳的規範とは大きく異なっていた。すでに触れたように、近世の中国大陸では完全な男子均分相続が前提であったし、より遠い世代の祖先を設定して同族ネットワークを拡大していくことが選好されていた。近世中国の儒教は、こうした高い社会的流動性と寄り添っていた危険思想であり、安定した「伝統」の形成に向かっていた朝鮮半島や日本列島の社会にふさわしいかたちへ馴化する必要があったわけである。もちろん、祖先祭祀や同族組織の形成において、朝鮮半島では日本列島の社会に比較すればはるかに深く儒教を社会の内部に導き入れたのだが、しかし一面では、均分相続慣行については社会的実情に合致する修正を加えていた。つまり程度の違いはあったが、「中国」の知の土着化が図られたことに変わりないのであり、決して儒教をそのまま忠実に朝鮮社会の上に複写しようとしたわけではない。

日本列島の社会においても事情は同じだった。かつて丸山眞男は、朱子学イデオロギーが隅々まで浸潤していた社会の内側から、これを解体しながら立ち上がる近代的思惟の軌跡を描いたのだが（丸山一九八三）、こうした見解は、少なくとも儒教受容史の観点に限って述べるならば、すでに八〇年代における渡辺浩の研究（渡辺一九八五）によって有効性を失っているように見える。すなわち、丸山が内側からの朱子学の解体と解釈したものは、「中国」の知を日本社会の実態に適合的なかたちへとずらしつつ〈導入〉するための土着化の試みであり、それ以前の段階において儒教が日本列島の社会に――たとえ支配者層のみであっても――全面的な浸潤を実現していたわけではなかった。儒教を導入するためには、慎重で注意深い、長期にわたる選択的な読み替え、ないし「誤読」が必要だった。その結果、本来の儒教とは異なった部分を内包する「儒学」が受容されたとき、それは「中国」の知を受け入れて社会が「中国化」したとも表現できるかもしれないし、「中国」の知とは異質な何ものか――たとえば近代的思惟――が胚胎された「脱中国化」の動きであるとも表現できよう。しかしそれは一つの事態の両面に過ぎず、メダルの本体は、朝鮮半島・日本列島のいずれにおいても、知のあらゆる側面にて実践されていた「中国」知の〈土着化〉過程の一環であったと見るべきではないだろうか。

おわりに

最後に改めて小稿における東アジア近世比較史の見通しを再確認しておこう。一六世紀の東アジアは、潤沢な銀の流入とともに活発な商業化の時代を迎える。好況は人口爆発と未開発地域へ驀進する大開発を誘引するだろう。ただし、人・モノ・貨幣の奔流のような流動化は、地域経済や政治秩序の安定的な持続にとっては激しい副作用をともなうものだったのかもしれない。好況の一六世紀は、中国大陸ならば、モンゴル・女真・倭寇などの周辺勢力の勃興と明清交替を、日本列島においては戦国時代を経験しており、同時に混乱の一六世紀でもあった。一七世紀までに東アジア各地域において登場、ないし再建された政治勢力――清朝、江戸幕府、朝鮮王朝――は、一六世紀の好況の反面であった過剰な流動性をコントロールし、安定的な秩序へと誘導することを共通の課題として出発したのかもしれない。

だが、中国大陸・朝鮮半島・日本列島、それぞれの地域の社会は、同じ条件のもとから、同じ課題を解決すべく出発したにもかかわらず、それぞれ異なった道をたどった。一七世紀の後半、朝鮮半島と日本列島では、当時の技術水準のもとで可能なレベルの開発が飽和状態に逢着するとともに、それまでの段階においてすでに相対的に過剰になっていた人口を、混乱を生じさせることなく社会全体で吸収していくための処方が必要となっていた。ここにおいて朝鮮半島・日本列島では、農業技術を環境に最適化するとともに、集約農法によって単位面積あたりの収穫量を増加させる方向性を選択することになる。

開発による量的拡大、それにともなう粗放な農法と「移動」の時代から、限られた農地を丹念に管理する集約的農法と「定着」の時代に移り変わっていけば、社会的結合の様態も変化していくことになるだろう。もはや拡大の可能性なき時代において、すでに獲得した成果を永続的に守り継いでいくために、閉じたメンバーシップ＝血縁的紐帯に基づく社会的結合体が再構築されていく。朝鮮半島では地域的同族組織としての「門中」、日本列島では血縁に基礎を置く経営体としての「家」、そしてそれらを地縁的に集積した「村」という結合のかたちは、こうして一七世紀の後半以降、はっきりとした姿を現すことになる。

しかし中国大陸では、広大な隣接辺境が地続きに広がっていたことと、銀流入の継続による好況の持続ゆえに、周辺開発・移住・人口増は止まることなく驀進し続けていた。したがって、清朝政府も人の移動がむしろ過剰人口による貧困の共有化という社会的リスクを減殺する限りにおいて、移動を容認、ないし放任していた。すなわち、清朝は流動的な社会をある程度流動的なままに統御することを選択した、ないし選択せざるを得なかった。こうした〈安定した流動性〉の中で形成されていく中国の「伝統」社会は、おそらく朝鮮半島や日本列島で形成された近世の「伝統」とは異なった形態に帰着することになるだろうし、当然、そのような異質な社会態勢と寄り添いつつ洗練されていった中華世界の世界像、知的体系をそのままのかたちで朝鮮半島・日本列島に持ち込んでしまえば、激しい不適合を発生させるかもしれない。つまり、「中国」の知に対しては、慎重に危険な因子を取り除き、大なり小なり環境に適合的な修正を加える〈土着化〉プロセスが不可欠なのである。この土着化プロセスは、近世における中国周辺世界――朝鮮半島・日本列島、そしてベトナムも――においておそらく並行的に発生していたはずであり、たとえば朝鮮半島だけが特異に「儒教化」し、あるいは日本列島だけが特異に儒教を解体、ないし拒否したわけでもない。

「比較史」は、論者の宣言する比較対照軸によって結論が誘導されてしまう危うさを孕んでいる。小稿が設定した比較対称軸に従うならば、日本列島と朝鮮半島の並行的な「近世化」という叙述を導き出すことになるのかもしれないのだが、それは予期、ないし予定されていたことでもあった。その理由は、儒教世界への無自覚的没入状態にあった中国・朝鮮に対して、ただひとり近代化への内的条件を備えた日本、という発想にも、そしてこれを完全に反転させ、東アジア世界の中でただひとり儒教的世界像を受容することなく、空虚な武威の世界であり続けた日本、という発想にも異議申し立てを行うためだった。ただし、それぞれの「近世化」の襞に分け入っていく細やかな実証をともなった「比較史」は、なお未開拓の領域であり、まさにいまこれから立ち上げねばならないのである。

【参考文献】

李　海濬『朝鮮村落社会史の研究』（井上和枝訳）法政大学出版局、二〇〇六年。
岩井茂樹「十六・十七世紀の中国辺境社会」（『明末清初の社会と文化』）京都大学人文科学研究所、一九九六年。
岩井茂樹「十六世紀中国における交易秩序の模索―互市の現実とその認識―」（岩井茂樹編『中国近世社会の秩序形成』）京都大学人文科学研究所、二〇〇四年。
大藤　修『近世農民と家・村・国家』吉川弘文館、一九九六年。
大藤　修『近世村人のライフサイクル』山川出版社、二〇〇三年。
大藤　修「百姓身分と家」（白川部達夫・山本英二編『〈江戸〉の人と身分2　村の身分と由緒』）吉川弘文館、二〇一〇年。
岸本美緒『東アジアの「近世」』山川出版社、一九九八年。
岸本美緒「中国史における「近世」の概念」（『歴史学研究』八二一〈特集「近世化」を考える〉）二〇〇六年。
斎藤　修「大開墾・人口・小農経済」（速水融・宮本又郎編『日本経済史I経済社会の成立　一七―一八世紀』）岩波書店、一九八八年。
速水　融『歴史人口学の世界』岩波書店、一九九七年。
丸山眞男『日本政治思想史研究』東京大学出版会、一九八三年。
宮嶋博史『両班―李朝社会の特権階層―』中央公論社、一九九五年。
宮嶋博史「東アジア世界における日本の「近世化」―日本史研究批判―」（『歴史学研究』八二一〈特集「近世化」を考える〉）二〇〇六年。
山田　賢『移住民の秩序』名古屋大学出版会、一九九五年。
山田　賢『中国の秘密結社』講談社、一九九八年。
山本英二「創り出される由緒の家筋」（白川部達夫・山本英二編『〈江戸〉の人と身分2　村の身分と由緒』）吉川弘文館、二〇一〇年。
渡辺　浩『近世日本社会と宋学』東京大学出版会、一九八五年。

朝鮮の民本主義と民衆運動
——近世日本との比較——

趙景達

はじめに

朝鮮王朝は国初から朱子学を国教化して儒教国家を標榜し、それを原理とする儒教的民本主義の政治文化を育成した。儒教的民本主義の基底には一君万民の理想が横たわっていたが、そこでは、教化が主で規律が従とされ、国王への直訴も容易に行うことができた。そうした教化主義＝文治主義は、何よりも国家的努力によって行われたが、科挙制度と表裏の関係にある両班官僚や在地士族による不断の民衆教化によっても推し進められた。そしてこの政治文化は、王朝後期には儒教倫理が民衆世界にも根を下ろしていくことによって、ますます朝鮮の政治社会を特徴づけるものとなった（趙二〇〇二・二〇〇九）。こうした政治文化は、英祖《ヨンジョ》（在位一七二四〜一七七六）と正祖《チョンジョ》（在位一七七六〜一八〇〇）、なかんずく正祖の時代以降「民国」理念をはぐくみ、それを「国体」と考える政治思想にまで昇華していく（李二〇〇〇）。

このような儒教的民本主義の政治文化は、近世日本にも存在していた。深谷克己は、近世日本に仁政イデオロギーを前提とした公儀との恩頼関係＝「百姓成立」の論理が成立していたことを先駆的に見出し、それを東アジアの教諭を軸とする「儒教核」政治文化として位置づけた（深谷一九七三・一九九三・二〇〇六）。政治文化というためには、ヘゲモニーとも関わって社会文化的なコンセンサスが治者と被治者との間になければならないが、その回路も存在していた。若尾政希は、近世日本の初期において楠木正成をたんなる英雄ではなく明君として描こうとする「太平記読み」を通じて、仁政イデオロギーの重要性が各層に認知されるようになっていったとしている（若尾一九九九）。また小川和也によれば、儒教的な統治論理は、中国・朝鮮からの、いわゆる牧民書（地方官の民政指南書）の流入とその刊行という形でも普及していったとされる（小川二〇〇八）。戦国の乱世から徳川の平和への移行は、まさに武から文への移行を意図するものであったかに見える。

しかしながら、近世日本では、武威はなお重要性を確保していた。「太平記読み」の世界では、実は「修己」（道徳）は「治人」（政治）に従属せしめられ、「仏法」も「王法」に従属する統治のためのイデオロギー装置でしかなかった。そこでは武威がなお標榜され、徳治以上に刑罰の重要性も説かれていた。また、民本主義によって立つ牧民意識も、厳格な法治思想と「御救」による仁政主義が両立し、緊急時には「御救」だが、平時には「法令」が重視された(1)。「法令」といっても儒教的規範に基づくものであり、教化的側面もあって仁政主義と矛盾しないものと考えられていたようだが、「法令」重視の立場は朝鮮とはいささか違う。渡辺浩によれば、近世の統治者たちは、舶来の「仁政」・「徳治」論と武士の実感に添う土着の「武治」論の間で揺れ動いたという（渡辺二〇一〇）。確かに次第に前者を顧慮した議論が増えていきはするが、しかしそれも、民を憐れんで人口が増えれば年貢が増えるという「狡猾な

「武治」論という一面をなお引きずっていた。明君として有名な上杉鷹山にあっても、君は「国家人民の為」にあるべきものとされ、国家は人民よりも上位に置かれた。本来の儒教的民本主義にあっては、民は国より重いのであり、であればこそ「民国」とされる。鷹山が朝鮮にあったとすれば、その思想は全くの異端とならざるを得なかったであろう。

儒教的民本主義をめぐる、こうした朝鮮と日本の思想の差異性は、各々一九世紀頃に活発化する身分上昇現象のあり方にも反映している。深谷克己は身上がり＝武士化の世界を克明に描いており、大変興味深い（深谷二〇〇六）が、身上がりは幕末にはもっぱら武人化という内実において達成されたようである。平川新によれば、幕末の有名剣士の多くは百姓や町人であり、身上がりは学問ではなく、武術を通じて手っ取り早くなされる傾向にあったという（平川二〇〇八）。新撰組が典型であり、それはまさに「武人の道」であった。こうした事態は、「学んで以て聖人に至るべし」と考える朝鮮や中国の朱子学的教学世界とはおよそ違っている。身分上昇の絶対最良の回路である科挙は、そうした教学世界を前提として初めて成立し得たものであったということができる。そしてそれは、文字通り「君子の道」であり、遙かに遠くはあるが、誰もが目指すべき「聖人の道」の第一歩であった。しかし、誰もが目指すべき「聖人の道」は、勉学機会が絶対的に不足している民衆にとっては困難極まりない。朝鮮において、学ばなくとも呪文と仙薬を通じて君子＝両班化がなされると説いた東学（趙一九八八）が絶大な人気を博したのは、絶望にも近い「聖人の道」が民衆世界に内面化されていたからにほかならない。

端的に言って、儒教的民本主義は朝鮮では統治そのものの原理であったが、日本では統治の手段であったという側面が濃厚なのではないかというのが、筆者の見立てである。そこでここでは、そのことをより明らかにすべく、民本主義と民衆運動の問題について比較史的に考えてみることにしたい。具体的には、朝鮮における民衆運動をめぐる言説と論理を探った上で、日本と朝鮮において士族と民衆がともに決起する際のそれがいかに違っているかを考えるのだが、日本の事例として取り上げるのは大塩平八郎の乱である。

Ⅰ　朝鮮為政者の民乱観―壬戌民乱をめぐる言説

朝鮮王朝末期において南朝鮮を連鎖的に襲った民乱として有名なのは、一八六二年の壬戌《イムスル》民乱である。この民乱は、慶尚道《キョンサンド》の丹城《タンソン》と晋州《チンジュ》で二月に発生したのを皮切りに各地に波及した。慶尚道、全羅道《チョルラド》、忠清道《チュンチョンド》の三南《サムナム》地方を中心に咸鏡道《ハムギョンド》、京畿道《キョンギド》、黄海道《ファンヘド》にも飛び火し、確認されるだけでも民乱は全国七一邑に及んでいる。民乱とはいうが、朝鮮においては民乱指導者が両班＝士族であることはありふれた事象である。もちろん壬戌民乱の主体は小民＝一般民衆であり、わけても貧窮農民や流民、モスム（作男）、木樵、行商人などの活躍がめざましかった。指導者も彼らの中から出てきた事例は多くある。

しかし、朝鮮の民本主義を考えるに当たって示唆的なことは、往々にして大民＝在地士族が壬戌民乱の指導者になっていたという点である。「郷儒中で文字を稍解して頗る権力ある者たち」とか「士民の父老」と目された士族は、日常的に地方政治の得失や是非を論じ、壬戌民乱においてその指導者として立ち現れた。士族指導者の中には、自ら率先してなる者もいれば、民衆に担がれてなる者もいた。あるいは脅迫的に指導者にさせられる者もいた。元朝官が関わった民乱もいくつか発生しており、彼らの忠心を信じる王政にとって、それは大変由々しき事態であった。

要は、積極的であるにせよ消極的であるにせよ、壬戌民乱において在地士族は、指導者としての役割を担う者として自処するか、あるいは民衆からそのように期待されていたということである。そこには、士とは民本の立場から民衆の徳望願望に応えて正義を実現すべき存在であるという観念が、士と民の双方に共有されていたことが示されている。士族による郷村秩序の調和ある再生を当為とする心性は、民乱という非日常的世界が展開される中で一挙に顕現化していくわけである。

以上のような壬戌民乱の全体像については、すでに論じたことがあり、士族による郷村秩序再生の心性を基底に持つ在地秩序観を、筆者は徳望家的秩序観と概念づけている（趙二〇〇二）。そこには当然に、儒教的民本主義の政治思想なり政治文化が機能していると見なければならない。では支配層は、壬戌民乱を具体的にどのようにとらえ、また民本主義思想をどのように発露したのであろうか。別稿ではこの点についてはなお不十分にしか論じられなかった。ここでは支配層の言説を分析することを通じて、この問題に踏み込んでみたいが、以下韓国国史編纂委員会編『壬戌録』（一九七四年）に見える史料に基づいて若干の考察を加えていくことにする。

まずは国王の諭示である。時の国王哲宗《チョルジョン》は、壬戌民乱発端の晋州の民乱に対する按覈使《あんかくし》（調査官）に開明派の朴《パク》珪寿《キュス》を派遣したが、彼の出発に先立ち次のような伝教（教令）を与えた（六頁）。

　予は、今回の晋州のことについては実に慨然たるものがある。嶺南《ヨムナム》（慶尚道）は古より鄒魯の郷と称せられ群賢が輩出している。風俗が淳厚で、人々はみな諸侯に列せられてもよいほどである。（ところが）近来、咨歎愁怨となり、民は生きるのが困難で、ついには今回の変となるに至った。これがどうして本心から為そうとして為した事態であるといえようか。（このような事態になったのは）一つには、予の否徳によって導率の道を尽くすことができなかったせいである。二つには、牧禦の臣（地方官）が朝廷若保（安んずること）の意を広め、自らの厚かましき赤面を顧みようとしなかったせいである。このことを思うと、嘆かずにはおれず、どうして無言のままでいられようか。斯民というのは列聖の朝廷が休養生息させてきた者たちである。どれほどまでに苦しんだすえに、紀律に背き罪科を犯してしまったのであろうか。徴斂《ちょうれん》（収奪）があまりに紀律なく、掊克《ほうこく》（苛税）があまりに節度を失しなかったとすれば、どうしてこうした事態になることがあったであろうか。帥臣と守臣は逮捕したのちに厳しく処罰し、以て南民（晋州の民）に謝罪せしめよ。

慶尚道の地は、歴代王の善政によって本来純朴な風俗をはぐくんできたのに、哲宗自身の徳のなさと地方官の苛斂誅求によって、住民を乱民にしてしまったのだから、地方官を厳しく処罰し、晋州の民に謝罪させよというのである。この伝教には儒教的民本主義の典型的論理が示されている。性善説の立場に立って、民衆の本来的な純朴さを認めた上で、彼らが乱民となったのは、為政者の政がよろしくないからだというわけである。わけても注目すべきは、まずもって統治の頂点に君臨する国王自身が徳がないとして自己批判している点である。本来善良であるはずの民の暴発は、最高指導者＝国王の徳の問題に帰せられている。オプティミスティックに道徳と政治を連続するものと考える朱子学的思惟にあっては、政治がよろしきを得ないのはあくまでも為政者の徳の問題に還元される。そこには、民衆は善良ではあるが、愚かであるという論理も働いている。逆に言えば、愚かではあるが善良な民は、為政者の徳によってうまく治められるという徳治の論理が垣間見える。政治の主体はあくまでも国王や士族にあるのであって、民は客体でしかない。であればこそ、徳治を実現し得ない牧民＝地方官は乱民以上に処罰されなければならないわけである。「斯民」とは文字通り「この民」という意味だが、しかし親しみを込めた言葉であり、本来、国王―牧民―民は徳治によって仲むつまじい関係性によって結ばれるべきものであった。

もちろん、こうした哲宗の言は、やはり言説でしかないような一面を持っている。晋州での民乱が全国に拡散し、収拾が難しくなっていくと、哲宗は断固たる処断の構えを見せ、指導者を梟首に処していく（만원한국사연구실一九八八）。そして反対に、地方官は杖刑や定配に処されはしたが、死罪を被ることはなかった。そうした意味で、儒教的民本主義というのは、虚偽的な政治思想であったということもできる。哲宗が真に自らの「否徳」を認めていたかどうかも疑わしい。

しかし、騒擾が甚だしくなれば、「斯民」観が後退を余儀なくされるのは当然であろう。問題はあくまでも儒教的民本主義の思惟のあり方と論理である。武威はすぐには前面に出されることがなく、文治的論理が民乱収拾のまず以ての鍵であった。井上勝生によれば、日本の百姓一揆の処罰と比べると、朝鮮の民乱ははるかに激烈だが、処罰に関しては日本の方がはるかに厳しいという（井上二〇〇二）。壬戌民乱でも、梟首は主導者に限られていた。哲宗は、「晋州の民についていえば、すでに罪を犯し赦すことができなくなっているが、もとより首と従を分かって法によってこれを処せ。按査の際は往々にして度が過ぎることがあるが、わが斯民を哀れみ、玉石混淆の憂いがないようにせよ」（六頁）と朴珪寿に命じている。この哲宗の言葉には、騒擾が極まって法令＝規律による厳格な処罰が必要な段階に至っても、法の適用を最小限にすべきだという教化主義がなお顔をのぞかせている。このような哲宗の意を受け、朴珪寿も晋州民を「斯民」「赤子」と称し、晋州民が乱民の罪を犯してしまったことを地方官の責任に帰し、そのことを思うと、「痛恨にたえずに流涕を禁じ得ない」（三〜四頁）と述べた。

このような「斯民」観は、官人の上疏にも表れている。『壬戌録』には官人の上疏が四編載せられているが、そのうちの三編は以下のような論調である。

・慶尚監司李敦栄《イドニヨン》上疏「列邑における悖民の挙は群訴に始まりましたが、切骨冤苦に堪えなくなったことによって転じて猖獗縦肆に至り、どうしようもないような事態になってしまいました。これは誠に哀れむべきことであって罪すべきではありません」（八二頁）

・掌令鄭直東《チョンジットン》上疏「つねに選択（人材登用）がその人を得ないことによって、鞭扑の苦と貪斂の虐に民は聊生できず、怨みから群興して今日の三南の事態に至るようになりました。斯民は祖宗朝が休養生息させてきたものであります」（八三頁）

・執義尹致賢《ユンチヒョン》上疏「朝廷はどうしてひとり作乱の民を誅し、致乱の牧伯を誅さないのでしょうか。そもそも斯民というのは三代の民であります。殿下の赤子であります。その性がどうして昔は善で今は悪、昨日は順で今日は逆というようなことがありましょうか」（八九頁）

いずれも「斯民」「赤子」観に基づいて、騒擾に及んだ民衆に同情し、騒擾の責任を地方官に帰そうとしている。民衆はあくまでも、愚かではあるが善良な子供のような存在なのであった。ところが、残る一編の上疏はいささか違っている。副護軍李晩運《イマヌン》の上疏であるが、「小民と士族は本来一類ではありません。その起動がどうして同じであることがありましょうか。ましてや地閥があって号望を行うべき者においてはなおさらです」（八五頁）と説き、朴珪寿の調査を批判するものとなっている。というのは、朴珪寿は「斯民」観に立って騒擾の責任を地方官の責に帰するとともに、その指導者を士族であるとしたのだが、李晩運はそれを、「小民の罪を無理に士族に着せようとするもの」であると認識したのである。彼によれば、騒擾の性格と士族の立場は以下のようなものであった（八八頁）。

今回の乱民の騒擾は誠にこれまでになかった変怪であり、自ら天誅を干《おか》したものであります。（乱民が）貪墨の塗炭に堪えなかったのは、病苦に身を刻んで積怨が充満し、疾声が号呼していたからです。水火に苦しみ救いを求める状は、天日の下に燭をともしても余りがあるほどです。士民の困苦は大体一様ですが、その願いにおいて義を畏れ、死に寧んじて乱を起こさないのは、大民士人であり、その父兄子弟であります。

李晩運は、明らかに士が妄動に走るわけはなく、騒擾は民がひとりなしたものだとする、根深い愚民観の立場に立っている。それは守旧派的な議論である。義を知る士は、死をも受け入れて国家への忠節を尽くすものと考えているのである。であればこそ、朴珪寿の士を騒擾の指導者とする裁定は我慢がならないのであった。しかし興味深いことに、民がなした行為は「天誅」だと言っていることである。「干す」という意味には「分を越えて行う」という意味が含意されるので、これは民衆を非難しているのだが、ただ民の行為を「天誅」と見るその視線には、やはり儒教的民本主義を認めることができる。民の声は天の声であることを一面では認めているのである。

以上のように、壬戌民乱においては国王以下官僚のほぼ一致した見解は、その原因を地方官の苛政に求めるものであった。朱子学においては、徳ある者＝君子の政治は自ずから善政となるというオプティミスティックな自然の論理が働いている。政治というのは徳の発露であり、本来作為＝政治技術や政治制度が問題なのではない。であればこそ、悪徳の地方官を任命した国王の徳も問題となる。政治の根本は技術ではなく、あくまでも徳ある人材の登用いかんにかかっているのである。そして、徳の実現がなされているかどうかの指標は、あくまでも民の生活が充足しているかどうかによって判断されるものであった。本来天理は自然界のみならず、社会と国家の隅々まで貫徹されていなければならない。それこそが徳治支配ということにほかならないのだが、儒教的民本主義とはまさに、そうした天理に則った、朝鮮における不動の政治原理なのであった。

Ⅱ　民衆運動指導者の思想―大塩檄文と全琫準布告文の比較

朝鮮史上、最大の民衆反乱は一八九四年の甲午農民戦争であるといってよいであろう。この反乱では、数万はおろか数十万の民衆が参加ないしは巻き込まれた。指導者は一般には郷班といわれた在地士族であったが、一般の民衆も士意識を持ってこの反乱に加わっていったことが重要である。士とは、その内容において天下国家のために言動する者のことをいうのだが、天人合一を説く新興宗教の東学、なかんずくその異端派によって精神武装された民衆は、誰もが士たり得るという上昇的平等意識を培うことによって、反乱の主体になり得た。にもかかわらず、やはり本来的に士である者の指導精神は重要であり、彼らは反乱の全過程に責任を持とうとした。そうした人物群のなかにあって、最高指導者として推戴された人物が全琫準《チョンボンジュン》その人である（趙一九九八）。

すなわち朝鮮においては、士が民衆指導者になるのは壬戌民乱だけに限ったことではなく、ありふれた現象であったということができる。甲午農民戦争はその頂点に立つ反乱であった。これに対して近世日本では、武士が民衆反乱の指導者になるというのは、稀なことに属すると考えなければならない。島原の乱以来、兵農分離下の日本においては、それはかねてないことであった。それゆえ、一八三七年（天保八）の大塩平八郎の乱が幕府を震撼せしめたのは無理からぬことであった。

士が指導者である朝鮮と、そうした事象が稀な日本というだけで、両者の比較は興味深いのだが、ここでは大塩が書いた檄文と全琫準が書いた布告文を比較することによって、両者の儒教的な世界観の違いを考えてみたい。いうまでもなく、大塩は陽明学者として当時から有名であったが、全琫準も本来朱子学的教養人であったことは間違いない。全琫準は大塩ほどに文章を残しているわけではなく、布告文にせよ、彼の直筆になるかは実証されてはいない。当時からそのようにいわれていたというに過ぎないが、しかし少なくとも彼の責任において出されたものであり、彼の思想が反映されているものと見て間違いはない。全琫準は東学徒ではあったが、東学の根幹には儒教が横たわっている。布告文は漢文で書かれており、その訴えの対象は朱子学的論理を当為とする士族と上層民衆であることが明白であり、全琫準は村落支配層の彼らを通じて民衆動員を図ろうとした。それゆえ、布告文は朱子学的言辞がなおのこと濃厚であるように思われる。(2) その点で、漢文をよくする大塩があえて平易な文章で書いた檄文は、より大塩の思想が反映されていると見ることができる。宮城公子が「大塩渾身の思想的遺書」というゆえんである（宮城二〇〇五）。しかし、両者とも民衆動員の文章であり、比較史的観点からいって、やはり格好の文献であるといえよう。(3)

＊大塩檄文と全琫準布告文は本文末に全文を掲げる。番号を付して本文との対応関係を示してある。

1　時世観

檄文も布告文も、時世の移り変わりとともに国家社会が堕落していったという儒教的な堕落史観を共有している（a―①②・b―②③）。古代は限りなく理想化されているのである。そして、役人・官僚の腐敗堕落を糾弾することにおいて、両者とも激烈である。大塩檄文は、道徳仁義なく一人一家のためにのみ智術をめぐらして民百姓を収奪しているとしている（a―②）。全琫準布告文も、中央官僚から地方官僚に至るまで、国家と万民を思わずに中間収奪をして私腹を肥やしているとしている（b―③）。しかし大塩檄文は、天譴論さえ展開し、末世的認識を示している

（a—②）。本来朝鮮の方が終末思想ははるかに豊富であり（趙二〇〇二）、東学も終末思想を前提として創始されたという一面を持っているのだが、大塩檄文と全琫準布告文では逆である。後者は朱子学的な天理思想が濃厚であり、合理的な文章となっている。大塩檄文では、「死後の極楽成仏」にさえ言及している（a—⑥）が、これは根本的には仏教を否定し得ない日本的思想のあり方であろうか。朝鮮では習合的な思想形成は困難である。確かに東学は、儒・仏・道の三教を合一したものだとされはしたが、その道徳観にあってはほとんど儒教がそのまま受け入れられている。[4] 極楽などという来世観も受け入れてはいない。「死後の極楽成仏」を大塩が真に信じていたかどうかは分からないが、少なくともそうした精神世界にいる人々に対する理解を大塩が示したということはできるであろう。

2　道徳観

朱子学にあっては、自然—人性—実践は天理によって一筋に貫徹されている。その点で全琫準布告文がまずもって人性論から議論を始めているのはよく理解できることである（b—①）。人間は誰もが本来道徳的存在としてあるはずのものであるということが布告文の不動の前提とされているのである。それゆえ、全琫準は東学農民軍の各部隊長に「四カ条約束」を求め、その第四条で、「孝悌忠信の人が居住する村の一〇里以内に屯住してはならない」とした。天理通りに道徳的に生きている者は尊重されなければならず、それは身分を超越していた。

ところが、大塩檄文にあってはそうではない。「道徳仁義をもなき拙き身分にて立身重き役に経上り」（a—②）とあって、道徳仁義は身分の低い者には備わっていないかのような言辞である。あるいは、大塩自身を「湯王武王の勢位なく、孔子孟子の道徳もなければ、徒に蟄居いたし候」（a—②）とか「道徳仁義を不ㇾ存拙き身」（a—③）とかと謙虚に語っている。聖人に及ばないというのは、当然の謙虚さのように思えるかもしれないが、「聖人の道」は誰もが目指せるはずのものであると考える朱子学にあっては、本来必ずしもそうではない。たんに目指せるというだけでなく、目指さなくてはならない人の道なのである。それゆえ、全琫準布告文では自身らの謙虚さは、「わが徒は草野の遺民ではある」（b—⑤）という言辞に止まっている。朝鮮では儒者たる者、自らを道徳がないとは決して言えるものではない。

しかしながら不思議なことに、こうしたことは大塩が信奉する、万人聖人観の陽明学においてはなおさらのはずである。大塩は陽明学者であることを自認することにおいて人後に落ちない人物ではあったが、ここには、聖人を古代の偉人のみに限ろうとする日本的な古学派の影響が認められる。たんなる言説であった可能性もあるが、少なくとも聖人など現実には存在しないと考える近世日本社会の思想状況を考慮した言辞であるということはでき、朝鮮的道徳観との違いは鮮明である。日本では、士農工商それぞれに各々特有の規範や価値観があって当然であった。「聖人の道」を当為とする朝鮮では、一元的価値観が支配したが、それに否定的な日本では、多元的価値観が支配していたのである。

3　民衆観

身分によって道徳が異なるというのは、いかにも近世日本的な論理である。「聖人の道」は迂遠ではあっても、朝鮮では誰もが目指すべきものであり、士たる者はそれに最も近い存在であった。しかし、一八～九世紀に身分制が大きく崩れていくと、身分と職業を分離し、「孝悌忠順」の徳がある者は身分に関係なく、全一的に士であるという思想形成が、朱子学のなかから出てきた実学と、その発展形態である開化思想の営為のなかでなされるに至る。たとえ、賤業に携わっている人間であってもそうだというわけである（趙二〇〇二）。これは朱子学的論理が行き着く先であり、無自覚的に陽明学的転回がなされた結果だといえよう(5)。

東学はこうした思想形成のうちに創始された。東学農民軍内にあっては、上下の区別なくみな互いに「接丈」と呼び合い、敬意を表したといわれる。全琫準はあくまでも、貪官汚吏の処断を主張したに過ぎず、暴力は極力抑えられるべきものとされた。「四カ条約束」の三条までが「①敵と対する時は、兵は血刃せずして勝つ者を首功とする。②やむを得ずして戦うとしても、傷命することなきを貴きとする。③行陣所過の時は、功は人の物を害さないことである」となっているゆえんである。士人、民人を問うことなく、人間は一様に本然の性（善）を備えているのだから、むやみに暴力を振るうべきではなく、教化を主とした規律の適用がなされなければならなかった。それが「四カ条約束」と並んで一般農民兵に発せられた「一二条軍号」（①降者は愛対せよ。②困者は救済せよ。③貪官は之を逐え。④順者は敬服せよ。⑤飢者は之を饋《おく》れ。⑥姦猾は之を息めさせよ。⑦走者は逐うな。⑧貧者は賑恤せよ。⑨不忠は之を除け。⑩逆者は暁喩せよ。⑪病者は薬を給せよ。⑫不孝は之を刑せよ）である。「民は国の本である。本が削られれば国は亡びる」（b—④）という儒教的民本主義の立場にある以上、それは当然でもあり、逆者といえどもまずもって暁喩がなされるべきであり、しかも降者は愛対せねばならない対象であった。東学農民軍は、第二次の蜂起では規律が弛緩して暴力化が進行し、全琫準は苦悩を深めるが、彼の当初の蜂起構想はあくまでも朱子学的な教化主義に則ったものであった。

これに対して大塩檄文はおよそ違っているし、蜂起そのものが最初から暴力的である。大塩にとって、「万物一体の仁」を忘れた「奉行並諸役人」と、彼らとつるんで私欲を縦にする「金持共」は断じて赦すことがならない存在であり（a—③④）、問答無用で「誅伐」「誅戮」の対象であった（a—⑤）。しかも、彼らに「注進」した者もみな打ち殺してかまわないという苛烈さである（a—⑦）。大塩檄文には儒者の書いたものでありながら、「民は国の本である」

という言辞が一つも見えない。もちろん、貴重な蔵書を売り払って個人的に賑恤を行った大塩は、儒教的民本主義の立場に立っているはずなのだが、あえてなのか民本の言辞は隠されたままである。しかも、大塩は火矢・鉄砲を乱射して大坂の町に放火し、世に「大塩焼け」といわれるように大坂の町の五分の一ほどを焼いた。そこには民業に対する配慮が全くない。火災によってどれほどの人々が困窮に陥ることになるか、大塩にはどうでもよいことであったのであろうか。人々に難儀をもたらす天譴について「天より深く御誠の有かたき御告」と言っている（a―②）のも理解に苦しむ。全琫準布告文に「各々民業に安んじて、ともに昇平の日月を祝し、みな聖化にいこうようになれば、千万の幸甚である」（b―⑤）とあるような安民の論理は、大塩檄文にはその志とは裏腹に全くといっていいほどにないと言わなければならない。「知行合一」を説く陽明学は主観主義的な行動に重きを置くからだということなのかもしれないが、実は大塩にとって民というのは、厳しく自らを律してきた自身のような君子には遠く及ばない道徳なき存在として映っていたのではないであろうか。だとすれば、本来の陽明学とはおよそ違った儒学者の像がそこに見える。それこそが日本の陽明学だというならば、陽明学の比較もなされる必要があろう。

大塩は、本来は相当に上昇志向が強く、立身出世が果たせないことによるいらだちから、リゴリスティックな勉学生活を送るようになった直情径行型の人物であったようである。隠居してからも、江戸に上って幕政に参与することを夢想してもいた。そこには、身分制社会に対するアンビバレントな認識が垣間見える。いささか現代的解釈だが、平川新が大塩の行為を反社会的だとして批判しているのは、あながち間違ってはいないように思われる（平川　二〇〇八）。大塩の行動は、真に民衆への愛情からなされた結果だとは到底思われない。しかし、そうした個人的な評価は別にして、大塩の乱には儒教的民本主義において朝鮮とは違う異質な論理を持つ近世日本の思想のあり方が反映されているのではないであろうか。

4　国家観

先にも述べたように、大塩檄文も全琫準布告文も、古代が理想化されている点で共通している。したがって、両者ともに復古主義的な理想政治が目指されている。しかし一君万民の論理は大塩檄文には垣間見えないが、全琫準布告文では明瞭である。国王は「仁孝慈愛にして神明聖叡」であるので、「賢良正直の臣」さえいれば、理想の政治が行われるという[6]（b—②）。全琫準は現実的には「賢良正直の臣」の存在を認めていないので、彼が理想としているのは、やはり一君万民体制である。そもそもが甲午農民戦争というのは、中間支配層を武力的に排除して漢城（ソウル）に攻め上り、国王高宗《コジョン》に弊政改革を直訴しようとする民衆運動であった。

　ところが、大塩檄文にあっては、「湯王武王」「天照皇太神」「神武帝御」「東照神君」などは理想化されても、現実の将軍は何ら理想化されていない。「何れの土地にても人民は徳川家御支配のものに相違なき」ことを認めながらも（a—③）、現将軍を理想化しようとはしていないのである。また、「天子」は足利時代以来隠居しており、期待することができない。そこで仕方なく、自らが決起するのだというのが大塩檄文の説くところである。そして自らの行為は、「天照皇太神の時代に復しかたく共、中興の気象に恢復とて立戻り申へく候」（a—⑥）として国家を中興することにあるという。

　しかしながら、大塩の挙兵はいきなりの武力行使であり、幕藩体制への要求など一切ない。果たしてこれは中興を期するものなのか。そのことを気遣ってか、大塩檄文は「我等一同心中に天下国家を簒盗いたし候慾念より起し候事には更無レ之」というのだが、しかし「詰る処は湯・武・漢高祖・明太祖民を吊、君を誅し、天討を執行候誠心而已」（a—⑧）とか「奉二天命一、致二天討一候」とも述べる。これでは易姓革命になってしまう。渡辺浩はこのことに着目し、大塩は放伐を実行して新王朝を作ろうとしたのだと主張している（渡辺二〇一〇）。

だが、大塩檄文はあまりに論理が不整合である。大義名分論に基づいて天皇政治の復興を唱えているわけではなく、かといって幕藩体制を再構築しようという論理も不明確であり、儒教では認められている易姓革命の論理も鮮明ではない。大塩は自らを遠く聖人に及ばない者として位置づけているのであり、それでは易姓革命を切り開くことはできない。天命を奉じるとはいっても、自らは天命を受けた存在ではないといっているに等しいからである。

確かに大塩は儒学を必死に学んではいた。しかし、その国家観は真に儒教原理に依拠するものであったのであろうか。大塩はどれほど万人聖人観を学んだとしても、様々な格式や複雑な身分制が貫徹する現実の幕藩体制下にあっては、民本主義的論理も一君万民の論理も大義名分論も易姓革命の論理も、十分に内面化し得なかったのではないか、というのが筆者の見立てである。

中国と朝鮮では儒教が原理として確固としてあった。自然・道徳・政治を貫くものとして理の存在を確信する朱子学にあっては、政治規範だけでなく生活規範も理的であることが求められ、儒教的教化は社会の隅々まで不断になされていた。社会と国家そのものが礼制を通じて儒教に即応したものとして編成され、人々もまた儒教的思惟を当為としていたのである。また、本来孝の教説の内に死の問題があって生死の連続を信じる儒教にあっては、その合理主義とは裏腹に宗教的性格も秘められていた（加地一九九〇）。したがって中国や朝鮮では、政教一致がなかば原則化され、人々の生活を拘束した。儒教的祭礼が生活の一部として確固としてあり、儒教はたんに原理というばかりではなく、聖教化されていた。もちろんそうはいっても、民衆世界にあっては仏教や道教・シャーマニズムなども存在しており、二重文化・多重文化的側面があったことも事実であるが、儒教の原理化・聖教化を推し進める上からの圧力は執拗なものであった。とりわけ朝鮮にあっては、在地士族が郷村社会に分厚く存在し、儒教の原理化・聖教化は彼らを媒介にして日常的に推進された。それに対して日本では、儒教はあくまでも世俗化され、学問であるか、ないしは統治イデオロギーであるかしかなかった[7]。このような比較史的見地から見るとき、大塩の儒学者としての最大の不幸は、儒教が原理化された与件の下に生を享けなかったことにあったと言わなければならない。

おわりに

以上のように、朝鮮では儒教は国家社会の原理としてあり、民本主義は当然のごとく人々に内面化されていた。それは全琫準布告文にも明らかである。ところが日本では、そうではない。儒学＝陽明学者であることに並々ならぬ自負を持ち、それを実践に移したはずの大塩平八郎の思想と行動も、比較史的に見れば、いささか疑問なのである。儒教的民本主義に基づく仁政主義は日本にも確かにあったが、しかしその内実は朝鮮とは違っていたというのが筆者の言わんとするところである。

別稿で明らかにした（趙一九九五・一九九七）ことだが、このことは朝鮮朱子学の影響の下に学問形成をなした横井小楠を例に取ってもそうである。小楠にあっては道を学ぶ者はみな士であるという認識があったが、これは朝鮮朱子学の方向性とは違う。先に、朝鮮では一八～九世紀には、身分と職業を分離し、「孝悌忠順」の徳がある者は身分に関係なく、全一的に士であるという思想形成がなされるようになると述べたが、こうした思想形成をなした代表的な人物が、実は朴珪寿である。彼は朱子学的思惟を前提に実学を開化思想へと転回せしめた人物であり、小楠と同世代であるが、「学んで以て聖人に至るべし」という朱子学のテーゼを朱子学的論理のうちに克服した。学問をせずとも道徳性の有無によって士であるかどうかが決せられると考えたわけである。

また、小楠は「仁義の国」であることを前提に「富国強兵」を唱え、「一大強国」を目指して世界の世話役になるべきことを説いた。手前勝手な民主主義を強要する現在の米国のような国が理想化されたのであろうか。こうした考えは朝鮮朱子学の中からは出てこようがない。朝鮮では「富国強兵」はあくまでも覇道であるとされ、ネガティブなイメージがつきまとった。それは民本に反すると理解されたのである。それに代わって盛んに唱えられたのは「自強」である。「自強」とは、民本を基礎に置いて内政と教化の充実を図ることであり、それがよくなされれば侵略されることはないと考えられた。「富国強兵」という言葉が使われる場合でも、それに含意される内容は一般には「自強」的意味合いであり、「自強」は王道であるとされた（趙二〇一〇）。

小楠は、天はひとり日本のみに厚遇を与えている、という趣旨のことも述べているが、ここには選民意識ならぬ選国意識のようなものも認められる。彼には確かに、主観的には儒教を国家の原理としようとする認識があったといえるが、しかしそれは、朝鮮の儒学者ほどには徹底していない。朝鮮では、道のためには国が滅びてもかまわない、というような儒教の徹底した原理化があったが、それは小楠にあっては決して理解できない思想的営為であったに違いない(8)。

小楠でさえそうだとすれば、つまるところ、比較思想史的に見れば、日本では儒教の原理化はなされることがなかったといえる。国体思想というのは、こうした原理を持たない日本的思想の特質から出てきたものである。吉田松陰は、ウエスタン・インパクトの脅威を感じる中で、日本が原理を持たないがゆえに護持すべき何ものかを作り出す必要に迫られ、国体思想を構想した。そして、それは普遍的な原理に代わる日本特有の原理となった(9)。朝鮮でも「国体」という言葉が使われることがあるが、しかしそれは国の体裁とか国の体面とかという意味で使われたり、また冒頭でも述べたように、「民国」を意味するのが一般である。日清戦争後日本の国家形成に学び、「万世不変の専制政治」を標旁する大韓国国制を制定しはした（一八九九年八月）が、しかしそれを国体思想として民衆に内面化させることは到底できなかった。大韓帝国は「旧本新参」という論理を掲げ、儒教を原理とする近代国家を作ろうとし、それに失敗したといえるのである（趙二〇一〇）が、逆に日本は天皇と国家そのものを「国体」とすることによって近代国家形成に「成功」を収めた(10)。その際、儒教的な教育勅語は近代的規範を強制するための手段＝装置でしかなかった。その結果は悲惨なものに帰結したが、原理を持たない日本思想の特質は果たして過去だけのものなのであろうか。それは今も問い続けられている問題であるように思われる。

だが一方、一元的価値観を強いる儒教の脱原理化なくして近現代の国家と社会が成り立ちがたいのも明らかである。今日では儒教は、朝鮮半島では世俗化されたといえるが、それに規定された政治文化は今も様々な形で生き続けている。その光と陰を考え、そこから歴史を構想していくことも、今後の比較史研究においては重要な課題となってくるであろう。

史料a．大塩平八郎檄文（『週刊朝日百科82　日本の歴史』朝日新聞社、新訂増補、二〇〇三）

①四海こんきういたし候はば天禄ながくたたん、小人に国家をおさめしめば災害並至と、昔の聖人深く天下後世人の君、人の臣たる者を御誡被レ置候ゆへ、東照神君にも鰥寡孤独におひて尤あわれみを加ふへくは是仁政の基と被二仰置一候、②然るに茲二百四五十年太平の間に、追々上たる人驕奢とておこりを極、大切の政事に携候諸役人とも、賄賂を公に授受とて贈貰いたし、奥向女中の因縁を以、道徳仁義をもなき拙き身分にて立身重き役に経上り、一人一家を肥し候工夫而已に智術を運し、其領分知行所の民百姓共へ過分の用金申付、是迄年貢諸役の甚しき苦む上え、右の通無躰の儀を申渡、追々入用かさみ候ゆへ、四海の困窮と相成候付、人々上を怨さるもの

なき様に成行候得共、江戸表より諸国一同右の風儀に落入、天子は足利家已来別て御隠居御同様、賞罰の柄を御失ひに付、下民の怨み何方へ告愬とてつけ訴ふる方なき様に乱れ候付、人々の怨気天に通じ、年々地震火災山も崩、水も溢るより外、色々様々の天災流行、終に五穀飢饉に相成候、是皆天より深く御誡の有かたき御告に候へとも、一向上たる人々心も付ず、猶小人奸者の輩太切の政を執行、只下を悩し金米を取たてる手段斗に打懸り、実以小前百姓共のなんきを、吾等如きもの草の陰より常に察し悲候得とも、湯王武王の勢位なく、孔子孟子の道徳もなければ、徒に蟄居いたし候処、③此節米価弥高直に相成、大坂の奉行並諸役人とも万物一体の仁を忘れ、得手勝手の政道をいたし、江戸へ廻来をいたし、天子御在所の京都へは廻米の世話も不レ致而已ならず、五升一斗位の米を買に下り候もの共を召捕抔いたし、実に昔葛伯といふ大名其農人の弁当を持運ひ候小児を殺候も同様、言語同断、何れの土地にても人民は徳川家御支配のものに相違なき処、如レ此隔を付候は、全奉行等の不仁にて、其上勝手我儘の触書等を度々差出し、大坂市中游民斗を太切に心得候は、前にも申通、道徳仁義を不レ存拙き身故にて、甚以厚ケ間敷不届の至、④且三都の内大坂の金持共、年来諸大名へかし付け候利徳の金銀並扶持米等を莫大に掠取、未曾有の有福に暮し、丁人の身を以大名の家老用人之格等に被二取用一、又は自己の田畑新田等を夥しく所持、何に不足なく暮し、此節の天災天罰を見なから畏も不レ致、餓死の貧人乞食をも敢て不レ救、其身は膏梁の味とて結構の物を食ひ、妾宅等へ入込、或は揚屋茶屋へ大名の家来を誘引参り、高価の酒を湯水を呑も同様にいたし、此難渋の時節に絹服をまとひ候かわらものを妓女と共に迎ひ、平生同様に遊楽に耽り候は何等の事哉、紂王長夜の酒盛も同事、其所の奉行諸役人手に握居候政を以、右のもの共を取〆、下民を救候儀も難二出来一、日々堂島相場斗をいしり事いたし、実に禄盗にて、決て天道聖人の御心に難レ叶御赦しなき事に候、⑤蟄居の我等最早堪忍難レ成、湯武の勢孔孟の徳はなけれ共、無レ拠天下のためと存、血族の禍をおかし、此度有志のものと申合、下民を悩し苦め候諸役人を先誅伐いたし、引続き驕に長し居候大坂市中金持の丁人共を誅戮およひ可レ申候間、右の者共、穴蔵に貯置候金銀銭等、諸蔵屋敷内へ隠置候俵米、夫々分散配当いたし遣候間、摂河泉播の内田畑取持不レ致もの、たとへ所持いたし候共、父母妻子家内の養方難二出来一程の難渋者へは、右金米等取らせ遣候間、いつにても大坂市中に騒動起り候と聞伝へ候はゞ、里数を不レ厭一刻も早く大坂へ向馳可レ参候面々へ、右米金を分け遣し可レ申候、鉅橋鹿台の金粟を下民へ被レ与候遺意にて、当時の饑饉難儀を相救遣し、若又其内器量才力等有レ之者には夫々取立、無道の者共を征伐いたし候軍役にも遣ひ申へく候、⑥必一揆蜂起の企とは違ひ、追々年貢諸役に至迄軽くいたし、都て中興神武帝御政道の通、寛仁大度の取扱ひにいたし遣、年来驕奢淫逸の風俗を一洗相改、質素に立戻り、四海万民いつ迄も天恩を難レ有存、父母妻子を被レ養、生前の地獄を救ひ、死後の極楽成仏を眼前に見せ遣し、尭舜天照皇太神の時代には復しかたく共、中興の気象に恢復とて立戻り申へく候、此書付村々へ一々しらせ度候へとも数多の事に付、最寄の人家多候大村の神殿え張付置候間、大坂より廻し有レ之番人ともにしられさる様に心懸、早々村々へ相触可レ申候、⑦万一番人とも眼付、大坂四ケ所の奸人共へ注進いたし候様子に候はは、遠慮なく面々申合、番人を不レ残打殺可レ申候、若右騒動起り候を承なから疑惑いたし、馳参不レ申、又は遅参及候はは、金持の米金は皆火中の灰に相成、天下の宝を取失ひ申へく候間、跡にて必我等を恨み、宝を捨る無道者と陰言を不レ致様可レ致候、其為一同へ触しらせ候、尤是迄地頭村方にある年貢等にかかわり候諸記録帳面類は都て引破焼捨可レ申候、是往々深き慮ある事にて、人民を困窮為レ致不レ申積に候、⑧乍レ去此度の一挙、当朝平将門・明智光秀・漢土の劉裕・朱佺忠の謀反に類し候と申者も、是非有レ之道理に有之候得共、我等一同心中に天下国家を簒盗いたし候慾念より起し候事には更無レ之、日月星辰の神鑑にある事にて、誅る処は湯・武・漢高祖・明太祖民を吊、君を誅し、天討を執行候誠心而已にて、若し疑しく覚候はは、我

等の所業終る処を爾等眼を開きて看、

但し此書付小前の者へは道場坊主或医者等より篤と読聞せ可㆑申、若庄屋・年寄眼前の禍を畏、一己に隠し候はは追て急度其罪可㆑行候、

奉㆓天命㆒致㆓天討㆒候、

天保八丁酉年　月日　　　某

摂河泉播村村

庄屋年寄百姓並小前百姓共へ

史料b．全琫準布告文（韓国国史編纂委員会編『東学乱記録』上、一九七四、一四二〜一四三頁）

①世において、人がもっとも貴いとされるのは、その倫あるがためである。君臣・父子の関係は人倫の大なるものであり、君が仁にして臣が直、父が慈にして子が孝であってはじめて、家国をなして限りない福に至ることができる。②今わが聖上は、仁孝慈愛にして神明聖叡であらせられる。賢良正直の臣がよく翼賛してその明を佐けるならば、尭舜の化や文景の治を日を指して望むことができよう。③今の臣たる者は報国を思わず、徒に禄位を盗み、聡明を掩蔽して、阿意苟容している。忠諌の士はこれを妖言といい、正直の人はこれを非徒という。内には輔国の才ある者なく、外には虐民の官が多い。人民の心は日に渝変し、入りては楽生の業なく、出ては保躯の策がない。虐政は日に恣となり、悪声は相続いている。君臣の義・父子の倫・上下の分は逆壊して残ってさえいない。管子は「四維張らずんば、国はすなわち滅亡せん」と言っているが、方今の勢は、古より甚だしいものがある。公卿より以下方伯守令に至るまで、国家の危殆を思わず、徒に己を肥やし家を潤す計を切にして、銓選

の門は生貨の路と見なされ、応試の場は挙げて交易の市となっている。あまたの貨賂は王庫に納められず、かえって私蔵を満たしている。国に積累の債があるのに、報ずるを図らずに、驕侈淫昵を行うことに畏れ忌むこともない。八路（朝鮮八道）は魚肉のごとくに切り裂かれ、万民が塗炭に苦しんでいるのは、守宰の貪虐のせいである。④どうして民が窮して困しないことがあろうか。民は国の本である。本が削られれば国は亡びる。輔民安民の方策を思わず、外に郷第を設け、ただ独全の方を謀り、みだりに禄位を盗むことがどうして理であろうか。⑤わが徒は草野の遺民ではあるが、君の土を食み、君の衣を服しており、国家の危うきを座視することができない。そこで、八路が同心して億兆が詢議し、今義旗を挙げ、輔国安民をもって死生の誓いとする。今日の光景は驚駭に属しはするが、決して恐動してはならない。各々民業に安んじて、ともに昇平の日月を祝し、みな聖化にいこうようになれば、千万の幸甚である。

注

（1）こうした理解は、徳川綱吉の時代の大老堀田正俊の思想を明らかにした小川和也氏の議論に依拠したのだが、シンポジウムに際しては会場にいた小川氏より一面その通りだが誤解があると指摘された。朝鮮との比較において筆者は言っているのであり、大筋では理解は変わらないのだが、小川氏の研究は朝鮮や中国との比較を考える際に大変重要である。本書のシンポジウム総合討論を参照されたい。

（2）呪文と仙薬によって誰もが容易に天人合一をなし得ると唱える東学は、万人聖人観を打ち出した宗教であるといえるが、その点でそれは朝鮮における陽明学的展開の一つの表現ではなかったかとも思われる。朱子学至上主義が徹底した朝鮮では陽明学は邪学とされ、朱子学の内在的な自己批判は土俗的な信仰と結びつくことで可能となったのであり、それこそが東学であったというのが筆者の見解である。それゆえ、全琫準の思想も朱子学とは区別された内容を持っていたはずなのであるが、それこそが「守心敬天」の思想である（趙一九九八）。しかしそれは、朱子学が絶対的教学とされる朝鮮的思想状況のなかにあっては、主観的には朱子学の発展的姿であると考えられた可能性がある。東学の創始者である崔済愚でさえ、内実はどうであれ、真っ向から朱子学批判を展開したわけではなかった。

（3）甲午農民戦争の際に東学農民軍が出した檄文として有名なものに呉知泳『東学史』所載のものがある。第一次農民戦争の開始を告げる白山大会で発せられたものということになっている。これは漢韓混合文になるものだが、『東学史』だけに出てくるものであり、史料的信憑性がなく、ここでは無視する。

（4）男女平等を唱えた点で、東学は儒教を一歩越え出たように見えるが、しかしジェンダー的規範意識は何ら変わっていない。

（5）陽明学が一見朱子学と敵対するように見えながら、その実は連続した思想的営為の賜物であったというのは、島田虔次がつとに説いたところである（島田一九六七）。

（6）一君万民政治の論理にあっては、何よりも国王の道徳性と賢明性が問われるので、国王の徳を讃えるのはごくありふれた手法であり、上疏などにはよく使われる。

（7）儒教の世俗化といっても、それは一部の上層民衆や武士に限られ、多くの民衆は神仏を信じる世界に安住し、神仏信仰もまた世俗化されていた。ただし、儒教的な仁政イデオロギーは民衆運動の世界では内面化されており、民衆の大きなイデオロギー的武器になっていたことは、深谷克己がつとに説くところであり、政治文化史的には近世東アジアの共通性である。このことはどこまでも承認されなければならない。

（8）小楠を、幕末が生んだ希有な思想家＝平和主義者であり、儒教的理想主義者であると評価する見解がこれまでの通説的理解である。しかし筆者は、こうした見解は日本思想史のみから導き出されたものであり、比較史的には到底検証に耐え得ないものだと考えている。日本思想史がいかに一国史的になされてきたかの格好の例証が小楠研究だというのが筆者の理解である。中江兆民の研究などもそうだといえる。（趙一九九七）では、小楠思想と併せて兆民思想の日本的特質についても論じているので参照されたい。

（9）こうした問題については、ラフなスケッチだが、（趙二〇〇二）や（趙二〇〇七）で論じたことがある。

（10）周知のように津田左右吉は、日本における中国思想の受容をほとんど根本的に否定している（津田一九三八）。これは日中が関係悪化していた時期に、天皇制国家であることを前提に書かれたもので、当時の時代精神を代弁するような、いささか国枠主義的な議論である。筆者の議論はそうした津田の議論に与するようなものでは決してない。近世日本の為政者は確かに政治の中国化、儒教化を目指そうとしていたということを認めつつ、それに成功することはなかった、そして成功し得なかったことによって逆に近代国家形成に「成功」し得たというのが、筆者が主張したい点である。

【参考文献】


井上勝生『開国と幕末変革』講談社、二〇〇二年。

小川和也『牧民の思想―江戸の治者意識』平凡社、二〇〇八年。

島田虔次『朱子学と陽明学』岩波書店、一九六七年。

加地伸行『儒教とは何か』中央公論社、一九九〇年。

趙景達「朝鮮における実学から開化への思想的転回―朴珪寿を中心に」（『歴史学研究』六七八）一九九五年。

同「近代日本における道義と国家」（若桑みどりほか『歴史と真実』）筑摩書房、一九九七年。

同『異端の民衆反乱―東学と甲午農民戦争』岩波書店、一九九八年。

同『朝鮮民衆運動の展開―士の論理と救済思想』岩波書店、二〇〇二年。

同「教科書問題と日本原理主義」（『専修大学人文科学研究所月報』二〇〇）二〇〇二年。

同「日本／朝鮮におけるアジア主義の相克」（『情況』第三期第八巻第二号）二〇〇七年。

同「政治文化の変容と民衆運動―朝鮮民衆運動史研究の立場から」（『歴史学研究』八五九、二〇〇九年。

同「朝鮮の国民国家構想と民本主義の伝統」（久留島浩・趙景達編『国民国家の比較史』）有志舎、二〇一〇年。

同「危機に立つ大韓帝国」（『岩波講座　東アジア近現代史』第二巻）二〇一〇年。

津田左右吉『シナ思想と日本』岩波書店、一九三八年。

平川新『開国への道』小学館、二〇〇八年。

深谷克己「百姓一揆の思想」（『思想』五八四）一九七三年。

同『百姓成立』塙書房、一九九三年。

同「東アジア法文明と教諭支配」(『アジア地域文化学の発展』)雄山閣、二〇〇六年。

李泰鎮『朝鮮王朝社会と儒教』法政大学出版局、二〇〇〇年。

若尾政希『「太平記読み」の時代—近世政治思想史の構想』平凡社、一九九九年。

渡辺浩『日本政治思想史—十七〜十八世紀』東京大学出版会、二〇一〇年。

만원한국사연구실『一八六二년 농민항쟁』서울、一九八八年。

シンポジウム「比較史的にみた近世日本——東アジアの中の日本——」

総合討論

司会（須田）　本日のシンポジウムは総合討論にずいぶん時間を割いています。この豪華メンバーで、お一人の報告時間三〇分というのは非常に失礼でありましたが、時間厳守をお願いして、この総合討論にその分の時間をとりました。

総合討論の目的は、日本史・朝鮮史・中国史相互比較のための軸を作ることにあります。本日の討論で、様々な問題を解決しようということではなく、本日の討論から、今後どのように比較史研究を組み立てるか、ということを提起できればと思います。

会場を見てみますと、大学院生の方が多く参加しているようですので、ぜひ活発に発言していただければと思います。

報告は多岐にわたっておりますので、このメンバーの報告をどうやって集約していくかにほとほと困っている状態ですが、それでは無責任なので、いくつかフレームを考えてみました。

一つ目は、山田賢さんが提起した東アジアの異質性の問題です。以前、東アジアにおける近世化の問題として、岸本美緒さんが論じた「衝撃―対応」と「動的過程」という概念*に関連して、山田賢さんからはさらに踏み込んで、東アジアの近世という問題を考えるには、同質性よりも異質な部分を議論したほうがいいとのコメントが出されました。本日の各報告を聞いていくにつれて、その異質性を見るべきではないかという思いが強くなりました。

深谷克己さんの報告で、一七世紀のイベリア・インパクトによって近世日本に東アジア化というものが意識された、との見解が出されました。二つ目は、この意識される東アジアと、そしてそこに形成される政治文化（東アジアの政治文化）の問題です。若尾政希さんの報告には、民本という考え方をめぐる比較という問題点が含まれているように思います。次に、趙景達さんの報告には、民衆運動の中でも民本という観念が運動の基盤になっているということが提起されていました。この民本という問題で、日本・朝鮮・中国を語れるのではないかと思います。異質なところが出てくると思いますが。そして、藪田貫さんの女大学をめぐる議論では、女訓書とジェンダー・バイアスの問題が提起されました。海外からの情報があるところほどジェンダー・バイアスがかかってくる、ということを議論できないかと思います。

三つ目に武と国事の問題です。とくに日本の近世から近代のはじめにかけてです。たとえば、井上勝生さんの提起にある幕末の長州藩諸隊が、東アジアの軍事的なトリガーになってくるという意見です。それはなぜなのか、という点で近世の日本社会にその問

*岸本美緒「中国史における『近世』の概念」『歴史学研究』八二一、二〇〇六年。

題があるかと思います。これは久留島浩さんが提起した武士・侍という問題も絡んでくると思います。また、心性の面では朝鮮の士＝ソンビという意識と似るのではないかと思います。

本日、宮嶋博史さんは社会的結合という問題を提起しましたが、これは、各報告者の方々にとっても想定外のことであったと思いますので、今後議論すべき問題としたいと思います。

以上、総合司会として、フレームを考えてみたのですが、まずはご自由にご発言をお願いしたいと思います。その際、個別具体的な問題は、先ほどの報告ごとの質疑で終わったと理解をし、内容に関して活発に意見をいただければと思います。前もって意見をペーパーに書いてもらうということをいたしませんでした。それはライブ観を大切にしたいと思ったからです。報告者の方にも突然質問がいくというのがおもしろいかなと思い、企画しました。

▼東アジアの政治文化（1）儒教的民本主義

質問　明治大学大学院の張韋と申します。本日は貴重なお話をありがとうございました。深谷先生にお聞きしたいのですが、レジュメに、後継中華王朝ということがでています。後継ということですと、その前の中華王朝の原型というのが何を指しているのかお聞きしたいのです。もしそれが三代*の中華王朝を指しているのであれば、それ以降に固定的な華夷王朝が存在しないということになりますでしょうか。また、日本において後継性

＊中国最古の王朝、夏・殷・周の三代を指す。

があるかどうか、それはどのように捉えられているかお聞きしたいのですが。

深谷　ご質問いただいたことは、まだ論理的なイメージの段階です。東アジアにおける中華を考える前に、先ず古典古代というものが、地球大の世界の中にいくつか設定できるのではないかと考えています。それらの中で、東アジアはいわば積極的な古典古代を持っている地域であると考えます。神話的な物語・逸話。聖典、ただし東アジアでは経典と呼ばれてきた。聖人とか聖王とか先王とか呼ばれる畏敬される人格。これらが古典古代の要素です。それらが生み出されたと考えられている中核の王朝社会がある。そしてこうした物語が、勘違いや誤認もあるが、いつ話題にされてもおかしくない広域の空間がある。広域というのは、中核の王朝でない周辺の王朝がいくつも連鎖して、いわば王朝連合体のような政治空間を形成しているという意味です。ともあれ、共通の物語を共有できている広地域があり、その始原のところに古典古代がある。積極的というのはそういう意味です。孔子・孟子とか堯舜とか、四書五経とか、多少曖昧でもかまわない。四書三経でも四書六経でもかまわない。もっと後の明君名臣伝が話に混じってもかまわない。勝手な読み替えをともないながら、同種の言説が普及している広地域圏があって、その始原のところに中核王朝というものがあり、上位に置かれる。広地域の王朝関係は、東アジアの中では、華夷秩序、華夷関係というものになるわけです。

ただし王朝の興廃はただならず、中心でも周辺でもひんぴんと入れ替わっていく。東アジアでは、その中核王朝は「華」の位置を占めるので「中華王朝」と呼ぶことにすると、この王朝も革命や周辺王朝の侵略・簒奪によって入れ替わる。これを後継中

華王朝と呼ぶことにします。中華性は古典古代によって担保されているが、正真のものとは言えない。だから「後継」です。そして後継であることは周辺王朝からも認知されているが、昔と同じ程度に敬意をはらわれるかどうかはわからない。かえって軽蔑の対象になることさえある。軽蔑しながらも、その前史につながっている中華性は否定しない。否定できない。だから後継中華王朝です。

たとえば、ギリシャ・ローマです。西洋文明の古典古代の位置を占める。後継性は、たとえばオリンピックの聖火というのはギリシャから今も出発する。誰もそのことを否定しない。だからといって、現にあるギリシャが敬意の対象かというと、それを見る現代の目はまったくちがう。東アジアも同じです。近代における日本社会の中国に対する見方も同じです。孔子や孟子や老子の話をする時、現にある中国、中国人に対する感情とは異なる。でも無関係かといえばそうではない。その地には東アジア古典古代の歴史的資産が受け継がれていると見ている気持ちが他方にある。そういう意味で、後継と言うことで相対化しないと不正確になると考えています。

ところで、周辺の王朝はいったいなぜ存在するのかと言えば、それは中華王朝に呑み込まれなかったからです。その文明化圧力に対抗して、それを受け入れて自らの社会改造をやりながら、自己の存立を維持しようとした。これが周辺地域のカウンターアクションです。要するに一体化されなかった抵抗力の所産です。さらに王朝群の間隙には、部族社会も持続している。時期が下るほど、王朝化するかすでに存在している王朝に組みこまれたりしていきます。台湾とか蝦夷地とかがそうです。が、それには時間差がある。そういう意味では中華王朝、周辺王朝、部族社会の三層構造になっているのが東アジア世界だったと思います。

周辺王朝はただ中華王朝に対して華夷の劣位に立っているのではなく、自らも権威化をはかりいわば小型の古典古代を創り出そうとする。これがつまり日本化、朝鮮化などの、いわば自己化です。要するにアイデンティティの獲得です。日本で言えば記紀神話です。ときには「民族的武功物語」さえ生み出される。こうして華夷の世界は対抗意識に充ちているのですが、そうしながらも、東アジア化が進む。例えば、民本・平均・泰平というような普遍性のある価値が共有されていく。日本で言えば、そういう東アジア化と同時に日本化が進むということになります。

司会（須田） 一つ、司会の方からですが、先ほど強引にまとめたところでも、民本思想がずいぶん議論に上がっていました。その中で、三人の方の報告から名前が出ていました小川和也さんがフロアにいらっしゃるので、小川さん、少しお話しいただければと思うのですが。

小川 質問をまったく用意していなかったので、いま思いついたことを述べさせていただきます。それは趙さんのご報告に関するものです。ご報告のなかで触れられている江戸幕府の大老・堀田正俊の例は拙著の『牧民の思想』*からのものですので。それで、趙さんは、正俊には厳格な法治主義と「御救」による仁政主義があったとおっしゃられた。それ自体は事実なのですが、さらにそれを緊急時の「御救」と平時の法令というようにわけて解釈されておられる。そして儒教はツールであり、統治の手段なのだという。私が書いたものなので、書き方がわるかった責任は私にあるのですが、それは半分正しく

＊小川『牧民の思想—江戸の治者意識』平凡社、二〇〇八年。

て、半分は少し違います。それを説明させてください。ひとつは正俊の思想理解に関わることで、もうひとつは近世における儒教、あるいは、儒学の広がりといいますか、受容の段階です。

正俊は四代将軍・徳川家綱と五代将軍・綱吉につかえましたが、とくに延宝八年(一六八〇)から始まる「天和の治」を主導する人物として知られています。一七世紀の末期ですね。それで、非常時に「御救」、平時に「法令」ということですが、正俊は平時の「御救」を否定しているわけではありません。そうではなくて、非常時に法令で取り締まるのはよくない、立法は社会が安定している平時に行え、といっている。「仁政」とセットになっていて、平時の「仁政」や「御救」を否定しているのではなく、「仁政」は前提なんです。たとえば、若尾報告にもあった延宝八年に幕領へ「民は国之本」という「仁政」理念で始まる通達文を出していることからもわかるように、むしろ恒常的な「仁政」を主張しています。

次に、日本における儒教、あるいは、儒学の広がりに関してです。正俊は儒教に造形が深く、朝鮮通信使が来日したときに周濂渓《しゅうれんけい》の『太極図説』について、林家の高弟・人見友元の通訳でハイレベルな質問をしているぐらいです。つまり、正俊の儒教、ことに朱子学に対する知識は領主のなかで群を抜いている。「民は国之本」という主張はもちろん儒教に基づくものですが、正俊の儒教観を簡単にいってしまうと、儒教は君子の学問である、というものです。宋学のように「学んで聖人に至るべし」という、万民に開かれた学問という立場をとっていません。綱吉政権は湯島聖堂などがつくられて、儒教が広がる画期とされていますが、実際は、このころ領主層で儒教を受容したのは一部で、国家権力の上層部だったのではないかと考えています。その後、何回かの社会変動と幕藩制の転換、つまり、飢饉や百姓一揆など体制の危機に応じて幕藩政改革が行われる。このときに、ことに民政の分野で「仁政」思想が要請され、藩校などの教育により、儒教の担い手が下降し、近世社会に儒教が広がっていくのではないか。それが儒教普及の社会的背景の一つの要因です。

普及の要因はもう一つあって、書物です。たとえば、鈴木俊幸さんが『江戸の読書熱』*という著書で扱った『経典余師《けいてんよし》』という書物があります。これは一九世紀の後半、天明期以降に出版されてから、大量に、数え切れないほどたくさん社会に流布する書物です。これらは四書五経や孝経など儒教の典籍をわかりやすく解説した本で、自学自習できるような本なんですね。そういう本が出回るくらい、近世後期になると儒教が浸透してゆく。

では、そういう儒教が大衆化するような現象が一方ではあるのに、なぜ儒教・儒学が手段のように見えるのかと申しますと、近世日本の国家体制の権力を握っているのは武士であり、その体制の構成原理は、科挙の制度ではなく、封建的主従関係でしょう。これは戦国時代以来の日本の具体的な歴史過程・政治過程によって生まれた体制で、武士団の原理のなかに儒教は浸透しにくいだろうと考えています。**

それでは、どこで儒教が必要になるのかといいますと、大名と家臣団、すなわち、「御家」の内部ではなくて、幕府や藩が統治する国家のなか含まれている領民を統治する場面、すなわち、民政の場面で儒教が要請されるのではないでしょうか。武士は戦闘者であると同時に行政官僚であった。実際、領主は「民は国之本」という考え方、儒教

*鈴木『江戸の読書熱―自学する読者と書籍流通』平凡社、二〇〇七年。

**小川『文武の藩儒者　秋山景山』角川学芸出版、二〇一一年参照。

的民本主義を民衆統治の源、正統性の源泉として統治を行うようになっていく。あるいは民衆の「仁政」要求から、そうせざるを得なくなっていく。したがって、儒教は民政をつうじて日本に根付いていくのではないか。それを端的に示す書物として考えているのが、中国の科挙の制度で用いられていた『牧民忠告』*と『牧民心鑑』**というものです。これらは渡辺浩さんが『近世日本社会と宋学』***のなかで、中国の科挙官僚制を象徴する書物としていて、日本では武士がそれらを必要とする場にいなかった、だから、日本は儒教が必要とされなかったというように、儒教が日本の国家体制に根付いていない、不適合であることの証左として挙げられている本です。

ところが、調べてみると近世初期から朝鮮半島経由で受容されています。それも学者ではなくて、むしろ領主層が注目している。そして、『経典余師』と同じように一八世紀後半の天明期以降、急速に普及しています。これら、『牧民忠告』や『牧民心鑑』の普及からわかることは、日本でも近世の中後期以降は、儒教・儒学によって民衆を統治するということが常識となっていくということです。つまり、何がいいたいかともうしますと、近世日本でも、それぐらい儒教や儒学の考え方が浸透しているのではないかということです。それも手段ではなく、民衆統治という場で実質をもって受容されていく。

「牧民」という言葉は、民を「牧《やし》」なうと訓じます。この考え方が、近代になって、たとえば、福澤諭吉によって、人間を養うとはどういうことか、人間は牛や羊ではない、自立・独立の人間のあるべき姿に対して、迷惑な話だと否定される。まさに「文明化」という名の下に儒教的な政治思想が否定されていく。それは逆にいえば、それだけ

*中国元代の民政書。著者・張養浩（希孟）。一三三八年成立。上下二巻。日本には一五七八年、朝鮮半島の密陽で開板されたものが渡来し、近世初期に翻刻される。一八世紀後半の天明飢饉の最中、長岡藩から山本老迂斎の『和語牧民忠告』、尾張藩から樋口好古『牧民忠告解』が刊行され、特に後者が普及した。また、同時期に養浩の『廟堂忠告』『風憲忠告』と合本された『三事忠告』が渡来し、幕府の官板として刊行された。

**中国明代の民政書。一四〇四年ごろ成立。著者・朱逢吉。一八世紀末に幕府によって官板として刊行。その後、一八五三年に訳注書として塚飄斎『牧民心鑑解』、長井旌峨『牧民心鑑訳解』が開板され普及する。

***渡辺『近世日本社会と宋学』東京大学出版会、一九八五年（増補新装版、二〇一〇年）。

近世社会に儒教が浸透していたことを表すのではないのか、と考えております。まとまりませんが、趙さんの報告への質問と申しますか、感想は以上です。

▼東アジアの政治文化（2）儒学の民世界への下降

司会（須田） ありがとうございます。儒教の考え方が、民に降りてくるというのが今の大きな視点です。趙さん、これは朝鮮社会ではどうでしょうか。

趙 半分理解していて、半分はずれたのですね。もう一度読み直してみます。そのようにもちろん読んでいたのですが、それでも民衆への儒教の下り方は、朝鮮とはかなり違うと思います。たとえば一九三七年に、兵庫県が在日朝鮮人にいろいろなことを調査しています。その中に、あなたの「崇拝私淑する人」は誰ですかという質問があるのですが、実に六七・七八％の人が、孔子と孟子だと答えているのです。朝鮮人の英雄、李舜臣や安重根を挙げるわけにいかないので、日本人にも理解されるように、無難に孔子と孟子をあげたのだと解釈することもできますが、それにしても高率です。非識字者は過半を前後するほどに高かったのですが、そうした字が読めない人間も孔子、孟子は知っているわけです。儒教は、それほどまでに民衆世界に内面化されていたということです。儒教は、政治世界だけでなく、当たり前のように民衆の生活規範となっていたわけであり、それは政治と生活を貫く朝鮮社会の原理であったといっていいように思います。

宮嶋さんが言われるように日本は科挙を採用しなかっただけではなく、儒教の礼を採用しませんでした。朱子の文公家礼も採用しませんでした。ですから死生観も違うわけです。火葬にするというのは、朝鮮人からすると、儒教を無視したものです。儒教では、魂魄思想というのがあり、人間の精神を主宰する魂と肉体を主宰する魄は死後分離するが、時にそれが寄りつくという死生観があり、そのために遺体を灰にするわけにはいかないのです。正月や秋夕、命日などに行う祖先祭祀は、魂魄を寄りつかせるためのものであり、朝鮮人の家では贅を尽くしてこの年中行事を行います。そこにはたんに原理というだけでなく、宗教性さえつきまとっています。したがって、戦前の在日朝鮮人社会では埋葬の問題は大変深刻な事態でした。本来なら、土葬をして故郷の土に埋め、まんじゅう型の墓を作らなければならないのですが、それができなかったからです。それでも、貧乏人は涙を流して火葬にしましたが、金持ちは、冷凍技術のないあの時代に船でわざわざ朝鮮まで運びました。それほどまでに、魂魄思想、死体信仰があったわけです。

こうした思想や信仰は、何も過去だけのものではありません。朝鮮の盗賊行為でいちばん手っ取り早いのは、墓荒らしです。朝鮮王朝時代の火賊といわれた盗賊団は、これをよくやりました。身代金ならぬ骨代金をとるわけです。* これは現代でも生きていて、ロッテの初代オーナー重光武雄（辛格浩）氏の父親の墓が荒らされ、遺体が盗まれたことがあります。こうした朝鮮の民俗と比較すると、日本人は果たして儒教を知っているのかという話になってしまいます。儒教は本来礼教が一体のものでなければならないはずであり、礼を無視した儒教というのは、朝鮮人にとっては理解しがたいことです。

こうした儒教にまつわる問題は、朝鮮語にも出てきます。朝鮮人は喧嘩をするとき

＊趙『朝鮮民衆運動の展開』岩波書店、二〇〇二年、第六章参照。

に、よく相手を「サンノムセッキ」といって誹謗します。これはこの野郎程度の意味ですが、直訳すると「平民の野郎め」という意味になります。おもしろいことにはこの言葉は、植民地期から戦後にかけて、やはり在日朝鮮人の間で、しかも非識字者の間で盛んに使われていたということです。これは、非識字者にあっても、自分は「サンノム」とは違うという自意識があったということを意味しているのだと思います。「ケセッキ」＝「犬畜生め」という言葉もよく使われます。いうまでもなく儒教なかんずく朱子学では、「聖人の道」を歩むことが奨励されるわけですが、「ケセッキ」というのは喧嘩相手を「禽獣」に貶める言葉であり、最大の侮辱です。一般民衆にあっても「聖人の道」が内面化され、自身を「士」＝「ソンビ」である、いやありたいとする自意識を育てていったのだということができるでしょう。そこには、「熊さん八つぁん」のような日本の民衆世界とはいささか違う論理が働いていた、いや今も働いているように思います。

▼東アジアの異質性

司会（須田） いま趙さんがおっしゃったことですが、儒教がどのように民の世界まで浸透していくのかということについてはどうでしょうか。つまり、科挙を受けるようなクラスではなく、庶民の中にいつ頃、どういう形で儒教は浸透していくのか、また、その媒介項があると思うのですが、そのあたりは、宮嶋さんいかがでしょうか。社会的結合も含めてお話しいただけますか。

宮嶋 今日は東アジアの三国の異質性、同質性の問題で、山田さんは中国対日本、朝鮮で異質だとおっしゃって、そのほかは、日本と朝鮮が異質だという報告が多かったと思うのですが、東アジア近世社会の同質性と異質性のなかで、今日は異質性がかなりクローズアップされたと思います。私がもともと小農社会論を提唱したときは、同質性を見るべきだ。小農社会としては基本的に同質なのだ、という点をふまえていろいろな現象を見ようとしたわけです。

若尾さんが津田左右吉とか丸山真男の議論をもう一度やっているとおっしゃったのは、私としてはかなり不本意です。かつてのように儒教、朱子学という思想だけを比較するのではなく、もっと社会的なあり方と思想との関係を見なければいけない。そうすると、小農社会という社会の質では共通しているにもかかわらず、統治体制とか思想の社会イデオロギーのあり方でなぜ異質性が出てくるのか。その同質性と異質性の両面を見ないといけないというのが、私のもともと主張したかったところです。

民本主義というのも、民本主義的考え方というのは、非常に古くから儒教にありますが、それが現実的な意味を持ちはじめるのは、小農社会になって農民が生産主体として確立する中で、民本主義が現実的、政治的意味を持ち始めるのだと思います。そういう点での民本主義のあり方の違いというのは、もちろん地域ごとにあると思いますが、いろいろな違いがありながら、なぜ民本主義がこの時期に共通して中国、朝鮮、日本で出てくるのかというと、民が倫理主体である、その民をいかに統治するのかという共通の課題のなかで、地域ごとに民本主義が少し形を変えてでも出てきます。そこの共通の土台を抑えておかないとダメではないかと思います。

もう一つ、発言のついでに言わせていただくと、山田さんは中国対日本、朝鮮という

形でくくられました。もちろんそのように見えるところもあります。父系血縁結合という点では、むしろ中国と朝鮮対日本というかたちになります。何を比較するのかという基準によって組み合わせはさまざまにありえます。場合によっては、中国、日本対朝鮮ということもありえるかもしれません。今までの東アジア社会の比較は、日本と中国を比較して、その異質性が強調されてきました。私がずっと朝鮮史を勉強しながら、朝鮮史の立場から東アジアを見たときに、中国と日本との間に朝鮮をおけば異なる構図も見えてくる。朝鮮を媒介項として東アジアを見直すと、これまで異質なものとして考えられてきた日本と中国というものは、もう少し別な理解の仕方が可能ではないかと考えたわけです。本日お話いたしました社会的結合のあり方も、中国の研究者は、今日の山田さんもそうでしたが、中国社会は非常に流動的だということを強調されます。それはわかるのですが、ではそのような社会で秩序はなぜ可能なのか、いかにして可能なのかということをきちんと説明してくれていません。それが常々中国史研究者に対する不満です。たとえば、今日私がいいました二人契という二人の組織を基礎にいろいろな関係をつくっていくというあり方は、もしかしたら、中国社会における社会的結合の問題を考える場合にも、そういう見方で見ていけば説けるような問題もあるのではないか。あるいは、日本の場合でも、日本はネストボックスだといいましたが、日本でもネットワーク的な社会関係というのは、もちろんいつも存在しましたし、それに意味がなかったわけでは決してないと思います。そういう面でもう少し、今までのように中国対日本の社会的結合のあり方の違いばかりを見ていたのを、もう少しつなぐような、共通性を見いだせるような媒介項を考える上で、朝鮮史というものは、非常にいろいろな意味のある比較の素材を提供してくれるのではないかと考えています。ちょっと須田さん（司会）の要求よりもはみ出す話をして申し訳ない。

司会（須田） 山田さん、今の宮嶋さんの問題提起はいかがでしょうか。

山田 お答えになるかどうかわかりませんけれども、ちょっと応答させていただきたいと思います。おっしゃるとおりでして、中国、朝鮮と日本の社会は、くくり方次第で、どのようなグループ分けもできます。中国と朝鮮半島における共通のイメージと、そこから孤立している日本列島という図式も簡単に描き出せるでしょう。私の今日の報告のように、朝鮮と日本の類似を前面に押し出した形でくるのもいわばそのような多くの「くくり方」の中の一つです。正直に申し上げますと、これにはささやかなたくらみがありまして、宮嶋さんと趙さんは、日本と朝鮮の異質性ということを主題に話されるのではないかと予想して、あえて異なる方向性を提起してみようという観点で考えたわけです。その意味では、宮嶋さんのおっしゃることにまったく同意します。つまり中国と日本というあまりにも異質な社会を考えるときに、朝鮮半島はいろいろな手がかりを与えてくれる媒介項になります。視点の設定次第で、中国と朝鮮の類似性と、そこから逸脱している日本列島の社会というイメージも、あるいは、ともに中華文明の周辺世界であった朝鮮と日本の類似性と、それとは大きな懸隔のある中国社会というイメージも、どちらでも成立しうるわけです。先ほど申し上げましたけれども、たとえば、社会的ネットワークの広がり、その様態を考えると、どうしても中国大陸と朝鮮半島は似ています。たとえば、宮嶋さんのおっしゃった二人契というのがありますが、中国でも一六世紀以降、まさに一対一の義兄弟といった結合様式は、いたるところに出てきます。一六世紀というのは熱に浮かされたような時代で、人と人が出会って意気投合するとたちまち義兄弟になる。それを反映するものが、『三国志演義』です。学生にそういうと、あれは古代の実話ではないのですか、という反応がかえってくるのですが、同時代の秩序意識の投影と見るべきでしょう。一対一の義兄弟的結合、擬制的血縁の背景にあるのは「同気」という発想です。「同気」という概念はとてもむずかしいのですが、同じ魂を共有するような自他未分化の感覚と言ってもいいかもしれません。「同気」の感覚に裏付けられた義兄弟的結合がさらに多方面に向かって拡大されていくと、あたかも細胞の一つ一つは独立していながら、しかも一つの身体を形成しているように、擬制的血縁集団としての秘密結社といった関係性になっていきます。一対一の義兄弟と、拡大された秘密結社の擬制的血縁関係というのは、たぶん一つながりの地平の中にあると私は考えています。そしてこのような観点から見るならば、東アジアの中で日本列島の社会は「異質」なのです＊。

話の始まりが民本にありましたので、ちょっと民本にふれておきます。中国の近世において民本の発想が改めて大々的に取り上げられるということは、あまりないように思います。どうしてかというと、コメントの最後にも申し上げましたように、士と農と商の垣根はたいへん低い。生業が簡単に移り変わるということは、中国大陸の経営形態では当たり前なので、わざわざ高みに立って民本などということを、ことさらに述べなければならない必要性が低いのです。士大夫が商人にもなり、農業経営者にもなります。これは朝鮮半島とも日本列島とも異なった状況だと思います。では中国だけが違うのか

＊山田『中国の秘密結社』講談社、一九九八年。

ということになるのかというと、儒教が下に降りてくるという近世の同時代性については、他の東アジア地域と共通する一六世紀以降の顕著な特徴だろうと思います。ただし、中国社会では、下に降りていく下り方があくまでも「宗族」中心です。血縁社会をどのように組織化していくのかという観点から、今まで遠い世代の祖先を祀ることなどなかった下層社会においても、宗族を形成しようという動きが出てきます。実は一般的には四代前までの祖先を祀ることしか認められていないわけなのですが、とりわけ一六世紀以降、経済的に可能であれば誰もが遠い祖先の祭祀をとりおこなうようになっていきます。そうすると、まったく使われ方が違うにもかかわらず、やはり東アジア各地域において儒教が下におりていくという現象が現れます。それぞれの社会に投じ入れられた儒教という種子が、何らかのかたちでそれぞれの社会に対して同じように影響を及ぼしていくことになるわけです。そのような共通の波動をもたらした朱子学の核心をどのような部分に求めるのかということについては、私自身にもまだよくわかりません。ただし、一六世紀にかなり大きな混沌を経験した東アジアにおいて、混沌の中から何らかの秩序を再建するためのヒント、方法論が必要だったわけで、その時に朱子学というものは、格好の秩序モデルを与えることができたということはありうるかもしれません。

司会（須田） 若尾さん、言い足りないことがずいぶんあると思うのですが、いかがでしょうか。

若尾 まず、適合・不適合論の段階に戻してしまっていいのかという私の発言に対して、宮嶋さんから、「かなり不本意」だという意見が出ました。しかし、これは宮嶋さんへの批判ということではなく、それを受ける形で、かつての適合・不適合をめぐる研究が再

び出てくる可能性があるのではないかということを非常に危惧して発言したものです。そういうレベルでの比較史ではダメだということを言いたかったのです。皮相な上っ面の比較史ではなく、人に着目して、人の思想形成を核としながら、そのレベルで比較しないと、社会の違いは見えてこないのではないかということが指摘したかったことです。

また、宮嶋さんから、「なぜ民本主義が同じ時期に共通して中国・朝鮮・日本で出てくるのかというと、倫理的主体としての民が登場し、その民をいかに統治するのかという共通の課題の中で、出てきた」という大きな問題提起がありました。私も、まったく同感です。主体としての民が出てきた時代だからこそ領主から民までの思想形成をはじめて問題にできる段階に近世は到達したのだと、考えています。そういう意味で、東アジアという共通の土台を押さえた上で議論すべきだという宮嶋さんのご指摘は重要だと思っています。

コメントのなかで山田さんが言われた「儒教の下降化」に関連して、思い出したことがあります。先週、名古屋で行われた歴科協大会で、*中国史研究者の井上徹さんが「儒教化」という概念をキーワードとして、中国南部、広東東西部山間地帯に住む異民族の瑶族が、漢族社会に取り込まれていくプロセスを叙述していました。**一六世紀以降、科挙官僚制を軸とする漢族の単一的な儒教文化に包摂されていく。このプロセスを井上さんは狭い意味での「儒教化」と呼ぶ。まずは、異民族の間で、科挙により国家から官僚身分を付与された郷紳が生まれ、さらに儒教的な儀礼によって組織化される宗族が形成されていく。このような儒教化の過程も、儒教の下降化と言えるのではないかと思いま

*歴史科学協議会第四四回大会、二〇一〇年一一月二〇、二一日、中京大学。
**井上徹報告「「華」はどのように「夷」を包摂したか」歴史科学協議会第四四回大会。また同「華と夷の境界、そして漢族社会の成立」『歴史科学』一九八、二〇〇九年。

した。

山田さんからもう一点、ご質問がありました。幕末に和刻本の漢籍が、次々と出版され儒教の社会的地位が高まり近代につながっていったのではないか、というものでした。儒教書に関しては、先ほどの小川さんが指摘した「牧民の書」も含めて言えるのですが、実は近世の早い時期から出版され続けています。ただしその読み方や、それをどういう層が読むのか、そしてそこに何を求めたのか、その意義付け、歴史的意義というのは、近世という時代のなかでも時期ごとに異なっていると考えるべきだろうと思っています。『太平記』*が時代によって異なる読まれ方をしたことについては、かつて書いたことがありますが、他の書物についても、幕末維新期の政治の担い手になるような人たちが読む際には、彼ら特有の読み方があっただろうし、近世初期に読むとしたら、また違う読み方があったと思います。同じ書物でもそのような読み方の相違があるということが研究のむずかしいところであり、おもしろいところではないかと思います。

＊若尾『「太平記読み」の時代―近世政治思想史の構想』平凡社、一九九九年。

▼東アジアの政治文化（3）儒教とジェンダー・バイアス

司会（須田） 民本という考え方が民の世界に入っていく。その背景に、民が歴史の主体になったということがあると思います。さらにその前提に宮嶋さんが提唱されている小農社会の成立があると思います。このような文脈から、やはり儒教が民の世界に降りていくということに関連して、女性の問題があると思いますが、藪田さんどうでしょうか。

藪田 山田さんがおっしゃられた儒教の土着化、朱子学の土着化という言葉が何を意味するかということには、難しいところがあります。

今日の私の話は、女性史を近世史の中でもっと活性化していきたいという思いの現われです。女性だから海外とつながらないというのではなく、女性が、海外とどうつながっているかについて議論を展開していかなければ、女性史の分野は、どんどん狭くなってしまうと考えて、冒険的にやってみたところがあります。たとえば宮嶋さんがおっしゃった李朝における女訓書の官刻本と市販本（坊刻本）でいうと、おもしろいことに日本の近世国家は、幕府お薦めの女訓書というものがありません。オーソライズされたテキストがないのです。「三綱行実」というけれども、孝を学ぶなら、国家の推奨する孝があり、忠や烈があるというのがおそらく朝鮮だと思うのですが、それに当たるものが近世日本、とくに前期ではないわけです。ですから、中国の「列女伝」をもってくるしかない。これは、深谷さんの言うイベリア・インパクトのなかから儒教が再定義化されるときに、なぜその部分は民間に任せる、あるいは朱子学者や儒学者の言説に任せるということになってしまったのだろうか、というように問題を置き換えたほうがいいのかもしれません。私は、土着化というかどうかは別として、そのことの方に大きな意味があると思っています。

もう一つの問題は、「人と身分」という叢書で、「女性と身分」という巻を柳谷慶子さんと一緒に編集したのですが、その中でいちばん考えたのは、なぜ今までの身分制研究は、女性を取り上げなかったのかということです。身分制を取り上げるときは、女性も一つの身分だという取り上げ方もできます。また女性という身分が、身分制の中でどう変わるかというのも身分制の議論ではないかと思います。先ほど趙さんは、「徳」が日

本では身分によって違うとおっしゃいました。本来、儒教ではそうではないのだと。「徳」が本来儒教では、身分によって違わないとすれば、女性という地位も、女性に対して求められる徳目も、本来、身分を超えて一つでなければならない。ところが近世の日本は、そのようにはなっていません。『身分のなかの女性』に収めた曽根ひろみさんの論文＊によれば近世国家は、女性に対する刑としての積極的な規定はそれほど強くないということです。そういうことからいえば、ジェンダー的な規制が近世国家では、曖昧なのかもしれません。土着化の固有のしくみを説明しなければならないのではないかという気がします。

＊曽根ひろみ「女性と刑罰」藪田・柳谷編『〈江戸〉の人と身分4　身分のなかの女性』吉川弘文館、二〇一〇年。

司会（須田）　藪田さんの発言をふまえて、ジェンダー・バイアスの問題についてもう少し議論できればと思います。異国と接するところ、空間でもいいのですが、そういう地域の方が、バイアスが強いという視点で朝鮮や中国では、具体的にどうでしょうか。宮嶋さん、いかがでしょうか。

宮嶋　先ほど、藪田さんが少しふれられましたが、たとえば、秀吉の侵略の時に晋州（チンジュ）というところを攻撃したときに論介（ノンゲ）という妓生（キーセン）の女性が日本人の武将を抱きかかえて川に飛び込んで死んだという話があります。これが実話かどうかも大問題で、その話がなぜ今、大きく伝えられているのかという問題もあります。あるいは李朝時代の春香伝（チュニャンジョン）の春香も妓生です。ノンゲもチュニャンも妓生ですけれども、国家に対する忠であるとか、恋人に対する貞節であるといったものを象徴する存在として儒教的な徳目の一つの体現者として話が作られていきます。

その時、彼女たちがなぜ妓生なのか、妓生の女性が儒教的な徳目の体現者の典型的な人物として顕彰されていくというのは、今、論議になっている儒教的な理念の社会的な浸透という問題、あるいはジェンダーの問題とどのように関連するのか、私も今まで全く考えたことのない問題です。そういう問題は、今後かなりいろいろ考えていく必要があるように思いました。

司会（須田）　中国はどうでしょうか。

山田　あまりきちんと専門的に勉強してみたことがないので、印象程度のコメントしかできないのですが。私が知っている範囲では、たとえば近世、清朝の時代に女訓書というものが官版で出ているということも、ないとはいえないと思うのですが、版本としては見たことがありません。そもそも女訓書の類にしても、明初の『女訓』という書物が割合よく知られている程度で、その後女訓書というジャンルが中国の近世においてことさらクローズアップされたこともなかったような気がします。近世中国社会では、民間の篤志家によって刊行される道徳書が普及していたのですが、そこには男女問わずさまざまなモラルが説かれています。もちろん男性だけではなく、女性に対して限定的に適用されるモラルも説かれてはいるのですが、女性のみを対象にした道徳書はあまり見られないようです。逆にいうと、日本でここまで民間で女訓書というものが刊行されているという事実、つまり男性の受容した儒教の典籍とは別個の入れ物に囲い込まれていること自体が非常に興味深い検討課題ではないかと思います。

▼東アジアの政治文化（4）一九世紀に強くなる儒学的要素

司会（須田）　時間の関係もありますが、次になにかご質問はあるでしょうか。

質問　三ツ松と申します。東京大学で江戸時代の勉強をしているものです。先ほど若尾さんが、「日本にとって儒学が適合的かどうか」というテーマは、研究史上、逆戻りではないか、といわれましたけれども、儒学が日本に非適合的ながら次第に土着化していくのだ、選択的に取り入れられていくのだということは、今も議論が続いている熱いテーマで、さきほどお話になっていた小川さんが報告者の一人だったのですが、今年の歴史学研究会大会の近世史部会もまさにそのテーマと関わっていました。[*1]選択的に儒学を受け入れていく、時代が下るにつれてそれが広がっていく、ということが具体的に明らかにされていると思います。それに関わって女性史の問題でも、『御一新とジェンダー』[*2]でいわれていたと思うのですが、江戸時代は大奥にも連なる遊芸を重視した女性文化があり、それが女性にロールモデルを提供し、もてはやされていたのだけれども、それを苦々しく思っていた儒学を身に付けた男たちが明治新政府に入り込む時代になると、こうした近世の女性文化を抑圧する方向に動いていく。このような評価もされています。そして、明治になってから、儒者が理想視したように学校が全国にでき、科挙のような試験による官僚制ができるなど、ある意味、明治維新期が日本史の中で最も儒学的なものが達成された時代なんだ、というような評価が渡辺浩さんの研究[*3]では主張されるようになっています。最近の與那覇潤さんの研究[*4]だと、はっきりと明治維新は「中国化」な

＊1　「近世の政治支配と社会変容」『歴史学研究』八七二（二〇一〇年）。

＊2　関口すみ子『御一新とジェンダー　荻生徂徠から教育勅語まで』東京大学出版会、二〇〇五年。

＊3　渡辺浩『東アジアの王権と思想』東京大学出版会、一九九七年、同『日本政治思想史――十七～十九世紀』東京大学出版会、二〇一〇年。宮嶋博史「東アジアにおける近代化、植民地化をどう捉えるか」『植民地近代の視座　朝鮮と日

のだと、かなり過激なところまで、いわれています。つまり、今日のお話のように侵略的な武が近代に見出される一方で、ある意味で儒学は近代にこそよく受け入れられていくのだ、ということが強く主張されているところだと思うのです。この、江戸時代よりも明治初期のほうが、儒学の日本社会によく広がった時期なのだ、ということについて、先生方はどうお考えでしょうか。

　もう一つ。小農社会として、近世の日本と東アジアのほかの国々とは共通性があるのだけれども、その中で比較すると、朱子学と相容れない武士が支配する点で日本は異なる、というお話[*5]を聞いたときに、納得がいくと同時に、実は近世史研究というのは、もともとこういう立場の人が多いのではないか、という考えも浮かびました。宮嶋さんが批判なさっていたのは、石母田正さんとか、網野善彦さんとかで、中世史メインの方を念頭に置かれていますよね。一九五〇年代以後、それまで戦後歴史学の世界では日本の封建制として一括する傾向があったところを、近世と中世として区別して議論する傾向が強まっていった際に、近世史研究の意義を強く訴えてきた方々には、要するに太閤検地の画期性を強調した人が多かったと思うのです。そして、それに連なる兵農分離を通じて、東アジアの小農社会に属してはいるんだけれども、特有の社会体制を採る近世日本の国家が生まれてきたわけです。だから、中世との違いを考える上で、豊臣秀吉期・兵農分離の画期性を重視しなければいけないということを、近世史を学ぶにあたって、教わってきたような気がします。その視点からすると、近世日本は武士に支配される小農社会であるという評価は、スッキリ納得がいきます。それと同時に、なぜこうした近世史の議論[*6]を引くよりも、そうではない立場の人を批判する形で、宮嶋さんが議論

本』岩波書店、二〇〇四年、小島毅『靖国史観―幕末維新という深淵』ちくま新書、二〇〇七年、なども、明治維新以後の変化を朱子学化と見る。

＊4　與那覇潤「中国化論序説　日本近現代史への一解釈」『愛知県立大学文学部論集　日本文化学科編』一一、二〇〇八年。

＊5　宮嶋博史「東アジア世界における日本の「近世化」」本書再録。

＊6　ここで安良城盛昭以後

していいるのか、気になったのでここのところを伺ってみたいと思います。

司会（須田）　明治維新期の問題が出てきましたが、一九世紀という視座に替えると、その時に日本では儒学的要素が強くなってくるということがあるかと思います。この点は深谷さんに答えてもらって、さらに一九世紀における朝鮮儒学に関して、宮嶋さん願いします。

深谷　私は、儒学、儒教というより、現実の社会ではもう少しばらばらになった事柄に応じた考え方、対処の仕方が大事だと思います。社会は学者の集団ではない。思想史研究の専門論議がしばしば陥る弱点はそこです。社会がある思想の影響を受けているという場合、その哲学的原理的理解ができているかどうかということでない。誤解も曲解もふくめて、関連の言説が繰り返し語られたり、教諭の目標に使われたりすることです。それは政治から出ることもあり、芸能から出ることもあり、教育からでることもあり、抵抗運動から出ることもあり、さまざまです。いろいろな所から出るのが広まっているということです。民は国の本《もと》だとか、泰平だとか、均すだとか、そんな切れ切れの言葉が、社会のあちらこちらで口にされ、誰もがどこかで耳にしたことがあるというような環境になっている。そしてそれらが正当性の物差しになっている。こういうことが大事です。

仏教も神道も道教もそれぞれに社会に影響しているのだが、「政治文化」としてなぜ儒教が優越するのかと言えば、実際の人間関係を表現する小分けしたタームをたくさんもっていて、現実適応ないしは現実対応の機能が大きいからだと思います。もののあわ

の日本近世史研究の展開を詳論することはできない。ただ、たとえば山口啓二、朝尾直弘、佐々木潤之介らの仕事こそを、論評の対象とすべきではなかったか。

れとか、生死こそが一大事とか、人間存在の奥底にひとことでせまるという思考は、大事ではあっても、日々の些事を解決することはできない。具体的な親と子、兄と弟、朋友、夫と妻、姉と妹といったような人間の関係について、儒教はそれぞれ特定する言葉を持っていて、そのあり方を問い直し、毎日の倫理的動作に活かしていく力がある。そういう現実対応力が儒教にはあります。朱子学だとか陽明学だとか、日本の江戸時代の儒学者は朱子学以前に戻ろうとする志向が強いほうでしたが、私は社会は孔孟の道という程度であったのであり、それがひろがっていることを重視しています。しかも、それだけに特化するのではなく、日本的な典籍を学ぶことも同時に薦める。国学というのではなく「和学」です。

幕末へ向かうほど庶民教育が盛んになっていく。寺子屋が増え、寺子・筆子が増える。これは否定できない研究史です。そこでなにをやっていたのか。往来物も手習うけれど、素読も必ずやる。「学びて時にこれを習う。またよろこばしからずや。朋あり、遠方より来たる。またたのしからずや。」と大声でやる。おおげさでなく日本中でやっていたわけです。もちろんその時期に世直しや社会の「暴力化」の人気《じんき》が気嵩《きがさ》になっていくという矛盾をかかえながらです。こういう社会が儒教を受け入れていないというのは、私には奇異な議論だと思います。ただし、仏教も神道もなんでもありで、儒学も幕府は「正学」を朱子学にしようとしたが、社会もふくめてみれば朱子学に特化されることもなかった。そういう意味で、私は儒教「核」政治文化と言っているのですが、これはごまかしているのではなく、事柄を正確に反映させるために使っているのです。そういう意味で近世日本が「東アジア化」を深めていると見ているのです。

もう一つ、先ほど、国家が女性の生き方を規定していないことについて疑問がだされていましたが、これについて気になるので申し上げます。国家が女性の生き方や男性の生き方を決めているかどうかを問うのは、「近世」の時代の議論としてはふさわしくないと私は思います。男性の生き方も決めたことはない。近世という時代、近世国家という支配権力は、大まかに言えばむしろ各級団体の請負に依存する度合いが強いもので、法制的支配の進行という法制のかなりのものは、そういう請負組織の実行をうながしたり、不実行を咎めたりするものです。西木浩一さんの近世墓制の研究発表を聞いたことがあります。現実は見事に大名の墓から庶民の墓まで、身分差別と言えばまさに見分別の墓になっている。しかし、その身分別の埋葬や墓について、近世国家が法令として基準を示したことはないというのです。そのような規制がなくても、身分集団の複合社会がそれぞれにふさわしく作りだしているのです。では国家はなにもしないのかと言えば、それは違います。そのことを巡って紛争が起こると、それを「公儀」へ訴える。その紛争を収めるというところで、扱い人を入れたり、自らが最終判断したりする。研究者はそこに国家意志を読み取ろうとするのですが、積極的な法規定を起点にできない領域がたいへん大きい。

江戸の公儀は巡見使を時折派遣しますが、それは百姓成立の方向にそって、公儀のやりかたと「異なるところがありやなしや」という点検です。そもそも儒教的政治は、君主の「人格」に依拠する比重が強い政治社会です。近世化ということ、近世的な政治の質について、私はもう一度、東アジアの広さで考え直していきたいと思っているのです。

司会（須田）　ありがとうございます。宮嶋さんお願いいたします。

宮嶋　最初の質問の近代日本と儒教の関係ですが、日本の歴史上では、近代以降、明治維新以降、儒教の社会的影響がもっとも強くなったというのは、私もその通りだと思います。なぜそういう現象が起きたのかということは、たとえば、三谷博さんが明治維新はなぜ起きたのか、それを奇跡として書いておられます。* その一つとして武士が自己否定する、下級武士が主導しながらも、明治維新以降は武士が武士たることを否定していきます。これは朱子学、儒教を国家理念としてかかげるためには、必ず必要なことで、朝鮮王朝をつくった李成桂という人は、武将出身ですが、王朝をつくると、武将たちの勢力を削いでいきます。明の朱元璋も基本的に同じだと思います。日本でも、明治維新ではじめて武士が自己否定したので、儒教国家を作ることが可能になった、そういう脈絡で見れば当然といえば当然です。

もうひとつは、幕末維新期から新しい国家を作る上で、ヨーロッパの学問を受け入れるときに決定的な役割を果たしたのは、儒学者であり、その中でも特に朱子学者の果たした役割というのは、非常に大きかったと思います。なぜ儒学者、朱子学者がそういうことができたのか。ここに井上厚史さんもいらっしゃいますし、先ほど西周の話が少し出ました。** 西周や中村正直などの朱子学者の果たした役割は非常に大きいものでした。その人たちに比べて、福澤諭吉は、ほとんど儒教が分かっていませんでした。特に朱子学についてはほとんど理解していなかったのではないかと思っています。

もう一点だけそれと関連して、近代と儒教の関係でいえば、たとえば、日本の場合儒学者、朱子学者が近代の日本をつくる上で大きな役割を果たしたと思いますが、朝鮮の

＊三谷『明治維新を考える』有志舎、二〇〇六年。

＊＊井上厚史「西周と儒教思想」（島根県立大学西周研究会編『西周と日本の近代』）ぺりかん社、二〇〇五年。

場合、たとえば両班（ヤンバン）は、近代になって社会主義者になる人が非常にたくさん出てきます。これはもちろん、日本の侵略、それに対する抵抗、民族運動との関連もあります。先ほど趙さんのおっしゃった朝鮮社会における儒教のあり方、理というものの、国家を越えた理というものを掲げる。そのために活動するのが本来の士たるもののあり方であるということと、両班たちが社会主義を受け入れていくということには、かなり結びつきがあります。したがって近代の東アジア社会と儒教との関係を考える上では、もう一つ社会主義受容という問題まで含めて考えるべきだと思っています。

二つ目の質問についてですが、日本の近世史研究との関連でいえば、たとえば日本でなぜ江戸時代になって朱子学が本格的に受容されはじめたのか。それを可能にしたのは何かと考えた場合に、普通は朱子学的な秩序観が徳川支配にとって適合的だったということで考えられます。では、それ以前は朱子学が受容されず、江戸時代になってそれを統治に利用するようになったのかということの説明がそれだけで十分に出来るのかということです。私はそれにはやはり小農社会が形成されて武士が中世と異なって、基本的に生産過程から退いていくということ、大きくいえば小農社会が形成されたから、かなり不十分なものではあったけれども、武士たちが朱子学、儒教を統治理念として受け入れる可能性が、曲がりなりにも初めて出来たのではないか。そこのなぜということについて、今までの日本の近世史研究では、支配に適合的な、便利な思想というレベルでしか見てこなかったのではないかというように思っています。

▼武と国事（1）武士と儒学

司会（須田）　先ほど三ツ松さんの質問の中で、近世社会が兵農分離であるという特性が重要だという指摘がありました。久留島さんの報告はその問題にずいぶん絡んできていると思うのですが、久留島さんいかがでしょうか。

久留島　とても大きな問題で、わたしがすぐに答えることができるようなものではありません。報告でも申し上げましたが、現在わたしの勤める国立歴史民俗博物館では、「武士とはなにか」という、いささか挑戦的なテーマで企画展示をやっています（展示代表者高橋一樹）*。そのなかで、近世の展示を考えるときに少しだけ整理したものを、報告の最後のレジュメにお示ししましたので**、決して十分ではありませんが、とりあえずそれを読んでいただくことにして、宮嶋さんが指摘された以下の二点についてはもう少しじっくり考える機会をいただきたいと思います。一つめが、近世になって兵農分離の結果（過程）でもあるが、小農社会が形成され、直接的な生産から遊離できた武士たちのなかで朱子学、儒学を統治理念として広く受け入れる可能性が生まれたというご指摘だと思うのですが、どのような過程を経て、どのような契機で進行するのか？　そもそもいつのことか？　一七世紀を通じて進行し、一八世紀になってできあがるとすると、この時期の支配的な儒学理解は朱子学ではなく古学派や古文辞学派だったこととどう関わるのか？　というあたりを課題にしたいと思います。二つ目は、近世における武士たちによる朱子学受容を前提として踏まえると、それにもかかわらず、日本史上で儒教の社

＊二〇一〇年一〇月二六日から一二月二六日まで。
＊＊本書久留島・三野論稿の内容を参照。

会的影響がもっとも強くなったのは明治維新以降、近代であるとすることとどのように関わるのかという点です。わたしも、近代国民国家形成にはいったんは「武士（近世の武士身分）の自己否定」という契機が不可欠だったのではないかと考えているのですが、幕末維新期の武士たちのなかから朱子学、儒教を国家理念として掲げるような動きが出てくることそのものをについてもう少し自分自身で検討する必要があると考えています。また、後述するように西周という「朱子学者」は、実に柔軟でそれこそ洋学も国学も理解しながら取り込んでいくわけですが、彼がつくりあげる新しい国民国家の軍隊（陸軍）の規律が、「日本固有の性習」にもとづかざるをえないというときの、「固有さ」を何に求めたのか？　このあたりを含めて、自分でも整理しておく必要を感じています。

　したがって、ここでは、展示をする過程で実際に史料を読んだことのなかから、三点ほど指摘することで、お許しいただこうと思います。第一は、近世初期の武士たちの儒学理解の中身の問題についてです。展示では、本多作左衛門重次という武士について取り上げました。彼は「鬼作左」とよばれ武勇の誉れ高い三河武士で、息子の成重ともども戦場で戦功をあげています。事実かどうかはきわめて怪しいのですが、一般には「一筆啓上、お千泣かすな馬肥やせ」というもっとも短い戦地からの手紙でも知られています。この重次は、武士として必要な教養（詳しくはわからないのですが、読み書きはもちろん軍学、儒学を有る程度読んでいたはずです）を有し、実際には代官をも務めるなど民政にも携わります。その意味では、このような無骨者でさえ、ある程度の儒学に基づいた教養をも有していたと思われるのですが、戦場で死ぬか生きるかという状況のなかで

彼がとっている言動を見る限り、彼も含めてこの時期の三河武士たちが統治理念どころか自身の身を律する規範として儒学を理解あるいは内実化していたとは思われません。第二に、この本多成重は大名となるのですが、一七世紀末に改易され、分家の旗本家とともに旗本として継続することになります。この分家の史料を中心に展示したのですが、寛政期以降、三〇〇〇石以上の無役の旗本が組み込まれる寄合の肝煎や、それ以下の無役の旗本が組み込まれる小普請組の支配などを歴任します。くわしくは、図録をご覧いただく方がよいのですが、こうした無役の旗本たちが職に就くために、人柄はもとより武術と算術・手跡、学問への取り組みや免許の有無などが必要とされている様子を知ることができます。これはよく知られたことですが、寛政二年の寛政異学の禁によって朱子学が言わば習得すべき儒学の正統として採用され、それに合わせた試験問題が作られるわけです。その背景には、こうした旗本や御家人たちの就職運動があって、そのなかで必要な役人（為政者）の教養として朱子学が採用されたわけです。しかも、同時に武術もそなえていることを示す必要があり、かつ武士の家を代表する者として必要な作法や文化的な趣味も求められています。本多家では、儒学・軍学だけでなく、小笠原流の故実礼法や茶道・華道・香道・和歌・舞などに関する書籍や写本も残されており、武士としての自己規律が儒学、とくに朱子学に必ずしも限定されていない（試験科目ではあっても）ように思われるのです。むしろ、一八世紀後半以降、儒学を積極的に受容していくのは、地方の村役人層でもあったことに注目すべきではないでしょうか。江戸周辺の事例では、周辺の城下町、在郷町の裕福な町人や町・村役人たちは、ある程度素読が終了した子どもたちを江戸へ遊学させ、さらに学ばせるようなことをやっています。こうした層が、儒学（だけではなく国学もあるいは蘭学もですが）を習得していくことになるように思われます。＊一九世紀以降さらに進む受容層の社会的広がりこそが重要であり、明治維新以降の動きはこの地方の中間層をふまえておかないと説明できないのではないかと思っています。第三に、幕末に武士の周縁的身分から出世した川路聖謨についてです。氏家幹人氏によって、彼の奥さんともどもおもしろおかしく紹介されているので、＊＊私もつい便乗して、「奇人」扱いをしましたが、報告でも述べましたように実際には幕末期の典型的な武士らしい武士だと言ってよいかと思います。その彼は、孫に繰り返し遺言を残していますが、そのなかで、「東照宮已来御用ひの事なれば」として朱子学を学ぶことを勧めています。彼自身は四書五経から、国学・蘭学（洋学）まで学んでいますが、孫たちには慎重でいくつも付帯条件をつけています。朱子学については、「文義章句の論のみを学問と」考え、将軍の代替わりごとに出される「武家諸法度」の「註脚」と思ってその文言を出ることのないようにすること（「談話」に踏み込むなとする）が肝要だとしています。「軍学」（孫子）も「日本の古書類」も読むことはよいとするが、むしろ「譜代衆」であり「忠義豪烈」なる三河武士の事績を学び、「武士の芸」である武術を鍛錬しつつ「武士道をみがくための」朱子学を学ぶことを勧めるのです。朱子学と言っても、どこまで彼のなかでどこまで自己規範化されていたのか、もう少していねいに検討してみたいと考えています。

＊高橋敏『近世村落生活文化史序説』未来社、一九九〇年、杉仁『近世の地域と在村文化』吉川弘文館、二〇〇一年。

＊＊氏家幹人『江戸奇人伝 旗本・川路家の人びと』平凡社、二〇〇一年、同『これを読まずに「江戸」を語るな』祥伝社、二〇〇九年。

▼東アジアの政治文化（5）儒教的民本主義の民世界への下降

司会（須田）　そのほか、ご意見いかがでしょうか。

質問　一橋大学の柏崎と申します。私は近世の文学が専門で、主に出版史のことをしております。今日は、若尾さんと研究会をご一緒にさせていただいているので、参加させていただきました。歴史の方は素人ですが、近世の出版をやっている立場から考えますと、出版によるその社会の情報の在り方ということが、日本と朝鮮と中国を比較するときに重要なのではないかと思います。日本においては、近世が始まった時点で出版が始まりますが、その享受者は必ずしも特権階級や知識層に限られていたわけではなく、庶民のレベルにまで下りております。したがって出版物のジャンルも実に多様です。私は朝鮮や中国の出版のことはよく分かりませんが、おそらくこれほどいろいろな書物が庶民の間まで浸透している国は、ほかにはないと思います。そのことも儒教が変容していく問題などに関わってくるのではないかと思いました。その点について、朝鮮や中国のご専門の方に出版の問題についてお伺いしたいということがございます。

具体的な例をあげてみますと、藪田さんのご発表で、近世の女性史に関して研究を深めていきたいというご提案をなさいましたので、藪田さんのご報告を出版の問題と絡めて私なりに再整理をさせていただきますと、女訓書というのは、江戸初期から非常にたくさん出版されています。それは仮名草子というジャンルで出版されます。ところが女大学というのは仮名草子ではありません。ジャンルわけで考えると、往来物に入るわけです。私見では女性の教訓という点において、仮名草子の女訓書と往来物である女大学が決定的に異なる点は、女大学においてはじめて家という概念が入ってくる点だと考えています。仮名草子の女訓書は儒教の考えに基づいた女性観というものが展開されていますが、女大学ではそれが家の存続にとって必要な女性の役割にすり替えられているといってよいと思います。仮名草子はジャンルの性格上、享受者はある程度上層の人々で、庶民というレベルまでは下りていないと思います。ところが享保年間になって女大学が往来物、つまり庶民向けの教科書として出版された時点で、そこに家の概念が持ち込まれたことによって、儒教の説く、人間としてどうあるべきかというところから生まれる女性観とはやや趣を異にした女性観が圧倒的に普及していったのではないかと考えております。藪田さんにご紹介いただきました福沢諭吉の評論は、女大学が単に中国の儒教の考えに基づいて立論していることが問題だと指摘しているわけですが、実は日本の近世に家父長制が確立していく時期に、その体制を支えるようすがとして、巧妙に儒教の考えを変容させ、女性の社会的役割のイメージを醸成したのが女大学なのだという点を見逃していると思います。柳田國男の回想は、本来の儒教の女性観とは異なるやや変容した女性観が近代になっても節用集という手軽な出版物で普及したことで、どれほど広く社会全体、すみずみまでゆきわたっていたかということを思わせる例ではないかと思います。つまり儒教精神に基づく女性観も、それが日本に入ってきてから、日本の体制を反映して変容するときに出版の果たした意味は看過できないものがあるわけで、こうしたことからも、日本の近世において出版が庶民まで浸透していたということと、この点における他の東アジアの国々の状況との比較ということが重要なのではないかと考える次第です。

司会（須田）　私も先ほど聞いたのはそれを聞きたかったのです。儒教的民本主義がどのように民の世界に降りてくるのかということです。趙さんいかがでしょうか。

趙　私はまったく門外漢です。おっしゃるとおりだと思います。中国は知りませんが、朝鮮の識字率は相当なものです。世界的に見たら相当なものですが、おそらく日本が世界でいちばんだと思います。朝鮮は日本ほどではないと思います。先ほど宮嶋さんが言われましたけれども、農村などで旅芸人などが演ずる、日本でいえば浪曲のようなもの、パンソリというのですが、こうした民衆芸能の中にも儒教は生きています。民衆は実際に本を読んで、儒教を学習しながら内面化することもありますが、民衆芸能を通じても容易に儒教的規範を知るようになるわけです。これは逆にお聞きしたいのですが、日本の落語などの民衆芸能の中に儒教がどれほど入り込んでいるのでしょうか。今日は時間がありませんけれども、民衆芸能の問題は重要な比較対象になってくるのではないかと思います。

司会（須田）　民衆芸能の面においても儒学的要素は随分あります、時間がなくて詳しくはお答えできませんが。柏崎さんのご質問の後半に関しては藪田さん、お願いいたします。

藪田　柏崎さんにご指摘いただいたとおりで、私もそのように理解しております。仮名草子については青山忠一先生の研究『仮名草子女訓文芸の研究』*がありますが、ある意味でいうと「女人往生伝」的な要素もあり、家を核とするような男女間が成立する過程の研

＊青山忠一『仮名草子女訓文芸の研究』桜楓社、一九八二年。

究としては大事だと思っています。その点では、仮名草子を「女大学」の一つ前の段階におくということには賛成です。

▼武と国事（2）武士の儒学理解

司会（須田）　井上さんの報告に関してですが、今日は、朝鮮史の方もいらっしゃると思いますが、質問いかがでしょうか。井上さん、言い足りないこともあるかと思いますので、お願いいたします。

井上　特にいい足りないことはないのですが、先ほど、宮嶋さんがおっしゃったことで、私も同じように感じていることがあるので、追加したいと思います。この秋に韓国へ行きました。安東に独立運動記念館があります。そこを訪ねて宿泊所に泊めてもらいました。出来てから数年でした。今までは安東は儒教で、儒教で朝鮮は滅びたといわれていました。そこに独立運動記念館が出来る。両班には、日本軍に捕われて亡くなった人がたくさんいまして、宮嶋さんがおっしゃるとおりに社会主義者になる人が多かったそうです。両班がヨーロッパ思想に対する共鳴板をもっていたということでしょうけれども……。幕末ですと、先ほど西周が朱子学をしっかり理解しているという話がありました。私がよく知っているのは西の万国公法で、普通、辞書などでは、西は曖昧な理解だったとしています。オランダで少し勉強しただけといわれますけれども、そんなことはありません。田岡良一という国際法学者が論文を書きましたけれども、*緻密に細部まできちんと万国公法の全体像を理解して開成所で数年間講義しています。そういう理解のレベ

*田岡良一「西周助「万国公法」」（『国際法外交雑誌』七一―一）一九七二年。

ルをもっていて、それでヨーロッパの万国法などをきちんと理解していく。よく異文化の壁といわれますが、そういうのはどうかなと思うところがあります。一九世紀ヨーロッパで大事なのは、シティのジェントルマン資本主義です。ジェントルマン資本主義の最先端を担う人びとは、アジアの植民地に外交官、軍人としてやってきます。その人達は、独自のエリート倫理をもっています。特に重んずるのが古臭い名誉のエートスなのです。それに川路聖謨は共鳴しています。久留島さんは、川路は奇人だと、かなりバイアスをかけて話をされました。大変興味深く伺いました。川路は当時の武士の典型ではないでしょうか。話題になったジェントルマン資本主義、ジェントルマンのエリート的な文化は、イギリスで出来て、フランス、ロシアに広がります。**西方の文明に親しかったプチャーチンもそうです。スノッブと評される、尊大で、排他的で、アジアにきわめて差別的な文化のようです。地主や軍人、金融資本家の古い中近世起源の支配層中心の文化だという注目すべき議論です。これまで過大評価されてきた西欧の近代の問題性も視野にとらえたい。この夏、韓国併合一〇〇年のシンポジウムでもそういう話が出ました。永原陽子さんがおっしゃった後発資本主義日本が、帝国主義が変質してゆく段階に入っていくという問題などがあるのではないか。もっと広い視野で日本史と東アジア史を見るべきではないかと思います。

**ケイン・ホプキンズ『ジェントルマン資本主義の帝国I』名古屋大学出版会、一九九七年。

司会（須田） 時間がなくなってきましたが、特にこの問題をもう少し久留島さん、井上さんの二人に関していかがでしょうか。武士の儒学理解というところで、フロアの谷口さん何かありましたら。

谷口　谷口眞子と申します。数年前に『武士道考』*という本を書いたので指名されたのだと思います。久留島報告の最後のところで、明治以降の武士道ということで、新渡戸稲造があげられているのですが、新渡戸の本は日本人向けに書かれたものではなく、キリスト教という精神はないけれども、日本人にもそれに代わるだけの国民道徳があるということを、外国人へ提起するために書かれたものです。その国民道徳は何かというと武士道精神である。それが江戸時代に国民全般に広がって日本人に受容されていたのだという形で説かれています。ですから、かなりバイアスがあるということが一つです。

この本が書かれたのは、日清戦争と日露戦争の間です。それが広まったあとに、日露戦争で日本が勝利しました。つまり、ヨーロッパからみると極東の一本の線のような国が軍事大国ロシアを倒した。なぜそれが可能だったのかということで、一挙に読まれるようになります。新渡戸稲造の『武士道』は英語で書かれましたが、日本で日本語に翻訳されたのは、刊行されてから一〇年後でした。後世における武士道のイメージの作られ方に注意が必要だというのは、その通りだと思います。

先日、高柳光寿氏の論文を読んでいたら、「最近『葉隠』という本が出ていてどうも有名らしい」ということが書かれてありました。佐賀藩士山本常朝の『葉隠』が岩波文庫から三冊本で、和辻哲郎などが校訂して出されたのが、太平洋戦争直前の一九四〇年です。本当に『葉隠』は秘書であり読まれていなかった。ところが、太平洋戦争が間近になってそれが刊行されて、いつの間にか「武士道というは死ぬことと見つけたり」ということで、読み替えられていきます。つまり忠義の対象が天皇に向けられていくわけです。武士道といったときに、後世になって読み替えられた武士道と、江戸時代に唱え

*谷口『武士道考―喧嘩・敵討・無礼討ち』角川学芸出版、二〇〇七年。

られた武士道、すなわち武士道論としての武士道、そして実践されたレベルでの武士道があります。武士道はこの三種類に分けて考える必要があるのではないかと思います。

先ほどの久留島さんのご報告によると、身分制社会が強固にありながら、一方で―教科書的な理解をすると―近代の国民国家になって、国民というものが創出されて徴兵制が可能になっていく変化の中で、武をどのようにとらえていくのかが問題になります。武力の担い手の変化と、にもかかわらず武士というものが残っていること、それが近代になってどう変わっていくのかという三者の関係だと思うのです。やはりそれを考えるときは、先ほど宮嶋さんがおっしゃった社会的結合のあり方、つまり家は大事だけれども、血筋は問題にしないという点が興味深い。血はどうでもよくて―先ほどの川路の例が典型的だと思うのですが―すごく低い身分でも家さえ変わればいいわけです。伊藤博文でも西郷隆盛でも出自は問題にされていない……。そのあたりの結合のあり方と家と身分というところも、やはり問題になるのでないかと思います。

司会（須田） ありがとうございます。重い議論が出てきました。後者の論点はやっかいかと思います。武士の展示というところで久留島さんいかがでしょうか。

久留島 谷口さんのご指摘どおりだと思います。わたしも同じように考えて展示をしているつもりです。新渡戸自身はきちんと文献を読んで書いているわけではないということがすでに指摘されていますし、理解の仕方にも問題があると思います。*しかし、高木博志さんに教えていただいたのですが、一九〇五年（明治三八）に明治天皇に献本したときに「皇祖皇宗の遺訓と武士道の精神とを外邦に伝える」ことを目指したと明記している

＊佐伯真一『戦場の精神史―武士道という幻影』NHKブックス、二〇〇四年、菅野覚明『武士道の逆襲』講

談社現代新書、二〇〇四年。

点に注目すれば、「明治の武士道」なるものの所在を考える上では不可欠だと考えています。また、竹橋事件後、「武士」以外の一般男子から徴兵した兵士に、かつての「武士の家」と「主君（の家）」という間での主従関係に基づいた規範や道徳ではない近代国民国家にふさわしい戦闘者としての規範が必要だということを思い知らされるわけで、「武士の自己否定」をしたにもかかわらず一八七八年（明治一一）の「軍人訓戒」では、「今の軍人たる者は、たとえ世襲ならずとも武士たるに相違なし」と言わざるをえなくなっています。しかし、当然これではだめで、さらに一八八二年（明治一五）の「軍人勅諭」では天皇の臣下として従来の武士の規範や精神を求めることになるわけです。そのときに、菅野さんがすでに指摘していることですが、軍人としての一体性を「天皇に対する『忠』」の実質化で保証することが不可欠になり、民族が連綿と維持してきたはずの精神として「大和心」を持ち出さざるをえなくなります。実は新渡戸の武士道もこの点ではまったく同じ流れにあるわけです（「民族精神」としての「大和心」「大和魂」として武士道を位置づけた）。その意味で、展示では、軍人勅諭のとなりに新渡戸の『武士道』を置いてみたわけです。実際には、旧武士（幕臣など維新期に「負けた」側の武士）のなかにキリスト教を信仰する者たちが多いことも合わせて考えると、禁欲的で克己的な生活態度と武士道の質実剛健なるものとの関連にも考慮する必要があるし、彼らのもともとの教養が儒学であり、それこそ若いときには朱子学を一生懸命学んだ経験を持つということを考えると、朱子学を経てキリスト教へ、しかも武士道とつながるという回路には注目しておいた方がよいと思います。これに自由民権も加わるのかもしれません。

武士道について三つにわけてとらえるべきだというご指摘も、そのとおりで、明治以降の「発見された」（発明された）「明治武士道」と近世に実践された生活規範としての「武士道」（武士として生き方）と実際の近世の武士たちのあり方との間の関係性をまだうまく整理できていません。

さらに、ご指摘の、武士の家の問題は、展示でも十分には表現できませんでしたが、武士の家を維持（継承）するという問題は重要だと思います。川路聖謨が自殺したあと、妻の高子がこころを砕いたのは武家の家としての「川路家」の作法を守り、聖謨が志した「武士道」を示すことだったわけで、彼女は孫である太郎の帰国まではとがんばるわけです。彼女にとっても血のつながりはない御家人の家だったのですが、旗本まで格を上げてきたこの家を継承することの持つ意味が重要だと考えられていたわけです。また、武士の場合の家の維持の問題は、「由緒」というやっかいなものを抱え込みながら形成されます。たとえば、報告では話せませんでしたが、亘理伊達家の家中の武士たちは、藩主と一緒に北海道移住を選択させられ、苦労しながら開墾していきます。しかし、藩主だけが士族で家中の異旧武士はすべて卒族とされるわけです。彼らは、屯田兵としての経験、西南戦争、日清戦争への従軍という新たな「兵事」＝武功を新しい「士族の由緒」として強調することで、士族復籍運動を展開し、同時に、「士族契約会」を結成し、自らも武士としての「家臣団結合」を維持しようとするわけです。こうした動きも武士の家の維持・継承の問題と「武士の家」たるべき要件は何かを考えるうえで重要だと思いますし、これが「明治の武士道」にどのように関わっていくのでしょうか。

もう一つ、質問とは関係ありませんが、一昨日、三島由紀夫が死んだときのことがテレビで流れていました。それを見ていてあらためてぞっとしました。武士道とは死ぬことと見つけたり、という『葉隠』と同じようなことをいって彼が死んだことは、当時の私も衝撃を受けたので、その時のなんとも言えない気分を思い出しました。しかし、このようなレベルの「武士道」から私たちは自由なのでしょうか。「サムライジャパン」と言って楽しんでいる人々にわざわざ冷や水を懸ける必要があるのかどうかは別にして、国のためにあるいは国民のために犠牲的な活動をする人々を「サムライ」と呼ぶことへの違和感だけは伝えなければならないように思います。幕末以降の他国に対して再発見される「武威」や「武士」に独占されていたはずの武力の持つ意味、幕末から明治にかけて明治維新をリードしたような「武士」（厳密には武士とはいえない者たちも含めた）たちの位置づけなど、もう一度考えておく必要はあると改めて感じた次第です。

司会（須田）　ありがとうございました。実態的なところで、幕末から近代までずっと日本は戦の中にあったというところが出てきました。井上さん、日本の近世から近代を貫くこの問題に関していかがでしょうか。

井上　今日は長州の諸隊の話をしましたが、諸隊自身は近代的な軍事力で、近代日本と東アジアの軍事的なトレーガーになると思います。作戦全体を指導したのは、木戸、広沢のような政治部門の指導者だということです。繰り返しになりますが、下の兵士になる庶民は、江戸時代の政治の進展の路線の上で民衆運動の力から出てきたものですが、そういう力が諸隊の基盤になったとは思えない。これから伝統と近代の問題を検討しなければいけない。長州の諸隊でも、やはり大本営のようなものがあって兵がいてという形

で、兵の方は上から動員されて加わってゆくという形になると思います。『山口県史』で近年刊行された諸隊の史料集を読んでも*、私は、そういう考えを強めています。これはこれからの課題にしていきたいと思います。

*山口県『山口県史 史料編 幕末維新6』同県、二〇〇一年（長州諸隊の史料集）。

司会（須田） 今日のこと議論をきっかけにしていこうと思っています。「一九世紀研究会」を立ち上げて、動かしていきながら、こういう議論を続けていくためのきっかけにできればと考えています。出版の計画があります。五月にこのシンポジウムを元にしたものを論文集という形で出版していきたいと思います。

あとがき

明治維新以降、日本はしきりにアジアを論じた。そして、日本は文明的に西欧に後れをとったが、しかしアジアに広く目を転じれば、後れはもっと深刻であり、日本は西欧を追いかけるアジアの先頭に立っているという自意識が形成された。その際最も多く語られたのは、同じく漢字文化圏に属する隣国の朝鮮と中国である。両者に対する差別認識は日清戦争時に決定的となり、中国を未開劣等視する蔑視観＝支那観と、朝鮮をそれ以下的とする蔑視観が確立をみた。「朝鮮」とか「朝鮮人」という言葉は「馬鹿」の代名詞にすらなった（拙稿「近代日本における朝鮮蔑視観の形成と朝鮮人の対応」三宅明正・山田賢編『歴史の中の差別』日本経済評論社、二〇〇一）。朝鮮と中国は、日本を引き立たせるための陰画であり、両者を語れば語るほどに、日本は光り輝いた。

こうした一般に流布された自画像は、歴史学においても同様であった。日清戦争以降、朝鮮や中国は封建制を欠如しているがゆえに、資本主義近代化は困難であるが、日本は西欧と同じく封建制を経験したがゆえに資本主義近代化をなし得たとする、似非西欧的な歴史認識が盛行をみるのである。福田徳三が典型である。日本の近代的な東洋史学は朝鮮史研究から始まったといってもいいが、そこでは朝鮮史の落後性が強調されるのが常であった。しかし、「韓国併合」後は朝鮮への関心は急速に薄れていってしまう。

こうして、日本の先進性はまがうことなき自明のこととされたのだが、わけても問題なのは誰よりも科学的であることを標榜した講座派の歴史学である。講座派は、確かに日本のアジア的後進性を強調しはしたが、しかしアジアにおける日本の先進性を疑うことは決してなかった。「幕末厳マニュ段階論」を展開した服部之総はその典型であるといえよう。そのことは、近代主義者においてはなおさらのことであり、大塚久雄や丸山真男などは日本の歪んだ近代性に着目しつつも、そこにおいては日本の近代化への方向性は確かな道筋であった。丸山が朱子学を信奉し続けた中国思想の停滞性を自明のものと見なす一方で、古学派を生んだ近世の日本思想に近代的思惟の先駆性を読み込んだ思想史像は、今日に至っても少なくない影響力を保持している。

戦後の歴史学は、天皇制や侵略性などの日本歴史の負性を正面から見据えつつ、そうしたものに抗った民衆運動や思想などを浮き彫りにしようとした。しかしそこでも、アジアにおける日本の先進性は自明のものとしてあった。日本における封建制の存在はほとんど疑われることがなかった。日本にあったとされる封建制は、封主—封臣関係が双務的で、封臣の独立度が極めて高かった西欧の封建制に比して、封主—封臣関係が片務的で、家臣の従属性が極めて高かったという認識はあった。だとすれば、果たしてそうした制度が真に封建制であるのかどうかは疑わしくなってくるはずなのだが、しかし、日本的特質が確認されただけで、封建制の実在が疑われることはほとんどなかった。

こうした中で、戦後歴史学の一環としてあった朝鮮史研究は、難問を抱えざるを得なかった。「韓国併合」の合理化のために駆使された停滞史観を克服するという難問である。この作業は、朝鮮史の主体的発展を実証することを意味すると同時に、植民地主義を批判し、戦前歴史学の深い反省を促すことに繋がるものであり、戦後朝鮮史学の最大の課題であった。梶村秀樹氏を中心にこの課題に多くの情熱が傾けられたが、この難問はそう簡単に解けるものではなかった。研究を進めれば進めるほど、朝鮮にも封建制があったとか、資本主義萌芽もあったとかいうように、西欧的発展を朝鮮史的文脈で無理に実証しようということにしかならなかった。いわゆる内在的発展論であるが、日本史研究同様に一国史的でもあった。したがってそれは、西欧中心的な見方だとして批判してきたはずの日本史研究の轍を自らも踏むことになるという皮肉な結果となった（拙稿「戦後日本の朝鮮史研究―近代史研究を中心に」『歴史学研究』八六八、二〇一〇）。しかも、戦後の朝鮮史研究は「される側の論理」を構築するものでなければならなかったはずなのに、そうした近代主義的研究手法は、第三世界の中でも朝鮮は進んでいるという結論を導き出すしかなかった。これは、全く意図しないことではあったが、論理的には他のアジア・アフリカ諸民族の歴史を蔑ろにすることにさえなった。

朝鮮史研究はまさに袋小路に陥った感があったのだが、こうした中で多系的発展論の立場から、東アジア三国が小農社会であることを立証してみせたのが宮嶋博史氏である。宮嶋氏は、世界史的な観点に立って近世の東アジア三国を小農社会と規定し、その発展の同質性を強調したのである（「東アジア小農社会の形成」『アジアから考える』六、東京大学出版会、一九九四）。それは西欧的発展法則からの脱皮をも意味し、ここに長きにわたって朝鮮史を呪縛してきた停滞史観はほぼ克服されたということができる。

問題はここからである。東アジア三国が小農社会として同質であるとするなら、次に重要になってくる課題は比較史ということになる。今や、日本と朝鮮は発展段階的に論ずるのではなく、対等なまなざしで同じ土台の上に語るべき準備がなされたのであるが、実は日本史研究においてはそうした準備はもっと前になされていた。深谷克己氏は、仁政イデオロギーを前提とした公儀との恩頼関係＝「百姓成立」の論理を先駆的に発見していたが、それは政治文化史研究の道を切り開くものであった（「百姓一揆の思想」『思想』五八四、一九七三、『百姓成立』塙書房、一九九三）。深谷氏はその後、その議論を徐々に発展させ、東アジアの教諭を軸とする「儒教核」政治文化としての共通性の問題にまで議論を展開させるに至っている（「東アジア法文明と教諭支配」『アジア地域文化学の発展』雄山閣、二〇〇六）。東アジアは漢字文化圏であると同時に、近世社会にあっては儒教が政治文化の中核にあったということを強調したことによって、東アジアはまさに比較の対象になり得たのである。

近世社会の様相は、東アジア三国では確かに違っている。しかしその土台には小農社会があり、またその上部構造には儒教という政治文化があったとすれば、これほど絶好な比較対象はない。朝鮮史研究の立場からすれば、日本史学は、日本はアジアに優位しているという不当な優越意識を前提に、長きにわたって一国史的に研究を進めてきたようにみえる。すなわち脱亜の歴史学である。深谷氏は、日本史研究が脱亜的であるということにも早くから警鐘を鳴らし、一九九一年に安在邦夫氏とともにアジア民衆史研究会を設立した。比較史研究の土台はずいぶんと前に築かれていたのである。

にもかかわらず、東アジア三国の比較史を十分に議論する場は容易に設定できないできた。そうした中でその契機を作ったのが、これまた宮嶋氏の論考「東アジア世界における日本の『近世化』」（『歴史学研究』八二一、二〇〇六、本書再録）である。宮嶋氏は、日本史研究を脱亜的だとして厳しく批判した。その後も宮嶋氏は、日本史研究の脱亜的手法について矢継ぎ早に厳しい批判を展開している。

しかし深谷氏にとってみれば、それは一面認められるものであったにせよ、自身を始めとする、一部の近世史研究者の努力を無視するものと映ったに違いない。ここに論争の場が提供される必要が出てきたわけである。そして、その場を即座に提供しようとしたのは、ほかならぬ、宮嶋氏の日本近世研究批判を掲載した歴史学研究会である。私は、当時『歴史学研究』の編集長を務めていた小沢弘明氏から「宮嶋論文への反論を載せたいが、誰がいいだろうか」という相談を受けた。私は即座に、久留島浩氏か、深谷氏だろうと返答したのだが、久留島氏は多忙のために、深谷氏は宮嶋氏の小農社会論が刊行されてからということで、断られてしまった。実に残念だと思った次第だが、「はしがき」にあるように、議論の場作りは徐々に準備が整っていった。そして、深谷氏の最終講義で宮嶋批判が行われたのを契機に、その打ち上げパーティーの場で須田氏と話し合い、シンポジウムを開くことにしたのである。そのシンポジウムが「比較史的に見た近世日本――東アジアの中の日本」（二〇一〇年一一月二七日、於明治大学）である。本書は、この時の内容を単行本化したものであるが、刊行に当たってサブタイトルは「「東アジア化」をめぐって」と改めた。

「はしがき」との重複もあったが、本書刊行のいきさつは、朝鮮史研究の立場も踏まえて述べれば、およそ以上の通りである。東アジア比較史研究の地平は、ここに本格的に切り開かれたと考える。シンポジウム当日は、さしたる宣伝もしなかったのだが、一六〇名収容の会場がびっしりと埋まった。関心の高さを実感した。しかし、ほとんどの参加者は日本史研究者であり、朝鮮史研究者と中国史研究者は目立たなかった。特に朝鮮史研究者はほとんど見受けられず、朝鮮史研究の一国史的状況が露呈される結果となった。日本史研究を一国史的と批判してはきたが、朝鮮史研究の一国史的状況も深刻なものがあると改めて考えさせられた。

この二〇年、日本は斜陽の一途をたどっている。東日本大震災は、不吉な予感さえ感じさせる。そうした中で、東アジアの一体化が進むと同時に、中国と韓国が日本を追いかけるスピードは増している。新自由主義的に進行する東アジアの一体化と競争の激化は、決して好ましいものだとは思わないが、互いの目線が同じ高さになりつつあるのは大きな副産物である。日本がアジアで一番である時代は、終焉を迎えようとしている。比較史研究は、こうした状況にあって時宜にかなうものであり、今後ますます重要性を増してくるであろう。これを契機に一九世紀研究会が発足することになったが、比較史研究の受け皿になれば、と考える次第である。

本書はシンポジウムの記録集だが、個別報告に対する質疑応答は省略した。また、その質疑応答も含めシンポジウムの議論を踏まえて加筆したり、発表のタイトルを変えたりしてある。山田賢氏は中国史を代表してシンポジウムに参加してもらった感があるが、議論が日本と朝鮮の比較史だけにならないような実りある話題提供をしていただいた。須田努氏は当日司会を務めたが、本書編者の立場から論文を執筆している。そして、第一部ではシンポジウムの前提になる深谷氏と宮嶋氏の論考を読者の参考に供しようと思い採録した。発表年は宮嶋氏の方が先だが、深谷氏の論考を先に配した。というのは、深谷氏はそれ以前から、東アジアの共通性に着目して日本近世における儒教の政治文化について論じており、本書収録のものは総論的なものでもあるので、順番としては深谷氏のものから読まれるのがよいと考えたからである。さらに、本書にはシンポジウム当日の総合討論も収めた。読者には、当日の臨場感を味わっていただき、総合討論を含め忌憚のないご批正を請いたい。

シンポジウムの際には、愼蒼宇氏と檜皮瑞樹氏に大変にお世話になった。明治大学院生にも活躍していただいた。感謝したい。また、快く深谷論文と宮嶋論文の再録を許していただいた、有志舎の永滝稔氏と歴史学研究会にも感謝したい。そして、東京堂出版の堀川隆氏には財政負担もかけ、大変なお世話になった。改めて感謝の意を表したい。

二〇一一年四月一五日

趙　景　達

【執筆者一覧】 論稿掲載順。生年、現職、主要編著書

深谷　克己（ふかや　かつみ）
1939年生まれ。早稲田大学名誉教授。
『深谷克己著作集』（全８巻）校倉書房、2009～2010年

宮嶋　博史（みやじま　ひろし）
1948年生まれ。成均館大学校教授。
『植民地近代の視座』（共編著）岩波書店、1991年
『朝鮮土地調査事業史の研究』汲古書院、2004年

若尾　政希（わかお　まさき）
1961年生まれ。一橋大学教授。
『太平記読みの時代—近世政治思想史の構想』平凡社、1999年
『安藤昌益からみえる日本近世』東京大学出版会、2004年

藪田　貫（やぶた　ゆたか）
1948年生まれ。関西大学教授。
『国訴と百姓一揆の研究』校倉書房、1992年
『男と女の近世史』青木書店、1998年

久留島　浩（くるしま　ひろし）
1954年生まれ。国立歴史民俗博物館副館長。
『近世幕領の行政と組合村』東京大学出版会、2002年
『支配をささえる人々』（編著）2000年

三野　行徳（みの　ゆきのり）
1973年生まれ。東洋英和女学院大学非常勤講師
「幕府浪士取立計画の総合的検討—文久幕政改革との関わりを中心に—」（大石学編『一九世紀の政権交代と社会変動』）東京堂出版、2009年

井上　勝生（いのうえ　かつお）
1945年生まれ。北海道大学名誉教授。
『日本の歴史18　開国と幕末変革』講談社、2002年
『幕末・維新〈シリーズ日本近現代史〉』岩波新書、2009年

山田　賢（やまだ　まさる）
1957生まれ。千葉大学教授。
『移住民の秩序—清代四川地域社会史研究—』名古屋大学出版会、1995年
『中国の秘密結社』講談社、1998年

趙　景達（チョ　キョンダル）　＊編者

須田　努（すだ　つとむ）　＊編者

【編者紹介】
趙　景達（チョ　キョンダル）
1954年生まれ。千葉大学文学部教授。
主著：『異端の民衆反乱』岩波書店、1998年
『朝鮮民衆運動の展開』岩波書店、2002年
『植民地期朝鮮の知識人と民衆』有志舎、2008年
『近代日本のなかの「韓国併合」』（共編）東京堂出版、2010年　ほか。

須田　努（すだ　つとむ）
1959年生まれ。明治大学情報コミュニケーション学部教授。
主著：『「悪党」の一九世紀』青木書店、2002年
『イコンの崩壊まで』青木書店、2008年
『逸脱する百姓─菅野八郎にみる一九世紀社会』（編著）東京堂出版、2010年
『幕末の世直し　万人の戦争状態』吉川弘文館、2010年　ほか。

比較史的にみた近世日本
―「東アジア化」をめぐって―

初版印刷　2011年5月20日
初版発行　2011年5月30日

編　者　趙景達・須田努ⓒ
発行者　松　林　孝　至
発行所　株式会社　東京堂出版
101-0051　東京都千代田区神田神保町1－17
振替　00130-7-270
印刷・製本　亜細亜印刷株式会社

ISBN978-4-490-20736-1　C3021　Printed in Japan.